国家社会科学基金项目·经济学系列

农户投融资制度创新研究

邹新阳　著

国家社会科学基金青年项目（09CJY056）
中央高校基本科研业务费专项资金重大项目（SWU1609114）　　　　资助
重庆市重点研究基地农村教育发展研究中心重点项目（12SKB018）

科 学 出 版 社

北 京

内 容 简 介

本书在农户投融资基本理论的导引下，全面细致地分析中国农户投融资问题。本书共分为三个板块：理论板块梳理农户投融资制度创新的理论来源，展示农户投融资制度创新的理论架构；实证板块剖析现有中国农户长期投融资制度、短期投融资制度和分化农户投融资制度的现状、面临的问题及其根源，从而提出中国农户投融资制度创新的组织框架和具体内容；政策板块从不同层面提出服务于制度创新的相关政策建议。

本书属于农村金融研究领域的成果，可以直接指导政府部门相关农村金融政策的制定，也可以成为金融机构农村金融业务创新的理论借鉴，还可以直接作为农林经济管理专业、金融专业研究生及相关专业高年级本科生拓展专业知识的学习资料。

图书在版编目（CIP）数据

农户投融资制度创新研究 / 邹新阳著. —北京：科学出版社，2016.12
ISBN 978-7-03-051178-2

Ⅰ.①农… Ⅱ.①邹… Ⅲ.①农户-投资-金融制度-研究-中国②农户-融资-金融制度-研究-中国 Ⅳ.①F323.9

中国版本图书馆 CIP 数据核字（2016）第 315404 号

责任编辑：魏如萍 / 责任校对：郑金红
责任印制：张 伟 / 封面设计：蓝正设计

科学出版社出版
北京东黄城根北街 16 号
邮政编码：100717
http://www.sciencep.com

北京中石油彩色印刷有限责任公司 印刷

科学出版社发行 各地新华书店经销

*

2016 年 12 月第 一 版 开本：720 × 1000 B5
2016 年 12 月第一次印刷 印张：12 1/2
字数：241 000
定价：**72.00 元**
（如有印装质量问题，我社负责调换）

前　言

　　农户作为中国农村最基本的生产单元，其投融资行为直接影响农业发展方向和态势。1978 年改革开放首先从农村开始，农业生产力迅速提升，农业经济欣欣向荣。但 1995 年以后，专业银行商业化开始，中国农业银行逐步撤出农村市场，服务于农户的主要为农村信用合作社，资本短缺与农业劳动力相对过剩成为农村经济发展的主要矛盾。2006 年以后，贷款公司、村镇银行和资金互助社建立，农户投融资问题才在一定程度上有所缓解，但由于新型农村金融机构在自身业务定位和资金量等方面也存在诸多问题，依然无法很好地满足农户投融资的需要。且农户本身存在明显的地域差异、生产差异和经营能力差异，使其投融资需求也表现为异质特征。实现农户投融资的顺畅，需要创新农户投融资制度，将制度因素作为农户投融资生产函数的一个重要变量。新制度经济学兴起以后，人们对制度的重要性有了新的认识，很多经济行为之所以存在这样或者那样的问题，原因很多，但根据后来的分析，人们发现制度缺损或者缺失是非常关键的导因。以农户投融资作为对象分析，我们发现，农户投融资行为的顺利完成，需要一系列的制度安排，需要金融体系与财政安排的配合，需要金融机构和金融市场的协同，需要信贷、保险、担保、补贴等服务共同支撑。由于农户存在差异，农户的投融资需求在不同时间和空间存在差异，农户需要系统的投融资制度安排，需要长期的、短期的，商业性质、合作性质和财政扶助性质的各不相同的投融资规则和手段。现有农户投融资制度虽然也涉及各个方面，但尚未形成一个完整的有机体，需要创新。各个制度变量在实现农户投融资最终目的的过程中，其重要程度也存在差异，要能够根据实际状况进行适时调整。制度创新涉及创新主体、内容与路径，本书以农户分化作为逻辑起点，致力于为不同类型的农户提供投融资服务便利的制度安排，包括具体的制度构成及相应的规则和法律。

目　　录

第1章 绪 论

2002 年，党的十六大提出统筹城乡的战略构想，之后的 2004~2015 年，中央连续多年发布一号文件，明确提出将城乡统筹作为主线、阶段性目标，解决农村发展问题。特别是党的十六届五中全会以后，沉寂多年的农村市场活跃起来。但与农村经济发展相比，农村金融则明显滞后。1995 年，专业银行商业化开始，中国农业银行逐步撤出农村市场，资本短缺与农业劳动力相对过剩成为农村经济发展的主要矛盾。当时，政府主要采取的措施是疏导农村剩余劳动力向城市转移，对于仍留在第一产业的农户，其生产维继的资金主要依靠民间融资。随着农村劳动力进一步转移，农业生产又出现了资金短缺与劳动力短缺的双重束缚。2006 年以后，中国人民银行和中国银行业监督管理委员会（简称中国银监会）先后出台多个文件，增设农村金融机构和增加农村金融业务。中国农业银行也在 2008 年后逐步回归农村市场，农村资金短缺问题有所缓解，但依然存在诸多问题。目前急需通过投融资制度创新，实现资金与其他生产要素更有效的结合，从而实现农业规模化、集约化，抬升农业生产层次，并通过农村经济的跃迁实现城乡一体化。

1.1 农户投融资制度创新的意义

本书基于中国当前农村经济和农村金融发展的实际，致力于为农户经济能力的抬升探寻适宜的投融资制度安排和设计。农村经济未来的方向在于获得一个长足稳定增长的经济态势、一个层次抬升的农村市场及一个良性发展的农村环境。本书的大背景为城乡统筹和新农村建设，社会主义新农村建设和城乡统筹的根本出发点是一致的，均在于发展农村，所不同的是前者的着眼点更多地落在农村，而后者则强调城市的作用。当前农村经济发展强调城乡统筹，强调城市与农村的互动发展，以实现城乡共赢的发展格局。城乡统筹基于中国在前期发展过程中出现的阶段性偏差，这也是几乎所有发展中国家共同走过的一段艰辛历程——集中力量发展城市，该偏差的后果是农村发展缓慢甚至停滞。城乡统筹可以定义为，充分发挥工业对农业的支持和反哺作用、城市对农村的辐射和带动作用，建立以工促农、以城带乡的长效机制，促进城乡协调发展。城乡统筹就是要改变和摈弃过去的城乡分治的观念和做法，通过制定统一的政策或者农村倾斜政策逐步消除城乡间的差异，把解决好农业、农村和农民问题放在优先位置，加大对农业的支持和保护。可见，城乡统筹是更高层次、更高要求的新农村建设。通过农户投融资制度创新，农业生产的大额度、长期资金需求能够得到满足，新农村建设中，不同生产主体的投融资需要有了实现的制度保障。农户投融资制度创新有利于推动农业生产的适度规模化和农村经济、社会的现代化。新型农户投融资制度安排，如引入农地金融制度、完善合作金融安排和疏导非正规金融等，使农户的投资方向选择更加明确、融资来源渠道更加畅通，投资与融资有效匹配，微观上实现抬升农户经济能力的目标，宏观上能够更充分地实现金融资源与土地资源、人力资本的整合，解决农村发展的资金问题和城市发展的土地与劳动力问题。本书的主要意义如下。

第一，农户投融资制度创新有利于解决新农村建设中农村经济发展的长期资金需要问题，推进农业生产的适度规模化和农村经济的现代化进程。中国的农业生产在过去30余年时间里，通过农业生产制度创新、农业生产技术进步，有了长足发展，但仍存在现实、具体且急需解决的问题。例如，主要农产品人均占有量低，农户科学素质低，农产品的品质差、加工率低，等等。产生农业生产上述问题的原因包括经济的、社会的甚至文化的多个层面，但其中最为关键的是农业生产的投入问题，确切地讲是由资金投入不足、农户投融资机制不顺畅及模式的不适应造成的。中国农户农业生产资金投入长期不足，无法满足市场对高质量、高加工程度农产品的需要。农户投融资制度创新，可以增加农业生产的资金的长期持续投入，提高农业生产的规模化程度，最终实现农业现代化。

第二，农户投融资制度创新有利于提高农民收入。通过创新农户投融资制度，农户融资渠道更加通畅，投资项目可选择余地更大，农户可以在更高、更好的平台上进行生产，发展农村经济，增加农民收入。同时，农户的部分投融资制度，如财政补贴，可以直接增加农民收入、改善农户融资条件和提高农户融资能力，进一步形成农户投融资的良性互动，提高农民收入。可见，农户投融资制度创新能够在多个层面上实现农户收入的增加。

第三，农户投融资制度创新有利于农村金融服务适应性调整和优化农村金融组织体系。长期以来的农村金融服务处于条块分割状态，名义上存在体系完整的农村商业金融、农村合作金融和农村政策性金融，然而，农户可获得的用于农业生产的投资却非常有限。2006年以后，中国银监会和中国人民银行出台相关政策措施才使这一状况有所改观。本书的一个重要目的就在于改进现有的农村金融组织体系，通过规范农村非正规金融、创新农村合作金融、引导农村政策性金融、构建农村土地金融和引入碳金融业务等途径创新农户投融资制度的同时，完善农村金融组织体系，提高农村资金配置效率。

1.2　农户投融资制度创新的逻辑起点与研究假设

1.2.1　逻辑起点

本书是以农户分化作为逻辑起点的，基本思想为，不同类型的农户需要不同的投融资制度安排，而当前农户所能够获得的政策、规则甚至法律均无法满足各个层次、类型农户的需要，必须进行创新。中国农户区域差异古已有之，但在传统生产力和生产方式之下，并不是特别的引人注目。在实行家庭联产承包责任制以前，政府在全国范围内采用统一的管理模式，农户没有生产自主权，无论集体所有土地是多还是少，农户受益状态差别较小。1978 年以后，这种情况开始有所变化，农户作为农业生产的能动力量，成为农村经济发展的主体。在其后 30 余年的改革历程中，不同自然禀赋、不同区域和不同家庭结构的农户分化越来越明显，户间收入差距越来越大，笼而统之的生产管理模式已经无法适应经济发展的需要。本书在农户分化的基础上，有针对性地为各个层次农户的投融资制度进行了改革和创新。为了表述上和实证分析的方便，本书将针对贫困农户、维持型农户和市场型农户分别设计投融资制度。

1.2.2　研究假设

本书的研究基于以下假设。

第一，所有参与农户投融资制度运行的主体均符合主流经济学的假设前提，是理性的，包括政府、农户和农村金融机构。各主体均能够针对不同的经济社会发展背景，采取各种理性行为，实现自身效用最大化。书中强调农户的理性，农户能够动态调整资金、资产、劳动、技术和信息等要素组合，最大限度地提高生产效率并获得利润。

第二，农户存在明显的异质性，即农户投融资制度研究是基于农户分化基础之上的。不同区域、不同收入、不同组织化程度及不同治理结构的农户投融资决策不同，需要供给不同的农户投融资制度，以降低交易成本、提高效率。

第三，农户投融资制度创新的关键在于供给农户长期投融资制度安排。长期投融资制度安排是农户投资稳定、可持续的保障，也是农业生产和粮食安全的需要。农户长期资金来源需要信贷、证券、租赁、信托和保险等金融制度的系统性组合。农村土地使用权是农户与金融机构在长期融资行为中的关键结点，即农地金融形式和信用方式是解决当前农户及农村长期资金供给不足的重要手段，也是本书中农户投融资制度创新的重点。

第四，农户投融资制度基于发展金融范式，需要考量经济、法律、政治、非正式制度、社会资源和初始禀赋等诸多因素，是既包括外生安排也包括内生安排的系统制度。农户投融资制度需要农户、政府、金融机构和企业各经济主体在基于主体自身效用最大化的基础上通力合作。

1.3　本书总体设计与内容

本书从农户投融资的理论梳理开始，为实证分析提供理论支撑。而后，回顾中国农户投融资制度的发展历史，总结经验教训。进而，将视角切换到当前农村经济和农村金融发展的实际，考察分化农户投融资制度的需求与供给状况，结合各地区不同农户投融资制度安排，分析农户投融资制度存在的问题及其根源。在分析过程中，本书专门关注域外农户投融资制度的优势，分析其各自特征和运作模式，为中国农户投融资制度创新提供借鉴，并最终提出农户投融资制度创新的组织架构和政策建议。本书总体思路设计为：农户投融资制度的基本理论→农户投融资制度的历史借鉴→农户投融资制度的需求→分化农户投融资制度安排中存在的问题及原因→农户投融资制度的经验借鉴→农户投融资制度创新的方案设计（图 1-1）。本书的内容如下。

第一章为绪论，简要介绍研究的背景、问题、思路及内容；第二章为理论分析，包括理论来源与理论框架；第三章对中国农户投融资制度进行历史分析，总结经验与教训，为农户投融资制度创新提供借鉴；第四章从宏观、微观、区域等多个层面分析农户投融资制度的需求，考察不同区域、不同收入、不同生产方式的农户需要的投融资制度；第五章分析农户长期投融资制度——农地金融制度安排，包括农地金融制度构建的可行性、试点中的问题及域外的经验借鉴；第六章分析农户短期投融资制度——合作投融资制度安排，分析合作投融资对农户的重要意义，考察世界范围内的主要合作金融体制，对农户合作投融资试点进行问题诊断；第七章分析农户财政投融资、商业投融资和非正规投融资等制度安排，考察各制度的重要意义、现实问题及创新思路；第八章提出中国农户投融资制度创新的组织体系及架构安排；最后一章为研究结论与政策运用。

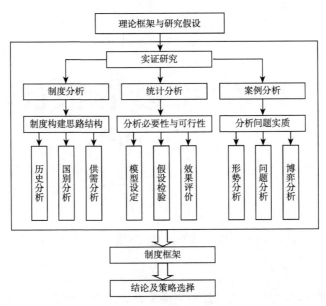

图 1-1 结构与路线

第 2 章　农户投融资制度创新的理论分析

2.1　农户投融资制度创新的理论借鉴

农户投融资可以细分为农户投资与融资两个内容，但两者不是分离的，而是一个有机整体。投资是引导，农户首先需要选择投资项目，随之跟进的便是资金筹集问题，即融资。因此，立足于当前农村金融发展的前沿，针对农户特殊生产主体，农户投融资制度创新需要的理论支撑具体包括农户理论、投资理论、发展金融理论、农地金融理论和碳金融理论等。

2.1.1　农户理论

对于农户的认识，长期以来存在学术争论，较具有代表性的是恰亚诺夫（Chayanov）的自给小农论和舒尔茨（Schultz）的理性小农论。

1）道义小农

恰亚诺夫（1996）于 1925 年在《农民经济组织》一书中，提出自给小农的观点，指出农户家庭经营不同于企业的两个方面：第一，农户经济发展依靠的是自身的劳动力，而不是雇佣劳动力；第二，生产的目的是满足家庭的消费需要，而非追求利润最大化。农户的劳动投入不以工资的形式表现，成本计算困难，由于部分生产生活资料的自给性，且没有规范的财务管理，农户投入的生产资料与产出的劳动产品间存在一定程度的界限模糊问题，故农户追求自身家庭消费需要和劳动辛苦程度之间的平衡，而非利润和成本间的平衡。其后，美国著名学者斯科特（Scott）在恰亚诺夫自给小农理论基础之上提出，家庭农场不同于经营性农场，原因在于家庭农场既是一个消费单位又是一个生产单位，稳定地获得家庭生存的最低需要是其基本目标。斯科特（2001）的名著《农民的道义经济学》对东南亚小农的所谓道义经济进行分析，指出对于濒临生存边缘的小农而言，其在安全与利润间通常会选择安全，即强调农民在确定投资时主要基于道德而非理性。该部著作的出现也使后来学者常把自给小农称为道义小农。

2）理性小农

理性小农的提出者为诺贝尔经济学奖获得者舒尔茨。舒尔茨（Schultz，1964）在《改造传统农业》中提出理性小农的观点，认为农民是"经济人"，农户与企业相同，在保证竞争的市场机制中，农民的经济行为是理性的。传统农业增长缓慢甚至停滞，并非因为农户的消费倾向、道德倾向下的"自给"而驻足不前，而是边际收益递减规律的作用。舒尔茨及其后的继承学者均认为，一旦现代的新型要素，如技术等的投入增加，农户会坚决地追寻最大化的利润。塞缪尔·波普金（Samuel Popkin）继承了舒尔茨的学术观点和理论思路，并对农户理性经济行为进行延伸，在其著作《理性的小农》中，提出农户有个人及其家庭福利最大化的判断，会做出能够最大化期望效用的选择。为了充分证明农户的理性，波普金（Popkin，1979）以公共选择理论揭示农民社会和农户行为。贝克尔（Becker，1964）也持农户理性论，认为农户以家庭为单位，统筹安排生产、消费和劳动支出，家庭成员在家务、休闲环节中时间占用计入机会成本，根据成本最小原则组织生产决策，根据效用最大原则制订消费计划，从而实现家庭效用最大化。本书以理性小农为假设前提，但由于资源禀赋、家庭结构及经济区域的不同，中国农户间存在分化，在对不同农户进行分析的过程中，也将吸收道义小农的合理成分。

2.1.2　投资理论

1）凯恩斯主义投资理论

凯恩斯（Keynes，1936）在《就业、利息和货币通论》中提出投资理论，通过最优资本函数曲线和最优投资函数曲线表达。他认为，投资者是否进行投资取决于边际收益率与利率，当边际收益率大于利率时，企业开始投资；当边际收益率小于利率时，投资停止。投资是利率的减函数，利率越高，企业可投资的项目越少。在凯恩斯主义投资理论中，边际收益率是一个重要概念，也被称为边际效率，即增加一个单位的资本品所获得的收益率。凯恩斯主义投资理论属于投资行为的早期理论，具有开拓性，但利率决定投资水平的观点并未被充分而有力地证实。

2）加速原理投资理论

加速原理最早由美国经济学家克拉克提出，他摈弃凯恩斯的投资由利率决定的观点，认为产出或者收入的变化引起投资的变化，后来被更多的学者完善。克拉克（Clark，1917）设定模型，认为最优资本存量是当期预期产出水平与一个固定的常量（即加速数）的乘积。加速原理存在两个假设：一是实际资本存量能及时调整为最优资本存量；二是设定固定资本系数。由于固定资本系数表明资本与劳动间的不可替代，与现实生产存在较大的差距，后有学者对其进行进一步完善。Chenery（1952）和 Koyck（1954）提出灵活加速模型，认为企业的最优资本函数依然成立，但资本存量调整到最优存量不是及时实现的，其调整有一个重要的参照指标——产出变化。两位学者认为，资本存量变动的参照产出既包括现期产出，也包括前期产出，过往产出水平对当期资本存量的影响呈几何级数递减态势。

3）新古典投资理论

美国经济学家乔根森（Jorgenson，1963）在 20 世纪 60 年代初开始思考投资问题，将新古典生产函数引入投资模型，承认生产要素间的可替代性，提出新古典投资函数模型。他主张从微观经济主体出发研究投资行为，通过生产函数量化投资水平，采用最大化生产函数现值确定投资水平，并认为企业的最优资本存量取决于当期的产出水平、产出价格及资本使用者成本的大小。通过对最优资本存量的判断，乔根森认为存在投资滞后，该滞后由资本品的交货时滞造成，其函数关系式也被称作分布滞后函数。新古典投资理论的成就主要集中在对最优资本函数的使用上，包含价格、产出、利率等多种经济因素，是一个相对全面、完善的动态资本函数。由于模型中没有考虑到资本存量的调整费用，该投资理论无法回答最佳资本存量的调整路径的问题。企业在作较大规模的投资决策调整时，自身组织形式、人员选聘、培训及营销网络拓展等都需要相应的费用，该费用问题如果不能解决，资本存量的调节就不可能瞬息完成。

4）不确定性投资理论

新古典投资理论以前的观点中对投资的分析是基于静态视角的，使用概率表述不确定性。20 世纪 80 年代，卢卡斯将不确定性引入投资分析中，认为企业面对的是外生的随机市场价格，价格的变化随时改变企业的投资决策，企业投资要考量行业均衡。卢卡斯通过分析证明存在行业投资水平均衡，但对于在不确定性条件下企业如何实现最优投资，他也没有明确的准则和路径。为了弥补卢卡斯理论的不足，阿贝尔（Abel，1983）采用随机最优模型推演，认为对于一个调整成本凸性、风险中性的竞争性企业，当给定当期产出价格时，不论边际调整成本函数的曲率如何，未来价格的不确定性均将刺激当期投资率。再之后的伯纳克将投资的不可逆性与不确定性结合分析，提出投资的期权价值理论。该理论认为，企业投资看涨期权，当市场有利于投资时，企业就选择行使权利，否则放弃。企业投资的准则是未来预期收益流的贴现值大于投资的期权价值与现期投资的成本之和。20 世纪 90 年代以后，投资理论开始由微观的企业进入中观的行业中，主要包括在行业水平分析中引入投资的期权价值理论，引入不完全竞争和不完全信息的假定，并关注政府政策导向对投资的影响。本书基于理性小农的假设，研究中关注农户投资受到行业及政府的影响，并分析其相互的博弈关系，就是基于上述理论的。

2.1.3　发展金融理论

戈德史密斯被誉为比较金融学的开山鼻祖，他在 1969 年出版的著作《金融结构与金融发展》一书中，对长达百余年的金融发展史及当代几十个国家的金融结构现状进行比较研究，提出衡量一国金融结构和金融发展水平的各种数量指标，考察了金融结构、金融发展与经济增长的关系，进而归纳了各国金融发展的一般规律。他认为所有金融现象都可归纳为金融工具、金融机构和金融结构三个方面。发展金融理论真正开始获得认同并被作为政策所采用开始于金融深化论。麦金农（McKinnon，1973）和肖（Shaw，1973）分别出版了《经济发展中的货币与资本》和《经济发展中的金融深化》著作，他们分别从金融抑制的角度、金融深化的角度系统地阐述了货币金融与经济发展的关系。之后的学者如弗赖等，在经济发展模型中引入动态调整系数，建立动态金融发展模型，对该类理论进行延伸。此后，该研究进入第二代——内生金融增长阶段，摈弃完全竞争假设，从效用函数着手，建立微观模型，引入更多变量，如不确定性、不对称信息和监督成本等来解释金融体系的形成，期间著名的代表人物有 Robert G. King 和 Ross Levine。第三代发展金融理论研究开始于 1998 年 LLSV[①]的文章《法律与金融》，主要研究影响金融发展的因素，包括法律、政治、非正式制度中的文化、社会资源、媒体和初始禀赋等对金融发展的影响。第三代发展金融理论开始进入细化发展时期，理论界认识到金融的发展、金融制度的构建不应该仅仅局限于金融本身，而需要配置外在制度安排。我国学者白钦先和孔祥毅在继承经济、金融学已有研究成果的基础之上，提出了以金融资源学说为基础的金融可持续发展理论与金融协调理论，强调金融的资源属性，提出金融危机不可避免，金融需要可持续和协调发展。该学术观点也被列入我国发展金融理论构成中。本书中强调金融的资源属性，重视内生金融形式对农户投融资的意义，就是基于发展金融视角的判断。

2.1.4　农地金融理论

农地金融理论是重商主义的观点之一，约翰·劳在 1705 年提出银行应当允许

---

① LLSV 为来自美国哈佛大学、芝加哥大学的四位学者，分别是 La Porta、Lopez-de-Silanes、Shleifer 和 Vishny。

以土地为抵押发行可兑换的银行纸币，这使土地完全转变为一种可以让渡的商品。此后，以亚当·斯密为代表的古典学派对农地金融的研究做了大量重要贡献，集中体现在农地产权风险理论和城乡互动协调发展理论上。亚当·斯密比较了英国与欧洲大陆的农地产权制度，认为决定人们投资农业进行土地改良的因素包括土地的所有权与租借权是否安全、土地税负是否苛重、农产品贸易是否自由和利率的高低。关于城乡互动协调发展，亚当·斯密认为，在农地产权风险得到国家法律充分保障的前提下，国内资本的投放会按照国内农业、国内工商业和国际贸易的顺序进行，在这种模式中，农业与城市工商业间存在良性互动关系。在亚当·斯密之后，李嘉图和马尔萨斯对作为农地金融制度经济基础的地租继续展开讨论，李嘉图强调的是个人功利；马尔萨斯强调的是社会秩序。现代经济学则是以农地金融制度为基础构建的专门的金融机构——土地银行为中心，研究农地融资问题。农地金融制度的研究经过了几个世纪的发展，已经比较成熟和完备。农地金融理论是本书构建农户中长期投融资制度的理论基石。

2.1.5 碳金融理论

碳金融理论是在经济、社会可持续发展要求背景下形成的新生金融理论，其中心思想在于减少温室气体排放，通过各种金融制度安排和金融交易活动，重点是碳交易金融服务和低碳项目开发投融资行为，实现环境友好的最终目的。碳金融是在联合国气候峰会多次讨论和寻求低碳经济发展思路后推出的。为应对全球变暖，英国政府于 2003 年在能源白皮书中首次提出"低碳经济"概念，后为世界各国所认同和推广。由于发达国家的碳排放量远远高于发展中国家，温室气体排放量的限制对发达国家的经济增长影响也就明显大于发展中国家。为了达到多方共赢，允许各国间调剂碳排放量，超过规定排放标准的部分可以通过购买的方式得到抵充，形成了以《京都议定书》为蓝本的碳交易及其衍生物——碳金融。中国作为发展中国家，尚未受到碳排放的规定性限制，但政府已做出自愿减排的承诺。从金融、经济综合发展来看，碳金融理念是每一个负责任的经济发展体均需要认真考量并在制度设计中充分体现的。中国的碳金融发展，一方面是尽快融入国际碳金融体系，提高议价权，尽可能地在出售碳权的同时引入更多、更实用的低碳技术；另一方面，也是更重要的，是寻找国内市场的碳资源调剂。本书在农户投融资制度设计中引入碳金融，在低碳经济与农业经济间寻求碳金融和农村金融的对接平衡点，既是对碳金融本土化的探索，也是创新农户投融资的有益尝试。

2.2　农户投融资制度创新的制度框架

2.2.1　农户及农户分化

1. 农户

农户是农业经济学和农村金融学问题研究中常常涉及的重要分析对象，也是中国农业生产的中心主体。那么，何为农户？一般将其理解为农村家庭，即 farming household，在专业词典、金融部门和学者的研究中存在口径差异。例如，《经济学百科词典》定义农户为以血缘和婚姻关系为基础而组成的农村家庭，与通常的理解相同。中国农业银行农户小额贷款业务中界定的农户则较为详细，指的是长期（一年以上）居住在乡镇行政管理区域内的住户和长期居住在城关镇①所辖行政村范围内的住户，包括从事农业生产经营的住户、国有农（林）场职工、农民工、农村个体工商户等，但不包括居住在城关镇从事非农业生产经营的住户。中国台湾的传统农户定义为，一户之中有一人以农为业者即称为农户，后来为了适应农业普查的需要，给出了一个较为详尽的定义且设定有判断标准。《中华百科全书（台湾省）》（1983 年典藏版）中认定农户系指一般家庭从事农作物之栽培，家畜、家禽及蜂蚕等饲养之生产事业且合乎下列标准之一者：经营耕地面积 2 公亩（1 公亩=100 平方米）以上；养 60 千克大猪 3 头以上；养牛 1 头以上（不包括专为拉车用牛）；养家禽 100 只以上（包括养鸽、鹌鹑）；全年出售或自用之自营农畜产品价值新台币 1 700 元（约合人民币 369 元）以上（包括养鸟、养兔、养羊、养蜂、养蚕、种花等）。本书中，我们使用的农户概念口径与中国农业银行农户小额贷款业务中界定的相同，以经济区位划分，其相对概念为城镇户。2012 年年末，中国农村户籍人口 64 222 万人，占全部人口的 47.4%。根据第二次全国农业普查公报，2006 年年末，全国共有农业生产经营户 20 016 万户，比 1996 年第一次全国农业普查时增长 3.7%。在农业生产经营户中，以农业收入为主的农户占 58.4%，比 1996 年的第一次农业普查减少 7.2 百分点。中国农户主要从事种植业，其次为畜牧业和林业。第二次全国农业普查数据显示，从事种植业生产的农户占到全部农户的 92.0%（表 2-1）。农户是农村经济活动的行为主体，是农村储蓄、投融资、生产及消费等经济活动的微观主体，是农业生产的决策单元。本书中的农户指的是隶属于乡村集体经济组织

---

① 城关镇是中国历来对县政府所在地的通称，即"县治"之意。新中国成立后，全国各地有很多县使用"城关镇"作为县治所在地（县城）的行政建制正式名称，也就是指县政府所在的镇。

中的联产承包责任制下的具有明确权利、义务的家庭，不包括坐落在农村行政区划内的国家所有的机关、团体、学校、企业、事业单位的集体户。

表2-1 农户从事不同农业生产经营的数量及构成

行业	数量/万户	比重/%
种植业	18 414	92.0
林业	411	2.1
畜牧业	990	4.9
渔业	149	0.7
农林牧渔服务业	52	0.3
合计	20 016	100.0

资料来源：《第二次全国农业普查主要数据公报（第二号）》

2. 农户分化

中国农户在过去30余年时间里，发生了多层次的分化。这种分化首先是大框架的，是基于社会分层理论生成的大范围的农户分化；其次则是小结构的，是同一阶层、同一区域范围内的农户分化。

1）农户分化符合社会分层理论

社会分层理论认为社会一定存在不同的阶层，所不同的是不同学派强调分层的机理不同。马克思以是否占有生产资料或者占有生产资料的多寡作为分层标准；韦伯以个人追求财富、声望和权利的不同确定分层；帕累托则以人的能力不同确定分层。社会分层理论主要有三大流派，其一为阶级学派，包括以怀特为代表的新马克思主义和戈德索普为代表的新韦伯主义。其二为职业学派。该学派以不同职业作为分层的标准，按不同职业的经济、社会、教育等多重指标综合排名以区分不同阶层，如排在前面的主要有大学校长、法官等，排在后面的是清洁工等。其三为消费学派。该学派按照人们的消费偏好进行分层，如是否有能力消费房产、汽车等。中国当前农户分化是符合上述各理论的，依据上述各理论分别分析：中国农户中存在不同的阶级，依据阶级理论，农户中分化出不同的阶级，如村干部家庭和普通农户，其中村干部占有的非经济资源远远多于普通农户；依据职业学派，农户分化出农民、农民工、雇工、知识分子、个体工商户、企业主和管理者；依据消费学派，农户分化出较高消费能力的富裕农户和传统消费的贫困农户。

2）农户分化的类型

农户分化符合社会分层理论，是社会经济发展的必然。经过30余年的分化，中国农户分化主要表现为农户的收入差距和从事农业生产的劳动时间差异。这两个差异同时也是国内外学者区分不同农户的标准，也即农户分化出不同类型的判断标准。学界使用的农户分化类别存在一定的差异，但在大的方向上达成一致。其一，直接使用日本分类。日本农户分为纯农户和兼业农户，纯农户细分为自给自足农户和销售农户，兼业农户细分为一兼农户和二兼农户。一兼农户以农业收入为主，农业生产时间每年在 150 天以上；二兼农户以非农业收入为主。其二，全国农业调查固定观察点借鉴日本的标准，把农户分为纯农户、Ⅰ兼农户、Ⅱ兼农户和非农户。纯农户全年生产性纯收入 80%以上来自农业或者劳动力绝大部分劳动时间投入在农业上；Ⅰ兼农户全年生产性纯收入 50%~80%来自农业或者劳动力 50%以上劳动时间投入在农业上；Ⅱ兼农户全年生产性纯收入 50%~80%来自非农业或者劳动力 50%以上劳动时间投入在非农业上；非农户全年生产性纯收入 80%以上来自非农业或者劳动力绝大多数劳动时间投入在非农业上。其三，不同学者对农户的分类。姜长云（1995）在借鉴全国农业调查固定观察点划分标准的基础上，将农户细分为 6 类：纯农业户、商品性专业农户、一兼农户、二兼农户、纯非农业户和不在业户。具体的，各类农户主要特征为：①纯农业户。农户经营对象完全为农业，生产过程具有自给、半自给的经济特征，商品化程度不高，纯农业户间在经济行为和经营结构方面具有较强的同质性和均等性。②商品性专业农户。其不仅完全从事农业经营，而且农业经营的商品化程度很高。③一兼农户。其收入以农业为主，又同时从事非农产业的经营或就业。④二兼农户。其收入以农业为辅，主要从事非农产业经营或就业。⑤纯非农业户。其收入的来源几乎都来自非农产业。⑥不在业户。其是指丧失或缺乏劳动能力的农村家庭。何广文（2001a）根据农户的金融需求特征将农户分为贫困农户、维持型农户和市场型农户。以上各种划分在不同研究中均有运用，且存在交叉，我们在研究中主要使用贫困农户、维持型农户和市场型农户，并结合其他分类分析具体问题。陈春生（2007）认为中国农户沿着黄宗智的"拐杖"逻辑逐步分化，现主要分为传统农户、专业种植与养殖户、经营与服务性农户、半工半农型农户和非农农户五种类型。朱炜和王新志（2010）在对山东农户金融需求的研究中使用人均收入标准将农户分类较有意义，其将人均总收入在 2 000 元以下的农户视为贫困农户；2 000~8 000 元的为维持型农户；8 000 元以上的为市场型农户。其调查样本农户中户主平均年龄 45 岁，户均劳动力 2.5 人，户均人口 3.9 人，以上指标能够很好地反映国内农户的家庭结构。根据《中华人民共和国 2012 年国民经济和社会发展统计公报》，2012 年农村居民人均纯收入为 7 917 元，实际增长 13.5%；农村居民人均纯收入中位数为 7 019 元，增长 13.3%。故而本书将人均纯收入 5 000 元设定为贫困农户的标准；5 000~10 000 元为维持型农户；10 000 元以上为市场型农户。但由于研究时间跨度较大，部分调研是在 2010 年完成的，当时农村居民人均纯收入为 5 919 元，对于该部分数据分析，我们的分类标准为：3 000 元以下为贫困农户；3 000~8 000 元为维持型农户；8 000 元以上为市场型农户。

　　3）农户分化的特征

　　农户因为生产能力、技术手段、劳动投入差异而分化为不同的类型，虽然学者们根据各自的偏好对分化后的农户进行了各不相同的分类，但在分化趋势和特征上达成共识。传统农业社会同质农户分化过程集中体现在非农化和专业化方面，具体分述如下。

（1）非农化。农户非农化首先是农民的非农化，是中国农民在宏观和中观社会环境、经济政策及微观生存发展等变量共同作用后做出的理性选择。农民非农化与工业化、城镇化、市场化的进程紧密相连。从 20 世纪 80 年代开始，农村大量剩余劳动力向非农行业转移，随着九年制义务教育的推进，越来越多的农民子女通过接受高等教育，改变身份，按照社会分层理论，进入高于父辈的阶层，实现非农化。没有通过教育完成身份转换的文化素质较高的农村青年群体也同样热衷于非农就业，其子女随其在城市生活，对农业生产非常陌生，在没有重大政策调整的情况下，未来回归农村的可能性较小。除了以上两类代内和代间的农民身份改变外，更多的农民属于基于农户生产的非农化。农户非农化具体是指农户由过去完全从事农业生产经营逐步转向从事部分农业生产和部分非农业生产，即农户类型中的兼业农户。农户具体从事非农化的比例和程度也是不同的，且存在动态变化。有的农户从完全农业生产到一兼农户，再到二兼农户，直至完全脱离农业生产。有的农户会出现反复，从完全农业生产到一兼农户，再到二兼农户，因为各种各样的原因，又退回为一兼农户。农户非农化的意义重大，具体包括以下几个方面：第一，有利于产业结构调整。农户非农化首先改变农业内部的产业结构，优化农户收入结构，在提高农民工资收入的同时，增加包括农业在内的总投资。农户非农化同时也推动城市产业分化与重组，增加城市经济对各类劳动力的吸纳能力，促进城市经济的繁荣与发展。第二，农户非农化经营有利于第二、第三产业在城市与农村的对接，有利于以工哺农和以城带乡。农户非农化经营不仅能够在生产上增加与城市的联系与往来，还进一步增强农民的城市文化认同，有利于在意识上弥合城乡断痕、消除城乡差异。第三，农户非农化有利于农业生产的集约化和规模化。农户非农化将农村中的大量剩余劳动力转出，改变农民过密化分布，提高平均农业资源占有率和劳动生产率，继续留在农业产业中的劳动者可以在更高的平台上进行生产，实现真正意义上的农业专业化和现代化。

（2）专业化。农户分化过程中的另一个重要表现是农户专业化，即从同质的农户中分化出专业农户。专业农户主要是指以市场为导向，实现生产规模化、技术化和产品商业化的农户。专业农户常被称为生产大户，其家庭的主要收入来源为农业，但与传统农户不同，其经济行为的动机更多的是追求利润最大化，而非家庭基本需要。专业农户对农业科技投入较高，积极采用新技术，农业生产中投入的人力资本也较传统农户高，生产成员已不仅仅局限于家庭内部，存在劳动力的雇用。专业农户的土地管理能力也远强于一般农户，重视对土地的整理和投入，关注农业的可持续发展。专业农户多数是农村中的"能人"，具有一定的企业家才能、较高的文化素质及更灵敏的市场反应能力。专业农户的农业生产已经能够满足农户在追求温饱之外获取更多利益的需要。专业农户是中国未来农业发展的重要力量，是需要政府通过配置包括投融资制度在内的多种经济制度加以引导、扶持和鼓励的。中国当前专业农户发展中的一个重要制约因素就是农户长期投资不足，起因于长期融资不足，这也是本书的重要研究内容之一。专业农户是农业专业化的产物，是农业生产发展的必然要求。农户专业化也是农业一体化和现代化的客观需要，相对于传统农户，专业农户更容易与企业对接，有利于实现经营一体化。专业农户也是农业专业合作社的主要成员，是各类专业生产的主要合作人。在农业合作组织中，专业农户主要从事耕作，农业灌溉、技术指导、农用物资采购和农产品销售等经济行为由合作社中的其他农户、非农户、农业企业、农技部门等提供。

2.2.2　农户投融资制度的含义界定

投融资通常的理解为投资与融资的总和，具体是指在资源配置过程中，资金的来源与运用的方向、途径和结构关系。理解投融资首先从投资和融资开始。

1）投资

投资一般的定义为投入资本，是以一定的价值量投入企业、项目或经济活动中，以获取经济报酬为目的的商业行为或过程。这里的价值量就是资本，可以是资金、人力、知识产权，甚至包括信息等。如果要很好地理解投资，需要考察该概念在不同背景下的指向。相对于融资而言，中国最先使用的是投资。投资是与基本建设相联系的特有概念，即最初我们提到的投资指的就是基本建设，是新建、改建、扩建和恢复固定资产投入的资金，是一个仅限于"资金"的窄口径的概念。此后，随着主流经济学——西方经济学开始进入中国高校，人们开始从宏观经济学的角度认识投资。其指的是一定时期内，一个国家或者经济体对于建筑物、设备及库存等资产的增加额度，即实际投资。部分工具书也对该概念进行了界定，如《新帕尔格雷夫经济学大辞典》认为投资就是资本形成——获得或创造用于生产的资源，即为取得资源而进行的购买或者创造过程。《经济学大辞典》认为投资是经济主体为了获得未来收益而先期垫付的一定量的货币或实物。投资学教材中常以获利为目的的资本运用来定义投资，不仅包括建筑物、原材料等以财产物质形态存在的固定资产，也包括股票、债券等金融资产。综上所述，投资是经济主体为获得经济、社会效益而将一定的资产通过各种途径及方式转化为资本的过程。

2）融资

融资一般指的是资金筹集的行为与过程，《新帕尔格雷夫经济学大辞典》定义的融资为：为支付超过现金的购货款而采取的货币交易手段或为取得资产而集资所采取的货币手段。一般地，融资界定为：公司根据自身的生产经营状况、资金拥有的状况，以及公司未来经营发展的需要，通过科学的预测和决策，采用一定的方式，从一定的渠道向公司的投资者和债权人筹集资金，组织资金的供应，以保证公司正常生产需要、经营管理活动需要的理财行为。从上述较有代表性的概念可以看出，融资有广义和狭义两个概念。广义的融资即金融，也即货币资金的融通，是资金的供需双方通过金融市场互通有无的全过程。狭义的融资则仅指资金的融入，包括内源融资和外源融资。

3）投融资

投融资涵盖较多层次的内容，既包含政府、企业的投资项目，也包括资金不足的融资范畴，是投资与融资的组合。投融资的表达能力强于独立的投资与融资，在现代经济运行中，几乎看不到完全依靠自有资本的投资，投资额大于资本金几乎已经被制度化并固定下来。在投资的分类中有直接投资和间接投资之分，直接投资指的是直接参与生产活动；间接投资是指通过金融工具间接参与实体经营，常见的债券、股票投资就属于此种类型。这个层面的投资定义与广义融资中资金融出的概念口径完全一致。因此，当考量经济体通过投入资本以获取一定经济利益为目的的活动时，使用投融资更为全面、充分，更具现实意义。投融资研究的中心问题是融资，是基于投资的融资安排（图 2-1）。

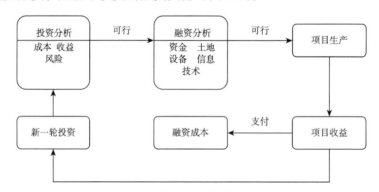

图 2-1　投融资内在关联机制

4）农户投融资制度

农户投融资制度指的是服务于农户资金融通、运作和管理的制度安排，是以资金为主线的农户投资、融资和补偿等行为规范的总称。由于农户内部结构差异及农户内源资产的有限性，农户融资难问题长期持续存在，政府、金融当局与投资主体农户均不断地进行调整，仍收效有限，其主要问题在于农户作为投资主体与融资主体的非均衡与不匹配。作为投资主体的理性农户需要选择收益较高、风险较低的项目进行生产，但囿于当前农村金融服务体系的不健全，无法获得发展该类项目的充足资金，即农户的投资需求无法通过融资得到满足和实现，只能按照排序理论做出次优甚至再优的选择。因此，农户投融资需要进行系统性安排，本书的农户投融资制度是基于以提高农户经济利益为中心的农村财政、金融双路径的制度安排。除财政补贴外，农村财政资金支持主要是农村基础设施建设和农业科技的直接投资，直接向农户提供的资金服务较少。因此，本书重点解决农户金融制度安排，即通过改革现有农村金融制度、增设新型农村金融制度，从根本上解决农户融资难的问题。故农户投融资制度是通过整合农户现有资产，实现农户投融资在生产与生活、农业与非农业间平衡的系统性金融制度安排，具体包括农户可获得的正规金融与非正规金融的融资，长期融资与中短期融资，小额与大额融资，商业性融资、合作性融资与政策性融资间的组织机构设置与规则制定。

2.2.3 农户投融资制度的特征

1）系统性

农户作为农村重要的经济主体，其投融资活动和行为直接影响农业生产和农村经济的发展。农户首先是一个生产单位，追求最大化的收益是其经营目标。同时，农户也是一个消费单位，追求最大化的效用是其消费目标，在其投融资行为中还包含消费与储蓄的内容，使单纯的投融资行为变得更加复杂与特殊。农户分化后，其投融资行为表现出明显的差异。阮锋儿（2006）认为一般农户在经济行为上更多地表现为"生存小农"，而专业农户则更多地表现为"理性小农"，这对分析两者间不同的投融资行为是非常有意义的。但我们认为仅使用一般农户和专业农户来区分农户似乎还是有一定的难度。原因在于，一般农户的差异很大，按照前文的分析，一般农户应该包括纯农业户、一兼农户和二兼农户。纯农业户和部分一兼农户应当属于"生存小农"，其生产不同于企业公司下的有限责任制，农户生产实际上是以全部家庭财产参与生产，类似于无限责任制，这就涉及农户投融资过程的生产与生活的混合安排，以及自有资金、信贷资金与财政补贴在投资与消费间的统筹安排。而二兼农户和专业农户（商品性专业农户）则更接近于企业生产，对于一定兼业规模以上的和一定农业生产规模以上的农户，其生产经营过程中自觉不自觉地就在按照企业最大化的经营模式进行生产。其融资行为更接近企业融资，是依据包括农业与非农业在内的投资收益确定融资成本的。但其又限于农户身份，缺乏商业金融要求的抵押、担保保障，因而处于非常尴尬的投融资状态。在我国多数地区，农户囿于单位人口占有耕地面积小，仅通过传统种植业生产无法完全满足各生产要素的有效组合，出现兼业农户、专业农户和非农户分化。对应的，农户的投融资制度安排必然也需要突破种植业，在种植业、养殖业及非农业间寻找平衡点，实现农户以最小融资成本获得最大投资收益的经营目标。因此，农户分化后的投融资制度需要适应农户本身经济行为差异的需要，是一个全方位的、针对各类农户供给的系统制度安排。

2）政策性

农户投融资制度服务于农户，无论是贫困农户抑或是市场农户，在与处于第二、第三产业链上的企业相比较时，囿于农业生产、信息、人力资本等多方面的限制，其生产能力和抗风险水平均处于劣势，需要一定的政策性扶持，即在农户投融资制度安排中，需要政策性金融的介入。换言之，农户投融资制度构建中必须具有一定比例的政策性金融成分，农村政策性金融要配合政府不同时期农业政策意图及重点，发挥政策性金融对农户等弱势金融群体的扶持作用和对宏观经济的调节作用，最终实现政府的金融、经济和社会发展目标。以农业政策性贷款为例，其主要为中长期农业开发性贷款，利率低，通常比一般商业性贷款利率低2~3百分点。利率差额部分通常从政府的贷款利息差额补贴、税收减免或担保债务中获得补偿，以保证政策性金融的可持续发展。农村政策性金融资金来源为财政资金及国际国内具有一定资助性质的低成本资金，该资金的投向通常具有一定的福利性特征，无论是发达国家还是发展中国家，农户投融资都需要考虑以政策性金融作为主体或主导。例如，20世纪70年代中期，印度政府建立地区农村银行，专门为边远地区小农和小手工业者提供低息贷款。又如，美国农民家计局为低收入的农民提供利率为1%的建房贷款。

3）合作性

农户投融资制度的服务对象是单个农户，为了提高效率和减少成本，农户投融资制度应采用合作制手段。例如，法国早在19世纪就针对农户的上述问题，建立农业信贷机构，以服务于农业生产。法国政府首先倡导农户自发成立信用合作社，而后颁布法令建立农业信贷互助地方银行，由该银行为信用合作社提供信用，进而为农户提供投融资便利。随着农户需要资金量的上升，地方银行的规模效应开始显现，政府又建立信贷地区银行作为地方银行的联合组织，协调银行对农户的授信行为及活动。为了更好地为农户提供融资服务，法国政府成立农业信贷管理局对地方银行及信贷地区银行进行统一管理，形成半官半民式的合作金融组织体系。其他国家，如美国、德国、日本等也都具有特色各异的针对农业及农户（农场主）投融资而提供服务的合作机构和组织。中国农户投融资制度创新过程中特别需要重视合作投融资，尤其是针对生产规模更小、居住更为分散的山区农户。目前，各地新型农业经营主体之一的生产合作社就是为提高农户规模，使用更先进的投融资制度的实践尝试。

2.2.4　农户投融资制度的构成

农户投融资制度是以服务农户投融资为目的，以财政补贴和信贷供给为中心的综合性财政金融制度。按照不同的分类标准，农户投融资制度划分为不同的类别，如按照期限的长短分为长期投融资制度与短期投融资制度；按照资金来源性质分为财政投融资制度、政策性投融资制度、商业投融资制度、合作投融资制度和土地投融资制度；按照投融资制度供给农户的不同分为贫困农户投融资制度、维持型农户投融资制度和市场型农户投融资制度；按照投融资制度的变迁形式分为外生投融资制度和内生投融资制度。本书针对不同的分化农户确定多样化、系统性的农户投融资制度：贫困农户投融资制度主要包括财政补贴、扶贫性小额信贷和合作金融；维持型农户投融资制度包括财政补贴、小额信贷、合作金融、部分商业信贷（包括正规金融与非正规金融）和政策性金融；市场型农户投融资制度是重点，其供给制度包括合作金融、商业金融、政策性金融和土地金融。市场型农户普遍存在投融资不足，首先是融资不足，主要在于市场型农户需要资金额度高、融通时间长，因此需要专门的金融制度安排。无论是上述哪种性质的农户投融资制度，均因为额度高、期限长的特点，无法绕开抵押品这个关键点。因此对于市场型农户，需要围绕物权——土地使用权这一中心，创新投融资制度，包括农地使用权抵押贷款、农地使用权证券、农地使用权租赁和信托等制度安排。针对农户分化及其投融资特点，农户投融资制度安排和创新重点强调农村小额信贷制度、农户财政补贴制度、农户资金合作制度和农地金融制度。

1）农村小额信贷制度

小额信贷是目前中国农户可供选择的主要投融资制度，从最初的 NGO（nongovernmental organizations，即非政府组织）小额信贷到政府小额信贷再到金融机构小额信贷，该制度本身也在不断创新和发展。国内外学者对小额信贷的基本一致的界定为：向贫困阶层提供小规模信贷服务的金融活动。小额信贷，国外称为微观企业信贷（micro-enterprise finance）或者微观信贷（micro-credit），在引入中国后译为小额信贷。其通常是指在一定区域内，按特定的目标向贫困人口直接提供贷款资金及综合技术服务的信贷方式。小额信贷是由孟加拉格莱珉银行在 20 世纪 70 年代创新的贷款模式，最初的运用旨在扶贫，其融资功能是在以后的发展过程中逐步体现的。因此，小额信贷也可以定义为，运用与传统金融手段不同的制度和方法为社会贫困阶层提供持续有效信贷服务的特殊的金融扶贫活动。小额信贷现已成为国际组织大力推广的反贫困和小额融资的重要手段。小额信贷制度服务于农户零星、小额度投融资，是特别适合于贫困农户的投融资制度。在农户投融资制度构成中，农村小额信贷制度创新中需要强调以下两个方面。

（1）服务对象的特定性。从世界范围小额信贷的发展来看，其在形式和内容上虽有所不同，但其共同点之一是服务对象的特定性，即服务的目标群体为大量低收入人口，包括贫困人口和中低收入者。小额信贷服务对象上的特定形式是小额信贷区别于传统金融服务的重要特征，也是小额信贷的本质体现。农村小额信贷服务对象与一般小额信贷的服务对象相比则更为具体，特指以农业生产作为谋生主要手段的贫困人口。因此，小额信贷就是针对贫困及部分维持型农户，提供金融服务的投融资制度设计。

（2）可持续性。小额信贷可持续性曾经是学界和金融界非常关心的内容，正规金融机构的小额信贷无论在组织上还是在业务上都实现了可持续性，只要现有农村正规金融机构的金融政策和制度具有稳定性，此类小额信贷的可持续性是可以得到保证的。此时仍然需要关注的是 NGO 及政府项目运行的小额信贷，该类小额信贷的扶贫效应较机构小额信贷更好，但可持续性则较差，因此，其作用的充分发挥需要以组织稳健经营为重要前提。小额信贷组织要具有可持续发展的特点，是小额信贷制度安排与传统扶贫项目及扶贫组织不同的重要表现。小额信贷机构的生存与发展需要财务可持续，即能够做到财务循环顺畅，在保本的基础上获得盈利。小额信贷组织的可持续发展与政策性金融机构在运营原则上的保本微利存在同质性，也就是说，作为农户投融资制度重要构成部分的小额信贷，在制度设计中必须强调可持续发展能力。小额信贷可持续，其普惠思想才能够不断指导实践，其扶贫功能才能够得到充分发挥，最终实现农户投融资的顺利完成。

2）农户财政补贴制度

农户财政补贴制度是农户通过国家财政渠道获得资金来源的投融资制度，特别适合于贫困型农户。财政补贴制度是政府为平衡经济发展，兼顾公平与效率建立的一类非常重要的制度体系，是一国政府为了实现特定的经济、社会和政治目标，向个人、企业等经济主体提供一种再分配类型的补偿制度，常见的补偿有：为一定时期内对生产或经营某些销售价格低于成本的企业或者其他生产者提供生产补贴；为提高部分产品销售价格而对企业或者消费者提供的价格补贴。财政补贴制度是国家财政通过对经济环节的干预，调节国民经济和社会生活的一种手段，主要目的在于支持生产发展、调节供求关系、维护生产经营者或消费者的利益。随着现代经济的发展，市场失灵的表现时有发生，政府为了调节和矫正市场，逐渐参与并加强对经济的调控，补贴制度成为西方国家在20世纪以后常采用的财政政策。农户财政补贴制度成为农户投融资制度创新的重要选择，原因在于农户生产面临较高的风险，既包括自然风险、市场风险，也包括社会风险。农户生产的高风险形成高成本，必然要求以更高的市场价格出售，但由于全民收入水平普遍较低，如果按照市场机制，提高农产品价格，必然使部分消费者无法承受。因此，在既要维持农产品的非市场价格，又要维护农户和城镇居民的利益的情况下，需要政府采取财政补贴形式予以支持。农户财政补贴制度还是服务于贫困农户投融资的重要制度安排。对于贫困程度最深的农户，通过任何形式的金融进行融资都存在较高的风险，即使是不需要支付利息的友情借贷，也可能因为项目失败而无法偿付本金。因此，对贫困农户最好的投融资方式就是财政补贴，农户通过财政补贴获得一笔无风险的资金资助，逐步摆脱贫困的束缚，成为可以适应小额信贷的维持型农户，进而成为可以适应商业信贷和农地金融的市场型农户。在整个渐进的过程中，财政补贴制度成为农户投融资起点和奠基点的制度安排。

3）农户资金合作制度

农户资金合作制度是农户投融资的重要构成部分，其不仅适合于市场型农户、维持型农户，同时也可以为贫困农户提供投融资便利。农户资金合作制度属于农村合作金融的范畴，具有合作经济的共有特点和原则。农户资金合作社是参与合作的全体农户（社员）为了满足共同的投融资需求而组成的组织，是人的自愿联合，合作组织（合作社）为全体合作农户共同所有并实行民主管理。农户资金合作制度运行过程需要遵循合作制的七项基本原则：自愿和开放的原则；社员民主管理的原则；社员经济参与的原则；自主和自立的原则；教育、培训和信息原则；合作社之间合作的原则；关心社区的原则。农户资金合作制度是按照国际通行的合作原则，以股金为资本，以入股者为服务对象，以农户基本金融业务为经营内容而形成的金融活动和金融合作组织等制度安排的总称。农户合作金融制度在当前农村三大金融[①]制度安排中是最适合于农户投融资选择的，原因在于政策性金融更适合宏观层面，主要提供农村公共品的投融资，如为国家农业基础设施建设、农业科技进步提供融资。农村商业金融的逐利性决定其制度安排主要服务于偿付能力好的客户，信贷门槛较高，对资金使用的审查严格，对借款人设定有担保和抵押的要求，这都是当前包括市场型农户在内的多数农户不太容易或者很难达到的要求。农户资金合作制度作为合作金融形式，介于政策性金融和商业金融之间，提供的金融服务具有一定的准公共品特征，非常适合于当前的农村经济发展和农户投融资需要。在资金合作的各个成员之间，能够获得的金融服务具有非排他性，只要是成员，就可以合作人的身份获得金融服务，获得投资所需资金额度。同时，农户资金合作制度提供的金融服务又是有差别的，各合作农户获得的金融服务具有竞争性，不同信用状况、不同资金合作额度的农户得到的融资支持存在差异。农户资金合作制度强调合作，可以适应不同类型农户的需要，各农户通过集体合作、资金联合实现自助与互助，解决单个农户不易和无法解决的投融资问题。此外，农户资金合作制度还具备规模小、费用低和社区服务的特征，与农户经济形式具有天然的兼容性和亲和性，是重要的农户投融资制度设计。

---

① 农村三大金融主要是指按照性质划分的合作金融、政策性金融和商业金融。

4）农地金融制度

农地金融制度是土地金融制度在农村区域和地域的再运用，在部分土地私有的国家，没有单独的农地金融制度，其城市土地和农村土地的性质是一样的。本书中的农地金融特指在中国农村土地集体所有基础上的借助农村土地使用权实现资金融通的机制和模式，是农地金融机构办理的与农地开发、利用、经营有关的全部金融活动，包括贷款、存款、投资、信托、租赁、抵押、贴现、证券发行与交易以及其他金融形式。中国农户投融资制度构成中急需的是农地使用权抵押贷款制度，目前主要采用的是农村土地承包经营权抵押贷款。

2.2.5　农户投融资制度创新的指导思想

1）普惠思想

农户投融资制度的创新是普惠的，是要为所有类型的农户提供有效的、全方位的投融资服务。2006 年诺贝尔和平奖得主、孟加拉格莱珉银行总裁尤努斯教授认为，信贷权是人权，每个人都应该有获得金融服务机会的权利。只有每个人拥有金融服务的机会，才能让每个人有机会参与经济的发展，才能实现社会的共同富裕，建立和谐社会与和谐世界。农民作为一个“人”，需要保障其信贷权，农户作为一个农村的“经济主体”，更需要保障其信贷权。农户投融资制度创新是为每个农户创造获得金融服务的机会，包括制度设计的创新、机构组织的创新、金融业务及产品的创新。要建立普惠的农户投融资制度，需要特别关注两类农户融资：其一为贫困农户融资，需要改革和创新小额信贷或微型金融的服务，构建扶贫金融投融资系统；其二为农户长期融资，在农户无法提供符合商业金融抵押品的条件下，创新制度安排，如提高农地使用权、农房、农作物和畜产品等的抵押能力。普惠思想是本书中的基本指导思想，也是农户投融资制度创新一以贯之的理念。

2）合作思想

中国可耕地面积少，农户生产能力低，但农村人口众多，这就使农户投融资制度构建比较适宜选择弱弱联合的合作思想。以合作经济原则，采用合作社方式在中国农村金融领域组建资金合作组织，是一个低成本的理性选择。农户投融资制度中需要引入合作理论，由农户作为发起人，采用资金合作的方式，遵循自愿、民主和互助的原则，构建投融资制度框架。合作是人的联合，不是资本的联合。合作制能够适应不同经济水平和资金实力的农户，整合合作农户间的资金融通，形成农户投融资双向网络，即资金富余的农户通过合作金融实现直接投资，资金短缺农户则实现融资，当合作社全体成员的资金需要得到满足后，合作社可以向合作社外的农户、非农户提供商业性资金融通，保证合作社自身的发展与壮大。农户投融资制度构建的合作思想还在于强调农户的微观特征与投融资需要，如农户的农业生产具有季节性和兼业性，投融资具有规模小、分散化、周期差异大、风险高的特征，合作金融可以实现对个体经济农户的引导，提高其组织化程度，增强竞争能力，且可以有效地防止资金外流，将稀缺的资金配置在农业和农村经济区域的内部。

3）发展思想

中国农村金融改革长期以来处于缺乏整体规划的状态，现有调整主要是针对暴露出来的阶段性问题采取措施，没有将构建长期、相对稳定的金融组织体系和制度作为首要目标，这可以从中国农业银行和农村信用合作社过去的改革中得到印证。农业作为弱质产业，需要专门的金融机构为其提供资金资助，这已经为世界各国的农业发展所印证，换言之，农村需要专业银行。但在新中国成立以后改革开放之前，中国农业银行在机构的去留间反复调整，对农户及农村投融资的制度安排缺乏发展思想指导，更多的是关注阶段性问题。农户首先经历 1951~1952年中国农业银行的组建与撤销，而后是 1955~1957 年的成立与撤销，再后又是1963~1965 年的重建与撤销，直到 1979 年恢复。之后在 1995 年提出商业化改革后，中国农业银行基于自身利益最大化，选择从农村撤离，但由于该次商业化改革本身就是政府外生主体的制度安排，在做出该决策前，并未充分考量农户的投融资需求，准官方的农村信用合作社无法满足融资需要，导致农村区域融资成本迅速上升。因此，本书基于发展的思想，以大视角创新中国农户投融资制度，力求制度安排可以为中国农户未来投融资服务 50 年[①]的时间，减少制度修补过程中的成本与反复调整的摩擦，实现制度设计的相对稳定和合理。

---

① 茅于轼认为中国新农村建设需要 50 年的时间，笔者认为 50 年后，中国的二元经济形式一元化，未来的农户在投融资行为上与企业不再存在明显差异，农户投融资制度与企业投融资制度也不再有差异，实现一体化。

第 3 章　农户投融资制度的历史回顾及评价

3.1　农户投资制度

中国创造了灿烂的农业文明，在几千年的农业生产中，农业投资从未间断。所不同的是，在不同的阶段，如战乱、灾荒和休养生息的太平时期，投资主体和投资对象有所差异。古代农业生产中，农户直接投资农业的部分主要包括役用牲畜和生产工具两个部分，同时也会在政府主导和引导的大型农业基础设施建设中参与投资。由于中国当前的农业生产，特别是在丘陵山地地区，主要还处于小规模的传统阶段，其投资行为能够在旧中国农户的投资中找到相似的影子。

3.1.1　农户投资项目分析

中国农民生活普遍贫困，无论是公元前还是公元后，历朝历代都经历着相似的制度变迁过程。农户作为社会生产的最主要单元，供养着整个封建社会的各个阶层。农户以实现收支相抵、略有剩余作为生产目标，当遇到自然灾害或者社会动荡时，就需要向地主、放贷者寻求帮助。1934 年，华北四省 55 个县 60 万个农户中，收支结余的占 28%，收支相抵的占 34%，入不敷出的占 38%，因此，农户投资非常有限。但在有限的投资中，还是能够看出农户的生产规划，其主要投资对象为土地、农业生产工具及农村基础设施建设等方面。就农业生产工具而言，其投资一直以来是农户非常关注的部分，同时也是使生产能力提高的非常重要的因素。以唐代为例，农户使用的生产工具较前代有很大程度的进步，铁制的铲、锄、镰等挖土、中耕和收割工具在包括边疆地区在内的全国农耕区均已普遍采用。唐代出现一类新型工具——曲辕犁，该犁使生产效率大大提高。人们对其性能的描述为"进之则箭下，入土也深；退之则箭上，入土也浅"[①]。唐代灌溉技术也有所提高，先是大力推广之前就已经使用的翻车，又发明筒车。

1）土地与生产设备的投资

"耕者有其田"是农业社会执政者的政治目标之一，也是农户生产中追求的理想和目标。因此，中国农户常常会在有盈余的情况下购置土地。20世纪20年代，有美国学者对河北省盐山县农户投资做过调查和分析，1922年农户在土地购置中的投资占总资本的比例为52.77%，1923年为77.47%。相比较而言，农户对除土地以外的其他投资则要少得多。1922年和1923年农户生产工具投资分别为2.31%和2.61%，牲畜投资分别为4.58%和3.23%，两项加总也没有超过总投资的10%（表3-1）。据田中忠夫分析，农具投资大致为农业总投资的1.00%~3.70%，与上述河北省盐山县农户投资数据得到相互印证。

表3-1　1922年和1923年河北省盐山县农户生产性投资一览表　　单位：元

年份	购置土地	租入土地	房屋	牲畜	树木	杂项	农具	合计
1922	402.29	40.30	184.87	34.88	32.51	49.90	17.63	762.38
1923	1 225.38	33.81	171.83	51.03	15.71	42.62	41.27	1 581.65

资料来源：卜凯 J L. 中国农家经济[M]. 张履鸾译. 上海：商务印书馆, 1936. 转引自朱洪启. 近代华北农家经济与农具配置[J]. 古今农业, 2004,（1）：28-37

中国农户在除土地以外的其他农业生产投资中户间差异较大，主要衡量指标是农户耕地占有面积，面积越大的农户农业投资比例越高，相反则越低。以近代华北为例，大部分农户所经营的耕地面积小且条块散布。朱洪启（2004）根据《冀东农村实态调查报告书》整理如下：河北省定县10 290户农户，耕地面积在10亩（1亩≈666.67平方米）以下的为3 625户，占总数的35.23%；耕地面积在10~29.9亩的为3 530户，占34.31%；耕地面积在百亩以上的为220户，占2.14%。土地零散细碎，限制了农具和役畜的使用。经营耕地在20亩以下的农户拥有各类农具的量及比例均小于耕地在20亩以上的农户，具体如表3-2所示。

表3-2　河北省定县农户农具与耕地面积分布表

面积/亩	大农具/件	整地用/件	播种用/件	中耕用/件	收获用/件	脱谷用/件	调制用/件	运搬用/件	养畜用/件	其他用/件
>50	4.2	8.2	6.4	8.8	6.2	6.9	14.2	4.1	1.7	3.9
50~40	3.5	6.5	6.7	6.2	3.2	5.0	9.7	3.2	2.2	3.0
40~30	2.5	5.9	5.6	4.8	3.0	2.9	8.5	2.7	1.3	3.9
30~20	2.0	6.6	5.1	5.6	3.1	3.3	7.3	2.6	1.2	3.1
20~10	0.8	4.5	4.7	4.3	2.2	1.7	5.0	1.9	0.9	2.0
<10	0.4	1.6	3.1	3.7	2.2	2.5	3.8	1.6	0.5	1.6

注：大农具是指犁丈、石头碌子、扇车、碌子、磨、大车等

资料来源：转引自朱洪启. 近代华北农家经济与农具配置[J]. 古今农业, 2004,（1）：28-37

---

① 《耒耜经》。

农户农具投资除了与土地规模直接相关外，还与农具的使用频率有关。对于生产经济中必不可少，价值量又可承受的部分，农户投资比例较高；而对于价值量高、使用频率低，且必须组合工作的大农具则投资比例低。例如，按照 20 世纪 30 年代的物价水平，农户投资一辆大车需要 70 元，相当于 280 斗（1 斗为 10 升）高粱，按当时的生产能力，亩产 4 斗高粱，则为 70 亩高粱的价值。而且，大车还必须同时配备牲畜，才可以进行生产。因此，大规模生产的农户（地主）拥有数量更多的成套农具，且质量也更高，其在农具中投资的份额及比例均高于小规模生产的农户。冯和法在 1935 年出版的《中国农村经济资料续编》中收入的《河北省深泽县农场经营调查》中对 106 个农户进行了农具投资的调查，结果显示，生产规模不同的农户，农具投资存在层次与结构的差异。例如，铁锨、大锄几乎每户都有，拥有铁锨的为 103 户，拥有大锄的为 105 户，分别占受访 106 户的 97.17%和 99.06%，且受访户平均拥有件数分别为 1.68 件和 1.90 件。而车类等大农具则存在显著差异，如灌溉用水车，受访农户仅有 23 家拥有，平均每户仅有 0.15 件（表 3-3）。

表3-3　20世纪30年代初河北省深泽县农户农具结构表

农具名称	拥有农具户数/户	每户平均拥有数/件	受访户平均拥有数/件
铁锨	103	1.73	1.68
铁钯	81	1.11	0.85
大镐	80	1.07	0.81
耧子	63	0.95	0.57
耱	44	0.92	0.38
耙	21	0.88	0.18
犁杖	4	1.00	0.04
大锄	105	1.91	1.90
罩镰	98	2.49	2.30
割谷镰	96	1.86	1.69
小镐	93	1.43	1.25
小锄	83	1.87	1.46
蒿镰	79	1.39	1.04
种什	21	0.78	0.16
单辘轳	74	1.05	0.73
双辘轳	16	1.16	0.17
水车	23	0.67	0.15
大车	49	0.97	0.45
小车	29	1.15	0.31

注：受访农户共 106 户

资料来源：冯和法. 中国农村经济资料续编[M]. 上海：黎明书局，1935

2）肥料投资

农户农业投资除土地、生产工具外，还包括籽种和肥料的投资。由于籽种在传统农业生产中主要依靠留种等方式自给，投资中货币化部分较低。大部分肥料也可以自给，但因无法满足生产的足量需要或者部分富裕农户为了减少劳动投入，其选择直接从市场中购买，形成肥料的专项投资。据统计，1930 年河北清苑平均每亩地施肥量为土灰肥 1 058 斤（1 斤=0.5 千克）、粪肥 238 斤、人造肥 31 斤，各类肥料价格分别为每亩 0.7 元、1.4 元和 1.7 元（侯建新，2001）。多数农户使用土灰肥和粪肥作为主要肥料，仅有少数富裕农户使用人造肥。当然，三种肥料都可以自给，包括人造肥[①]。近代农户肥料自给比例能够达到 7 成，有 3 成左右需要购买。如果以农户经营 10 亩土地，仅施用土灰肥为例，其肥料总投入为 7 元，大约有 2 元需要货币投入，折合成高粱为 8 斗。

3）农业基础设施投资

传统农业社会的农户在土地、农具、肥料、籽种的投资外，还涉及农业基础设施和农田水利建设的投资。灌溉一直以来都是中国农业发展中的重要投资，以农业生产发达的唐代[②]为例。唐代农田水利建设投资比例高，全国的水利灌溉工程达 264 处，兴修的水利工程大约有 320 万顷（1 顷≈66 666.67 平方米）。在基础设施有保障的条件下，农业生产集约化程度提高，耕地总面积增长较快，唐玄宗时达到 830 万顷左右。但基础设施类投资中，农户直接投资部分所占份额较低，通常采用物资和劳动投入代替，而非货币。农业基础设施投资也是中国农业社会封建政府开支的一个部分，特别是涉及军事防御时。例如，中国西北地区的农业投资常常与战事相联系。两汉以后，中原政权如在西北用兵，通常都要置屯营田，投资农业水利设施建设。但由于政府的财政投资主要涉及官田，而对于私产部分，即私营农业设施，如私田灌溉等，主要依靠民间资金。对于该部分投资，农户通常选择间接参与。一般是部分官员、士绅或者商人，为了获得政绩，通过捐款的方式为乡里兴建小型的渠堰，方便农业灌溉，或者修建公路，方便生产运输。乾隆年间，宝鸡县令乔光烈上任后到该县李村调研，看到数百顷民田仅靠雨水耕种，没有灌溉条件，甚感可惜。后得知县境北邻汧阳，有汧水自北向南而过，便决定引以灌溉李村。工程开始后，乔光烈县令自费为工人支付工资，当地农户也组织起来为开渠工人供应饮食。该工程前后耗时三年，人工数万，终于将汧水引到李村，使数百顷土地"悉溉且润"[③]。

---

① 中国在 20 世纪初也开始使用化肥，虽然全部依靠进口，但使用量很低，每亩不足 1 斤。笔者没有找到农户使用的相关数据，此处假定未使用。

② 据蒙文通先生的研究，中国历代单位面积产量的提高分为四个阶段：战国及两汉是第一阶段；魏晋南北朝是第二阶段；唐宋是第三阶段；明清是第四阶段。通过亩制和度量衡的折算，第二阶段只比第一阶段增产 20%，唐宋却比汉朝猛增 100%，而明清比唐宋增加 50%。见肖见乐. 唐代农业的发展与城乡关系的演化[J]. 上海城市管理职业技术学院学报，2007，（5）：50-53.

③《皇朝经世文编》卷 114《工政二十·各省水利》。

各地政府也常常通过宣传、奖励等方式引导地方官员投资农业。清乾隆二十年（1755年），陕西巡抚陈宏谋提出："即以修渠之勤惰，定州县之功过，遇有保举，将如何修渠造入事实册内，以表实在政绩，不可视为无关紧要之末务。"①除在官府主导投资中能够找到普通农户配合的案例外，民间也有对农业基础设施的直接投资。仍以农业生产中水利工程为例，汉中府定远厅的北河堰是康熙年间粮户贺大用开修的，同厅的周家坝堰是光绪年间邑绅程敬民募资修建的，以上两个设施均可以灌田 10余亩。此外，还有众多农户自行投资修建的设施，如乾隆时沔阳县"屈家湾开渠一道，筑坝二处，并筑石渠二十八丈，引沔水分支旁导，约灌田三顷有奇；葫芦铺开渠一道，约灌田一顷有奇；黄里铺开渠一道约灌田二顷；龙王庙开渠一道约灌田二顷有奇；又赵家滩渠一道；寇家河渠一道。退水之处现具疏通……以上六渠，皆小民自愿开渠"②。

3.1.2　农户投资供需分析

旧中国农户投资主要用于土地、生产工具、籽种、肥料及基础设施等，与当代农户农业投资项目保持高度的一致性。中国农户的整个农业投资历程，从战国、两汉到魏晋南北朝，再到唐宋及后来的明清民国，总体表现为投资不足，特别是近代。随着洋务运动的兴起，中国在 20 世纪后也开始引进现代农业发展技术，在发达地区也出现了资本主义农场，但整体生产能力并未得到提高，没有可以用于投资的资金来源是重要制约因素。1914~1918 年，中国粮食亩产为 210.6 斤，而 1931~1937 年，则下降到 203.9 斤，同期的油料也从亩产 192.9 斤下降至 99.0 斤。农户投资不足可以从农户投资供需两个方面分析，集中表现为既无足额需求，也无足额供给。

1）需求不足

前文在投资项目的分析中已经看出投资规律，即农户首先投资土地，而后投资工具。现实的状况是农户土地经营权分散，农户贫困化程度提高，真正的农业投资落到地主的头上。前文的分析表明，近代中国地主占有土地在 50%以上，为了获得更多的租金，地主常常又把土地分租给不同的农户，经营方式还是条块分割的，这种经营方式无法增强地主土地投资的意愿。根据学者们的研究，农业投资在一个较长的时间段上来看，总体呈增长的趋势，但增长缓慢。农户早期投资数据缺乏，近代资料较多，研究结论基本一致，如农户 1936 年的投资与 1887 年投资相比较，名义价格增加 5.16 倍（表 3-4），年均增长 3.8%，不变价格增加 1.61 倍，年均增长 1.5%。总之，当时农户投资的整体特征表现为需求不足，具体表现为工

---

① 《皇朝经世文统编》卷 21《地舆部六·水利》。

② 民国《续修陕西通志》卷 59《水利·沔阳县》。

具落后、整体生产能力难以改观，且部分投资来源于借贷。

表3-4　近代农户单位农田投资额　　　　　　单位：元/亩

年份	投资额	年份	投资额
1887	0.38	1932	2.12
1907	1.99	1933	1.77
1922	2.06	1934	1.59
1927	2.20	1935	1.79
1931	2.15	1936	2.34

资料来源：张东刚. 总需求的变动趋势与近代中国的经济发展[M]. 北京：高等教育出版社，1997

　　农业生产的人力、畜力和农具在不同规模农业生产中的效率差异较大，农户大部分的农业生产是小规模的，畜力、农具的生产力无法发挥，投资需求必然受到抑制。以 20 世纪 20 年代的芜湖地区为例，人力在大的田场比在小的田场高两倍效能，耕具与人力相当，也有近两倍的效能，役畜则有近三倍的效能。该类规模效率分布在当时的全国也是有体现的，所不同的是效能指标有所差异。例如，以每一人工小田场作业耕种量（耕作公顷数指数）为 100，则其在中等田场作业耕种量平均为 158，在大田场作业耕种量则为 211；将人力换为畜力，则分别为 100、152 和 179（表 3-5）。

表3-5　1921~1925年大、中、小田场效率比较

调查地区	每人工耕作公顷数指数			每役畜耕作公顷数指数		
	大田场	中等田场	小田场	大田场	中等田场	小田场
北部平均	249	174	100	171	148	100
中东部平均	153	132	100	195	155	100
17 处平均	211	158	100	179	152	100

注：调研数据来自全国 7 省 17 处 2 866 个田场
资料来源：章有义. 中国近代农业史资料·第二辑[M]. 北京：生活·读书·新知三联书店，1957. 转引自黄爱光. 近代中国对农业私人投资的供给和需求分析[J]. 史学月刊，2002，（7）：43-49，58

　　2）供给不足
　　农户投资供给不足主要在于农户生产剩余较少，农户仅能够在风调雨顺的年景有好的收成，如果再偿还部分过往的欠款，剩余款项还需要考虑生老病死等消费性开支，能够积累下来用于投资的部分就少之又少。到了近代，农户的境况不仅没有改观，且情况更加严重，主要在于当时已经有了工业发展，工农业剪刀差的问题成为一个新的掠夺农户剩余的手段。另外，当时的内忧外患导致的政府赤字及贸易赤字也成为掠夺农户剩余的帮凶。在多重因素的共同作用下，农户投资供给被明显抑制。李金铮（2002）、黄爱光（2002）、张东刚和关永强（2009）均对中国近代农户收入情况做了分析，该类分析代表了对当时农户生活水平的主流评价，认为农户主要处于入不敷出的生产生活状态，无法为农业投资提供资金支持。卜凯（1936）的农户调查显示，农户年均收入为 300 元，日均 0.82 元，当时最低生活费为 187 元，大约有 67.1% 的农户生活在最低水平之下。农户收入大致分布情况如表 3-6 所示。

表3-6　1934年长江中下游农户年收入各组户数比率及与全国比较

年收入分组/元	户数百分率 /%							
	江苏 12 县	浙江 15 县	安徽 12 县	江西 5 县	湖南 14 县	湖北 11 县	6 省 平均	全国 平均
<25	1.64	1.60	5.05	1.31	2.47	4.24	2.72	4.32
25~49.9	7.70	8.83	15.22	8.87	11.19	12.76	10.76	13.90
50~74.9	13.32	18.39	18.28	17.55	15.95	17.24	16.79	17.40
75~99.9	11.50	14.50	12.03	16.36	13.65	13.60	13.61	12.54
100~149.9	22.20	24.19	18.03	27.90	21.59	23.14	22.84	19.51
150~199.9	14.20	12.78	10.03	13.24	12.47	12.39	12.52	11.36
200~249.9	10.43	7.77	6.62	7.66	8.42	7.15	8.01[1]	7.61
250~299.9	4.76	3.11	3.60	2.32	3.47	3.24	3.42	2.57
300~349.9	4.51	2.77	2.86	2.07	3.15	2.23	2.93	3.02
350~399.9	2.07	1.28	1.63	0.59	1.36	1.03	1.33	1.44
400~449.9	2.21	1.10	1.30	0.67	1.43	0.79	1.25	1.33
450~499.9	0.92	0.52	0.80	0.14	0.68	0.34	0.57	0.63
500~999.9	3.53	1.95	2.50	0.64	2.22	0.87	1.95	2.11
>1 000	0.72	0.60	0.43	0.07	0.41	0.12	0.39	0.42
调查不明	0.74	0.61	1.62	0.61	1.54	0.86	1.00	0.84

1）此处数据转引文献为 6.27，本书将 6.27 调整为 8.01

资料来源：中国第二历史档案馆.《中华民国史档案资料汇编》第五辑第一编·财政经济七[M]. 南京：江苏古籍出版社，1991. 转引自李金铮. 近代长江中下游地区农家的收支对比及其相关因素——以 20 世纪 20—40 年代为中心[J]. 学海，2002，（4）：128-136

为了全面展示农户投资供给不足，本书从农户收支结余、剪刀差及赤字几个部分依次进行说明。农户收支分析的资料既有全国的，也有部分省区的，但总体与卜凯的研究结论相似，大多数农户没有结余。从当时全国土地委员会的调查来看，全国有 34.89% 的农户入不敷出，有 41.06% 的农户没有结余，两者占到总指标的 75.95%。16 省中收支有余户数比重最高的是绥远①，占到总户数的 40.54%，最少的省份是浙江，仅为 11.93%，更多的分布集中于 15%~35%（表 3-7）。

表3-7　1934~1935年农户收支情况表

省别	调查县数/个	调查户数/户	收支有余/%	收支相抵/%	收支不敷/%
江苏	12	252 232	19.10	45.30	34.86
浙江	15	139 688	11.93	36.46	51.00
安徽	12	115 095	23.87	33.82	40.69
江西	5	29 156	17.94	50.95	30.50
湖南	14	288 830	19.54	43.84	35.08
湖北	11	113 547	26.94	35.86	36.34
河北	23	176 339	33.01	28.38	38.41
山东	18	255 692	25.09	48.75	25.63
河南	12	156 226	32.69	36.62	30.09
山西	2	7 076	23.39	25.64	47.84
陕西	12	65 064	25.10	41.25	33.32
察哈尔 [1]	1	1 458	34.88	12.00	52.71
绥远	2	3 177	40.54	28.93	26.47
福建	10	99 404	16.71	44.76	27.09
广东	2	14 538	34.57	13.32	52.08
广西	12	27 835	20.27	40.34	39.08
合计	163	1 745 357	23.21	41.06	34.89

1）察哈尔：1928 年设省，辖境相当于今河北省张家口市、北京市延庆区、内蒙古自治区锡林郭勒盟大部、乌兰察布市东部。1949 年新中国成立后，察哈尔省由中央直接领导。1952 年，撤销察哈尔省，所辖区域并入内蒙古自治区、河北省、陕西省及北京市

注：农户收支三类分布总和应为 100%，缺口部分为调查不明

资料来源：全国土地委员会. 全国土地调查报告纲要[R]，1937

　　农户总收支已经可以说明农户无法提供投资供给，在收支对比中，还值得注意的是工农业剪刀差的问题，如黄爱光（2002）根据章有义（1997）的研究，进一步整理，发现农户在 1906~1933 年的 28 年时间里，出售商品价格指数低于购买商品价格指数的年份为 24 年，仅有 1921~1923 年及其后的 1925 年和 1929 年是出售商品价格指数高于购买商品价格指数，直接说明农户受到来自工业的剥削（表 3-8）。

---

① 绥远：1928 年设省，辖境相当于今内蒙古巴彦淖尔市、鄂尔多斯市、包头市、呼和浩特市及乌兰察布市大部。1954 年并入内蒙古自治区。

表3-8　1906~1933年农户收支价格指数比较

年份	出售商品价格指数	购买商品价格指数	年份	出售商品价格指数	购买商品价格指数
1906	39	71	1920	80	85
1907	46	58	1921	90	88
1908	49	57	1922	92	91
1909	50	54	1923	98	95
1910	53	57	1924	97	101
1911	56	61	1925	102	101
1912	55	60	1926	100	100
1913	59	65	1927	95	103
1914	59	64	1928	106	109
1915	61	68	1929	127	118
1916	65	71	1930	125	126
1917	69	76	1931	116	135
1918	69	79	1932	103	127
1919	69	82	1933	71	109

资料来源：章有义. 明清及近代农业史论集[M]. 北京：中国农业出版社，1997

　　财政赤字与贸易赤字对仅有的少量农业剩余也进行了掠夺，近代农户的生活可谓苦不堪言。自国门为外敌打开后，贸易长期处于赤字状态。1901~1909 年，贸易赤字平均为 115.88 百万关两[①]，期间较为严重的 1905 年为 219.20 百万关两。之后的 1915~1919 年，情况有所好转，赤字额平均为 48.40 百万关两。再之后的 1927~1936 年，国民政府的贸易赤字又开始巨量增长，该时期财政赤字也是愈演愈烈。1936 年，财政赤字高达 297 百万元，如此严重的赤字最终将有限的农业剩余挤出农业部门，导致农业自我积累几近枯竭（表 3-9）。

表3-9　1927~1936年贸易赤字与财政赤字一览表

年份	1927	1928	1929	1930	1931	1932	1933	1934	1935	1936
贸易赤字/百万关两	94.3	204.6	250.1	414.9	524.0	556.6	470.9	317.4	220.4	151.4
财政赤字/百万元	—	100	101	217	130	86	147	196	256	297

资料来源：刘佛丁，王玉茹，于建玮. 近代中国的经济发展[M]. 济南：山东人民出版社，1997；董孟雄. 中国近代财政史·金融史（上卷）[M]. 昆明：云南大学出版社，2000

---

　　① 关两是关平银计量单位。关平银是清朝中后期海关使用的记账货币单位，属于虚银两。一关平两的虚设重量为 583.3 英厘或 37.749 5 克，后演变为 37.913 克的足色纹银（含 93.537 4%纯银）。1930 年 1 月，国民政府废除关平银，改用"海关金"单位。

3.2　农户融资制度

中国农户融资的历史很长，但融资来源较为单一，主要为政府的赈济和信贷两条途径。由于赈济一般发生在灾荒年间，农户已经到了朝不保夕，无法维继生产时，赈济的意义主要在于劳动力的维持，因此，本书主要分析信贷融资。

3.2.1　农户商业融资

在中华人民共和国成立之前的整个旧中国，农户能够获得的商业融资来源主要有两个途径，即正规金融与非正规金融。但与今天可以选择的正规金融机构较多不同的是，农户主要通过非机构性质的民间，即非正规金融获得资金资助，但也有通过典当行、票号、钱庄等本土传统金融机构获得借款。在 20 世纪 30 年代，国民政府开始重视农业生产和关心农户融资问题，当时的现代金融机构——银行也开始直接向农户或者通过合作社间接向农户融出资金。但由于该部分数量较少，且在整个农户融资史中所占部分较少，故农户的商业融资史更多地表现为资金富余者与短缺者的直接融通。

1）融资方式

（1）信用贷款及其变形。早期农户融资主要采用信用贷款的方式，如果无法偿还，则选择以劳动产品或者劳动力本身冲抵。在中国传统农业社会，抵押贷款比例低，主要原因是最合格有效的抵押品是土地，但其作为最重要的财产，借款者非常不愿意失去。这一状况可以从敦煌、吐鲁番等地出土的唐代文物得到佐证。中国农户商业融资开始于西周，早期名称单一，均称为"贷"，到南北朝时，则有出责和举贷之分①。到了唐朝，农户商业融资就有很多名称了，如放债、举放和出举等。当时的商业信贷方式介于信用贷款与抵押贷款之间，开始是信用贷款方式，如果到期无法偿还，就采用执行财物抵偿的方式处理。

（2）抵押贷款。南北朝以后，抵押贷款所占比例逐步增加，且以土地作为抵押品又占到抵押贷款的一半以上。民国时，陕南和豫北地区土地抵押占到 60%，山西的平顺、平定和介休更高，达 80%。高比例的土地抵押贷款对当时的农业生产和农户生存产生一定的不良影响。当时的土地作为抵押品，价值只相当于市价的40%左右，一旦农业歉收严重，农户将无法赎回土地，下一个生产过程中将以佃农

---

① 出责如《宋书》卷八一《顾恺之传》："及后为吴郡，诱绰曰，我常不许汝出责，定思贫薄亦不可居"；举贷如《北齐书》卷二二《李元忠传》："⋯⋯家素富实，其家人在乡，多有举贷求利。"

的身份租种土地或者直接沦为地主的长工。

2）融资规模

中国古代农户生产生活中的资金有一大部分来自于对外融资，这一直都是学者们持有的观点，但到底有多少比例的消费与生产是来源于积累以外的部分，早期可靠的统计指标非常少，只有近代的几次大规模调查能够提供相应的数据。1929~1933 年金陵大学在 22 省的农户调查信息反映的是，农户普遍存在借贷行为，且对不同地区分别进行了整理，其中，借贷比例超过50%的是扬子水稻小麦区和春小麦区，低于15%的是西南稻作区，其他地区农户借贷比例都在40%左右，全国平均值为39%。中央农业试验所 1933~1934 年的调查显示，南方农户借贷比例达到 55.80%，北方农户则为 56.20%，详细信息如表 3-10 所示。同时段，全国土地委员会也有相关调查，指标略低，其中，南方与北方借贷农户的比例分别为47.94% 和 46.21%。另外，还有学者对部分区域做了统计调查，基本结论相差不大。该时期农户生产和生活开支中，特别是生活部分，有一半甚至更高的比例来自于融资，如察哈尔省在几次调查中的融资比率均很高，全国土地委员会的调查为 73.11%，中央农业试验所的调查为 79%。农户融资规模的考察还要关注农户中各个阶层融资的差异，该类数据相对难于获得。从不同地区的融资状况来看，各类农户均存在比例不等的融资。例如，1933 年广东番禺和 1934 年浙江兰溪的数据显示，每个阶层均有较高比例的借贷，番禺农户的借贷比率在5.70%~58.90%，兰溪则为 32.50%~77.80%，具体如表 3-11 所示。

表3-10　1933~1934年农户借贷信息　　　　　　　　单位：%

调研省	全国土地委员会	中央农业试验所	调研省	全国土地委员会	中央农业试验所
江苏	50.82	62.00	绥远	41.99	48.00
浙江	60.84	67.00	福建	33.94	55.00
安徽	66.05	63.00	广东	50.72	60.00
江西	48.80	57.00	广西	41.17	61.00
湖南	41.64	52.00	宁夏	—	51.00
湖北	37.50	46.00	青海	—	56.00
河北	43.59	51.00	甘肃	—	63.00
山东	27.88	46.00	四川	—	56.00
河南	39.16	41.00	云南	—	46.00
山西	49.11	61.00	贵州	—	45.00
陕西	48.65	66.00	全国	43.87	56.00
察哈尔	73.11	79.00			

注：全国土地委员会的整体数据低于中央农业试验所，是由于全国土地委员会的调研数据没有考虑城居地主的借贷

资料来源：《全国土地调查报告纲要》《农情报告》

表3-11　广东和浙江不同阶层农户的借贷情况　　　　单位：%

农户阶层	1933 年广东番禺	1934 年浙江兰溪
地主	5.70	33.30
地主兼自耕农	48.60	32.50
自耕农	52.80	43.20
半自耕农	—	65.50
佃农	58.90	77.80
雇农	22.90	68.30
其他	15.10	54.20
合计	43.90	57.10

资料来源：广东番禺：陈翰笙. 广东农村生产关系与生产力[M]. 广州：中山文化教育馆，1934；浙江兰溪：冯紫岗. 兰溪农村调查[M]. 杭州：浙江大学农学院，1935

3）融资用途

中国古代农户融资用途主要为生活开销，仅有很少一部分用于农业生产。许多学者都对其进行过论证，早期较有影响力的如何廉、费孝通等。何廉和郑林庄（1935）认为中国农业金融的最大疵病是农民借款主要用于消费而非生产；费孝通也提出相似的看法，认为中国农户风行节俭，但在婚丧礼仪中则过于铺张。对于近代农户融资用途的研究散见于学者们的研究中，张东刚和关永强（2009）对前辈研究进行了整理，将融资主要分成生产性融资和生活性融资，本书对其数据进行二次整理，具体信息如表 3-12 所示。表中信息整体反映为，生产性融资比率低，全国性调查显示生产性融资为 24.00%和 15.54%，个案调查平均为 28.92%，最低指标为 10.50%。总体而言，有约不足三成的农户融资用于生产，更多的农户是为了维持生活和劳动力的再生产而进行融资。表 3-12 中各类非生产性负债开支中，家庭生活必需开销品占到总融资的 37.68%，最高甚至达到 63.75%，很好地印证了这一点。

表3-12　1929~1935年农户借贷用途分类　　　　单位：%

时间	地区	生产	非生产		
			婚丧	生活必需	合计
1929~1933 年	全国 22 省 143 县	24.00	—	—	76.00
1934~1935 年	全国 16 省	15.54	27.07	25.45	84.46
1929 年	浙江崇德	10.50	37.50	40.00	89.50
	浙江兰溪	28.25	22.00	37.50	71.75
	浙江绍兴	12.50	21.25	63.75	87.50
1933~1934 年	广西邕宁	28.20	25.10	43.10	71.70
	广西桂林	32.90	27.30	38.70	67.10
	广西龙州	11.50	40.10	48.20	88.50
1934 年	云南开远	27.90	31.05	27.90	72.10
抗战期间	河南林县芦寨	34.00	23.30	19.90	66.00

资料来源：转引自张东刚，关永强. 1930 年前后中国农家收支状况的实证分析[J]. 华中师范大学学报（人文社会科学版），2009，（2）：87-91，并重新整理

4）融资来源

农户融资主要来源于资金富余者的直接提供，但也存在一部分银行贷款。该部分贷款发生在 20 世纪 30 年代，是为了迎合国民政府的农村合作运动，部分商业银行做出的业务安排，但持续性不好，流于表面，更多的资金主要用于战争开销和利益集团的享用。1932~1936 年，机构农户贷款逐年增加，据不完全统计，在这 5 年期间，银行对农户贷款从 662.12 万元增长到 6 844.13 万元，增长 10 余倍。1936 年，全国办理农业贷款的银行达到 30 余家，其中业务量较大的，被统计在内的包括 10 余家（表 3-13）。抗战期间，主要银行贷放的农业贷款进一步增加，以四大行[①]为例，1938~1943 年，信贷比例逐年增长，从 1937 年的 27% 上升到 1944 年 52%，最高为 1943 年的 59%（表 3-14）。

表3-13　1932~1936年部分金融机构农户贷款情况

金融机构	1932 年	1933 年	1934 年	1935 年	1936 年
上海银行	20.00	102.26	421.40	608.00	480.00
江苏农民银行	589.80	340.85	880.00	1 390.03	2 167.75
豫鄂皖赣四省农民银行 [1)]	—	53.40	158.96	417.19	1 176.98
中国银行	0.38	64.61	309.50	600.00	808.10
浙江各县农民银行	14.15	58.42	78.87	140.00	600.00
杭州中国农工银行	—	26.74	33.87	—	—
金城银行	—	—	243.90	675.30	503.50
交通银行	—	—	8.00	100.00	400.00
浙江兴业银行	—	—	16.00	1.50	—
大陆银行	—	—	9.50	1.00	—
山东省银行	—	—	—	783.30	—
安徽省银行	—	—	—	—	156.80
山西省银行	—	—	—	—	55.00
云南银行	—	—	—	—	496.00
合计	655.26	646.28	2 160.00	4 716.32	6 844.13

1）表示 1935 年 5 月后，豫鄂皖赣四省农民银行更名为中国农民银行

表3-14　四大行的农业贷款额度与比例

年份	1938	1939	1940	1941	1942	1943	1944
金额/亿元	0.73	1.11	2.11	4.65	6.83	15.27	27.14
比例/%	27	33	36	51	59	59	52

资料来源：丁日初，沈祖炜. 论抗日战争时期的国家资本[J]. 民国档案，1986，（4）：81-95，109

① 国民政府的四大行指的是中央银行、中国银行、交通银行、农民银行。

3.2.2　农户合作融资

1）古老的合会

（1）合会的类型。中国农民长期处于资金短缺的状态，除了向放贷者融入商业性质，甚至高利贷性质的资金外，也采用弱弱联合的合作方式融通资金。在中国历史上，特别值得提及的合作组织是隋唐时期就已经具有相当规模的合会。在中国近代引入农村信用合作社之前，合会是中国农户融通资金的主要合作金融形式。合会是由会首邀集若干会脚组成的一种互助合作信用组织，会首通常是需要资金且信用较好的人，会脚是会首邀集的亲友乡邻。会首可以请数人为会总，让会总各自再去邀集会脚，形成子会。对应的，由会首构成的会称为总会。合会一旦成立，直到会终止，会员人数、会期、会金数目不再变动。合会的操作比较简单，由于会首是急需资金的人，第一期开始，各会脚交出会金若干融通给会首使用，以后每期会首及其他会脚继续交出会金，由一个未得会的会脚融入使用，如此循环，直到全体会脚都得到会，一会的生命就宣布结束。按习惯，先得会的会员逐期付出的会金比以后得会的会员付出的会金多一些，含有还本付息和收本收息的意思，实际上是整借零还和零存整取的相互补充。在中国广袤的农村地区，各地经济发展水平不同、民风民俗不同，合会组织是五花八门，主要有五种：第一，单会。即一人独得会，是不典型的合会，不是特别符合合会的含义，准确地讲是集资。起会原因是一人（会首）有事急需资金，向其他乡邻、亲朋（会脚）借入资金，该种会的会金额度经常不相等，会脚随情谊厚薄融出多寡不定的资金，最后由会首按大家协商的次序归还。这种合会在南方地区称为单刀会、独脚会、鳌头会等，其实是一种乡里情谊会。第二，标会。相对于其他类型的合会，标会是最为规范和科学的。标会是以出标的方式决定各会脚获得资金融通的早晚。第一轮会金归会首，以后各轮会金由会脚投标，记明每脚扣除利息的数额，谁报的利息扣除额最大谁中标得会。第三，摇会。摇会是随机确定得会先后顺序的合会，第一轮会金由会首收取，以后各轮会金谁得用摇彩抓阄的方式决定。第四，轮会。轮会会金的先后顺序由各会脚事先决定，到期按排名顺序决定得会者。第五，寿缘会。寿缘会是特种合会，是一种人寿保险性质的合会，入会人按期交纳会金，家中遭遇丧葬事件，便可得到会金。合会在今天的福建、台湾等地依然有很大的市场，是熟人间资金互助的重要手段。黎以宁（1943）对延安县姚店子一带三个庄子的合会情况做过调查，参会最多的庄子为白家崖，达到总户数的 70%，参会最少的庙沟也达到 33%（表 3-15）。

表3-15 延安县姚店区、川口区农户参与合会情况

被调查庄子	全庄户数/户	参会户数/户	参会户数百分比/%
姚店区三乡白家崖	40	28	70
姚店区三乡童家沟	40	18	45
川口区五乡庙沟	31	10	32

资料来源：黎以宁. 延安县姚店子一带"请会"零星调查材料[R], 1943

（2）合会的缺陷。合会作为合作融资方式，对农户融通资金有着非常积极的意义，其内部合作的资金成本低于外部借贷，但其缺点也是非常明显的。第一，会金分配不公平。除了标会可以按照会脚的意愿通过"标"的高低实现尽早或者较晚地获得资金融通外，其他合会常出现有的轮次得到的会金多些，有的轮次少些，而取得哪一轮的会金则多靠碰运气、碰机会，不能合理分配。第二，难于管理。中国历史中曾经有过"百家争鸣"，但更长的时期内都是"儒家独尊"，法家的思想和地位从来没有超过儒家，有独尊儒术之嫌。这就使中国历史上一直都没有维护经济交易行为的商法，合会组织活动规则主要依据口头的"君子协定"，对合作人的素质要求是比较高的。另外合会也是忽聚忽散，政府难以对其进行有效管理，容易出现不良分子诈骗奸取的事情，使多数老实的会员上当吃亏，酿成地方上的信用风潮。例如，单会中的会金只付一次，既不摇，也不标，本应由会首按期返还，但若是地痞流氓做了会首大都只收不还。

2）农村信用合作社

中国农村信用合作社是直接向西方社会学习而来的，是中国近代的有识之士救国救亡、兴邦安民的一个制度安排，意义深远。近代中国，欧洲合作思想的导入者和倡导者首推伟大的革命先行者孙中山。早在1912年，孙中山便预言，将来中国的实业建设于合作的基础之上，政治与经济皆民主化。1912年以后，越来越多的知识分子开始关心合作制度，这种对合作思想和合作制度的关注也是有一定渊源的。在清朝末年，日本的"产业组合"就已经传入中国，当时京师大学堂里面还专门开设"产业组合"课程。农村信用合作社模式是直接从国外搬回国内的，是中国近代学者在西方留学过程中习得，后为当时的国民政府所重视，并在全国范围内推行的一种模式，对当时的农户融资和农业生产起到非常积极的正面作用。农村信用合作社从产生到发展共经历以下四个阶段。

第一，国外学习阶段。谈到中国近代的合作思想及农村信用合作社，必然要提到一个人物——薛仙舟，薛仙舟作为当时进步知识分子，从德国带回来合作思想，并最后付诸实施，成立中国的农村合作社是值得肯定的。这次学习的兴起是在五四运动之后，合作思想作为一种新文化开始为当时的中国学者所接受和传播。

薛仙舟亲自赴德国考察合作制度①，认为这是一种先进和公平的制度，深信其可以富国救民。

第二，国内实验阶段。1919 年 10 月 27 日，薛仙舟在考察学习之后，自筹资金，亲手创办中国第一家城市信用合作社——上海国民合作储蓄银行。该家合作银行以合作精神补助小资本为营业理念，开设公积金，对储蓄存款户和股东均分发红利。薛仙舟在开办银行的同时，进一步向社会普及合作思想，1920 年创办《平民周刊》，主要刊载议题为合作主义。1927 年，薛仙舟开始考虑在全国推广合作化方案，主要内容包括组织人才培训和组建全国合作银行。但因为这位开创者在同年去世，其全国铺设合作组织的愿望最终没能够实现。在国内实验阶段，特别值得提及的是"中国华洋义赈救灾总会"（简称华洋义赈会）。1923 年，河北省香河县成立了中国第一家农村信用合作社——香河县信用社，其诞生标志着中国农村合作金融的开始。1920 年，全国多地遭受旱灾，华北地区较为严重，华洋义赈会募集善款，帮助农民恢复和发展生产。1921~1922 年连续两年农民均获得丰收，赈灾款项尚有 200 余万元未用完，需要寻找资助项目。在对农户进行调研之后，华洋义赈会的有识之士认识到依靠救济非根本之计，在学习借鉴薛仙舟的上海国民合作储蓄银行的做法后，决定为应对高利贷的盘剥，组建雷发巽式的农村信用合作社②。从 1923 年 6 月到 1928 年 2 月的近五年里，合作社从 0 增加到 569 个，其中为华洋义赈会承认的有 129 个，社员达 13 711 户，自筹资金 25 780 元。

第三，政府推行阶段。南京国民政府成立后，由于连年内战及自然灾害，农业生产驻足不前，甚至出现明显退步。1927~1929 年，全国各地遭受不同程度的灾害，水稻减产 34%，谷子减产 38%，高粱、棉花分别减产 37% 和 15%。前文已经做了分析，当时农户负债率很高，且资金成本平均达 3.6 分，国民政府认为需要设立农民银行，倡导农村资金合作。1927 年北伐战争结束后，南京国民政府开始全面实施农村合作运动。1928 年 2 月，国民党中央第四次执监会上通过《组织合作运动委员会建议案》，开始在全国大范围内进行合作运动的宣传和指导。同年 10 月，

①　中国知识分子走出国门，对外学习，刚好是西方知识界对当时资本社会中平民融资困难进行思考的时期，在改变生活方式和社会组织构成方面正在进行创新，出现继圣西门、傅里叶、欧文等之后的第二次合作高潮。此次合作高潮与第一次不同，由空想转变为实际操作。

②　雷发巽（Friedrich Wilhelm Raiffeisen，今译为 F. W. 莱夫艾森）（1818—1888）生于德国哈姆，1845 年任威雅布许市市长。1846~1847 年，该市农业歉收，广大农民陷于困境，贪得无厌的肥料商及土地介绍商趁火打劫，农民的经济独立乃至生命均受到严重威胁。这种情况使雷发巽受到很大震动，他决定设立市消费合作社，向一般社员提供廉价的食物和优良种籽。1849 年，雷发巽转任佛兰马斯尔特市市长，他捐款 6 000 马克并在当地 60 多位富裕平民赞助下，设立了一个救助合作社，并附设贮金合作社，以五年归还为条件供给肥料于农民。但农民除了肥料，还需要现金。于是，他在莱茵河地区创立了世界上第一个农村信用合作社。1854 年，雷发巽又在赫得斯多尔夫市建立了第二个农村信用合作社，这两个社都有非农民参加，带有慈善事业性质。直到 1862 年，雷发巽在普鲁士亚胡逊组织设立的农民信用合作社，才真正具备合作社性质。

国民党中央规定合作运动为"七项国策"运动之一[①]。1932 年 9 月,立法院起草《合作社法草案》,并于 1934 年 2 月 17 日公布。该法案是国民政府推行合作运动的最高法案,同年 3 月 1 日在全国实施。一个月后,又在汉口成立豫鄂皖赣四省农民银行,以"供给农民资金,复兴农村经济,促进农业生产之改良进步"为宗旨开展业务。该银行在 1935 年 5 月更名为中国农民银行,成为中国历史上第一家农业银行。在中央政府的全力推进下,该期间,农村合作运动有了长足发展,农村合作社数量和参加合作农户的数量均大大增加。1933~1936 年,农村合作社从 5 335 个增加到 37 318 个,社员从 184 587 户增加到 1 643 670 户(表 3-16),分布于全国各省区(表 3-17)。当然,并非全部合作社都是信用合作,但信用合作社在合作社中数量居于多数,1933 年为全部合作社的 82.3%,1936 年下降为 55.3%,但仍然居于首位。

表3-16　1933~1936年全国合作社发展概况

年份	1933	1934	1935	1936
合作社/个	5 335	14 649	26 224	37 318
社员/户	184 587	372 934	1 004 402	1 643 670
合作农户比	0.30	0.61	1.66	2.73

资料来源:转引自陈希敏. 制度变迁中的农户金融合作行为研究[M]. 北京:人民出版社,2011

表3-17　1936年全国各省合作社县级分布　　　　　单位:个

地区	县数	地区	县数	地区	县数
河北	100	江苏	51	广东	23
山西	11	湖北	37	广西	6
山东	101	湖南	44	云南	3
河南	70	察哈尔	6	贵州	10
江西	76	绥远	6	四川	46
浙江	68	甘肃	46	陕西	34
安徽	60	福建	38		

资料来源:实业部中央农业实验所农业经济科. 各县合作事业表[J]. 农情报告,1937,5(2)

　　第四,战时危机阶段。1937 年,抗日战争全面爆发,随着日伪占领区面积的增加,国民政府面临的粮食问题日益严峻,需要采取更加有效的措施扶持和发展农业生产。1939 年 11 月,"国民党五届五中全会"和"国民政府第一次全国生产会议"上,提出开展农业合作运动,健全农村金融机构,增加农业贷款。可见,该时期的农村合作金融更多地是为了稳定战时经济,而不仅仅是扶持农业发展。战时危机阶段的合作融资在合作社内部结构上发生变化,以合作社类型为例。前

---

① "七项国策"包括提倡国货、卫生、保甲、筑路、造林、识字和合作。

文曾有分析,在 1936 年以前,信用合作社占全部合作社的绝大多数,该数字到 1945
年下降到 38%,而生产、消费合作社则从 1938 年的 11% 和 0.4% 上升为 1945 年的
22% 和 14%。战时合作金融发展还有一个重要特征,即合作机构的建立和完善。
1941 年,后方农业区共建立合作金库 417 个,其中省(市)级库 7 个,县级库 410
个。1945 年,中央合作金库成立,统管全国各地合作社融通资金。各省先后成立
15 个分库、22 个支库、60 余个县市合作金库,金库办理业务类型多样,有信用社
贷款、难民生产贷款和复兴贷款(如黄河泛滥区的建设贷款)。1949 年 2 月,国统
区共有各类合作社达到 17 万个,社员人数达到 2 400 万人,信用社占到合作社总
数的 31%。省区分布中,四川最多,为 26 000 余个;河南第二,为 16 000 余个;
排在第三位的为广东,15 000 余个,其余各省都在 10 000 个上下不等。

　　战时危机阶段,除了考察国统区的合作金融,还需要关注陕甘宁边区的信用合
作社。陕甘宁边区在土地改革前,主要信用形式为土地抵押贷款,还有“月月钱”
及具有地方特色的“挖崩子账”和“探买探卖”。无论是土地抵押贷款、“月月钱”,
还是“挖崩子账”和“探买探卖”,都是高利贷。土地抵押贷款前文已做说明,此处
就后两者做一个简单的介绍。“月月钱”是以月利为基础复利计息的高利贷方式,在
我国各地均有较大的市场。“挖崩子账”以 1 个集为借款期,1 集为 5 天,通常借 1
元的利钱为 1 毛,即 5 日利率为 10%,最高利息有 1 集 20% 的。“探买探卖”是以
未来收获的粮食为抵押的高利贷放款方式,在粮食收获前的 3~4 个月,以低于市场
价格将其出售给高利贷者,实际收获时再交付粮食。其类似于先收货款后付货的销
售方式,但实际上却是高利贷放资金,原因有二,其一,粮食的买方并非需要粮食,
仅是以其为媒介贷放资金;其二,差价太高,探卖价格一般为市价一半[①],利率接近
100%。“探买探卖”常常导致农户借一次后 3 年不得翻身。在此背景之下,边区农
户也开始认识到通过合作方式融通资金的必要。边区农村信用社首先是由农户自发
组建,之后在革命区政府和银行的帮助下,数量增长很快。1943 年 3 月,延安南区
沟门信用合作社成立,成为边区的第一家信用合作社。1944 年春天,又在其他各区
组建 7 个信用合作社,6 月,边区合作会议通过大力发展信用合作社议案,到 9 月,
信用合作社增加到 20 个,股金为 4 400 万元,存款为 1.12 亿元,贷款为 1.80 亿元。
到 1943 年年底,合作社又增加至 86 处,资金也增加到 5 亿元。边区建立农村信用
合作社,其积极意义是为农户提供低成本资金,使当地高利贷有所收敛甚至因为没
有市场而暂时消失。例如,李家渠在 1944 年大量组建信用合作社后,“月月钱”利
率由 30%~50% 下跌至 20%~25%,“挖崩子账”利率由每集 15%~20% 下跌至 5%~10%,
而南沟一带的“探买探卖”与“月月钱”则几乎绝迹。

---

① 1943 年物价飞涨时,交粮时价格经常为探卖价的 10 倍至 20 倍。

3.3　农业社会农户投融资制度的评价与启示

在农业社会，中国农户投融资的整体特征为投资不足和融资不足，这和今天中国农户面临的问题具有相似性。也就是说，在现代工业、商业的支撑下，中国农户的投融资安排并未发生实质性改变，仍然表现为投融资不足。所不同的是，农户可以选择兼业经营，一定程度上改变原有制度中的路径依赖。因此，梳理历史上农户投融资行为，从曾经的制度安排中寻找教训和启示，是非常有意义的。传统农户投融资的制度安排选择商业和合作两种性质，但两种制度安排又存在明显差异。在没有合作金融制度安排或者制度供给不足的情况下，农户无奈选择带有高利贷性质的商业融资，且有一定比例的土地抵押贷款。但当合作金融被重点引入后，农户还是理性地选择后者，可见，合作融资是农户投融资制度安排中的重要选择。当然，今天农村金融市场中供给的商业金融形式不再是高利贷性质的，而是包括农业生产在内的农户生产安排可承受的现代融资方式，但当认真思考如何设计符合商业融资抵押品的问题时，中国历史上的土地制度和土地抵押贷款制度的借鉴意义还是非常大的。农户需要以土地（使用权）抵押以适应大额、长期商业性融资的需要，但一定要在充分保障农户基本权益的基础上进行。大力发展农户合作金融是农户投融资制度创新的一个非常重要的思路，需要借鉴国民政府时期合作社运动开展中的经验，但也要吸取其教训。贫困农户的生活是不幸的和悲惨的，农户投融资制度安排中必须为贫困农户的脱贫供给专项制度，这是我们从旧中国农户投融资行为及原有的制度安排中得到的总体感受。

3.3.1　农户商业投融资制度的评价

中国传统农业社会的农户商业投融资制度对农业生产和农民生活还是非常有意义的，虽然其主要信贷形式是高利贷性质的。正如陆深在《燕闲录》中所言："……放债之事……亦有不可废者，何则？富者贫之母，贫者一旦有缓急，必资于富，而富者以岁月取赢，要在有司者处之得其道耳。"由于高利贷性质的商业投融资制度的存在，至少能够保证农户实现生产力的再生产。当然，高利贷，特别是土地抵押的高利贷的弊端非常明显，历朝历代统治者都认识到超高利率的弊端，采用刑律等手段控制。唐代（公元701年）规定："负债出举，不得回利作本，并法外生利。"[1]宋

---

[1] 《唐律疏议》卷二六。

代（1016 年）诏："民负息钱者，无得逼取其庄土、牛畜以偿。"[①]辽代在 1057 年和 1083 年两度禁止官员在部内放债[②]。南宋 1189 年免除 1187 年以前的私债和 1188 年以后利息支付已经达到本金的债务。明代要求月利不得过 3 分，同时规定，豪势之人不得不经告官，强夺借债人的孳畜产业，准折借债人的妻妾子女[③]。清代（1766 年）规定"收过一本一利后，余息追出充公"[④]。总体而言，在各政府的管控下，封建社会的农户投融资制度对农业生产和农民生活起到了一定的资金融通作用，但其对资金使用人的盘剥还是非常明显的。

3.3.2　农户合作性质投融资制度的评价

相对于农户商业投融资制度，合作投融资的优势则非常明显。存在 2 000 余年的传统的合会对农户小额信贷融通以及其他事项的安排都是非常有意义的。例如，寿缘会，实际上是保险的早期雏形，而单会实际是集资形式，一定程度上存在非自愿的成分。因此，农户合作投融资真正有价值的部分是民国以后的农村信用合作，可以将其分为国统区和陕甘宁边区分别讨论。

1）国统区评价

农户合作性质投融资制度安排是非常适合农户生产方式的，从民国时期信用合作融资的发展历程可以看出，其积极作用非常明显。国民政府推行合作金融，为农户提供低成本信贷资金，缓解了农户的融资危机。当时的信用社从国家及私人银行获得资金来源后转贷给农户，利息远低于以高利贷为主的商业融资。据当时对江浙、两广、两湖等 15 个省市 332 家信用社利率的调查显示，利率在 8 厘以下的有 29 家，8 厘~1 分的 75 家，1~1.2 分的 108 家，1.2~1.5 分以上的 50 家。信用合作社贷款利率平均低于高利贷 50%左右。农户合作融资方式不仅有利于解决农户资金困难，同时在活跃农村经济、改造农村社会方面也具有积极作用。国民政府时期的信用合作社除采用现金方式贷款外，还有一部分的作物、肥料等实物贷放。例如，1936 年，江苏省农民银行为农户提供的总计 600 万元的贷款，除一部分现款外，还有育苗、种子、肥料等，不仅实现了城市资金流向农村，且减少了农户购买上述生产资料过程中的中间商盘剥，增加了农户收益，活跃了农村经济。同时，合作融资方式还有利于改造农村社会。在参与合作社活动的过程中，广大农户受到"平等、民主、自愿、互利"的合作思想熏陶和影响，在意识上与此前的封建农户逐渐有了区别。合作行为有利于形成新的社会道德观念和价值观念，并最终

---

① 《续资治通鉴长编》卷八八。
② 《辽史》卷二一《道宗纪一》，卷二四《道宗纪四》。
③ 《明会典》卷一六四《钱债》。
④ 《清高宗实录》卷七六一乾隆。

提高农户综合素质。国民政府在推进合作化运动的过程中，设立民众学校与训练班，提高社员文化知识；在农业生产合作过程中，提倡戒烟、戒酒，改变农村社会风气，且在社会公益事业方面，也有对入社农户的引导。但当时在推进合作过程中也存在明显问题，主要是合作融资能力依然有限，表现为合作社总数少、入社农户少和贷款数量少三个方面。虽然信用合作社从无到有，并在较短的时间内数量增长显著，但与农户总数相比较依然是偏低的。这主要在于当时的农户处于赤贫状态的较多，合作金融虽然是弱弱联合，但不是赤贫联合，一个合作社内部必然需要有一定数量的相对富裕的农户，才能够支撑整体资金融通。1940 年的调查数据显示，农户年平均现金周转额，四川为 552.19 元，云南为 459.09 元。而农贷金额发放最多的 1941 年，每个入社农户平均的借贷金额为 112 元，且能够得到融资便利的入社农户仅占到全部农户 20%左右，更多的农户无法享受低息贷款，只能通过抵押土地等方式受到高利贷的盘剥。

　　2）陕甘宁边区的评价

在国统区大力推行合作运动的同时，陕甘宁边区也在进行着相同的制度安排，从后来的推行及其作用来看，同样获得了很好的制度效果，为边区农业生产和经济发展提供资金支持。相比较国统区而言，边区信用融资有效性更好，主要体现在两个方面：其一，合作农户富余资金相对更多；其二，合作更多地体现"民办"特征。虽然边区地处边远，不属于传统富裕农业区，但由于在中国共产党和人民政府的领导下，边区农户无须缴纳国统区的名目繁多的苛捐杂税。同时，边区使用自己的货币，作为独立的经济体，其遭受通货膨胀的程度也要小得多，农户的生产剩余更多。积极投资农业生产的农户希望扩大投资，富余资金较多的农户希望获得利息收益，因此，陕甘宁边区的合作金融微观基础更好，合作意愿更强。根据肖长浩（1945）对边区信用合作社的介绍，当时边区存在较多的可融通资金，包括农民和手工业者的劳动收入剩余，各机关、部队、学校因生产自给运动后的闲置资金，以及部分老人的养老金和妇女的首饰等。1945 年，日本投降前，全边区信用合作社吸收存款约15 亿元、3 万多块银元和若干首饰。边区信用合作社的组建与国统区信用合作社不同，后者主要是政府全力推行，而边区则主要依靠民办，从一开始就特别强调合作的民办特征，提出的口号是"民办公助"。其对"民办公助"给出清晰的界定，指的是合作社由人民自己办，党政在方针政策上帮助和指导。具体工作中，政府强调合理的利率水平，业务方向上明确信用合作社的主要任务为"组织信贷，发展生产，通过组织信贷把闲散资金转变为活动的资金而投入生产事业"。

3.3.3　农户投融资制度创新的启示

从农户商业投融资发展历程中，我们看到的更多的是高利贷，是农地抵押后的土地流失，农户只能通过典地维持生计。基于当前农户分化后的市场型农户越来越倾向大额、长期的资金融通，其可以选择的比较具有操作性的是农地使用权抵押贷款，但在该制度设计过程中，必须从中国农户遭受的高利贷盘剥和土地权益丧失中吸取教训。农地使用权抵押贷款利率实行政府补贴，抵押的时限需要严格控制，且必须在农户自愿的基础上进行。相比较而言，农户合作投融资更具有普适性。

1）合作投融资是农户投融资制度创新的重要选择

合作投融资方式是"弱弱"的联合。无论是古已有之的合会，还是以信用合作为主的现代合作经济，其对农户生产能力的抬升意义重大。今天中国农户生产的诸多特征与新中国成立前还是存在诸多的相似之处。从国统区与陕甘宁边区的农村信用合作社的发展及其融资效应来看，农户合作投融资是农户投融资制度创新中必须认真和全面思考的一个供给方向。合作投融资能够实现各类农户的全覆盖，包括贫困农户、维持型农户和市场型农户。在农户合作投融资制度设计过程中，需要强调其民有民办的自下而上的特征。合作经济的特征第一条就是自愿，如果农户在非自愿的条件下被强行拉入合作组织，结果是非常糟糕的。在一个合作组织中，农户之间无法达成互信，且彼此并不熟悉，无法保障信息的对称，合作就无法实现。国统区的信用合作中存在农户自主性差的问题，损害了合作社的根本原则——自愿联合。依靠行政力量组建的合作社大部分为权贵所操纵，使合作社变成部分成员的小金库。此类变性的信用社类似于漏斗，政府扶助农户的资金大部分漏入权吏豪商的口袋，并未真正实现为普通农户提供融资的制度设计目的。而与之形成鲜明对比的是陕甘宁边区的信用合作社，其采用农户自愿、互助和民主管理，政府仅在大的方向上给予指导，其功能与作用的发挥则更为充分。虽然相对于商业投融资方式，合作投融资适合更多的农户，包括富裕农户和贫困农户，但如果全部参与合作的农户都处于赤贫状态，则合作投融资也是毫无意义的。前文也分别分析了国统区合作社的艰难和边区合作社资金相对充盈的现实，因此，合作投融资需要不同层次的农户共同合作，特别是需要资金相对充裕农户的加入。另外，合作投融资不能仅强调资金融通部分，还需要充分考虑其他生产要素的融通。例如，借鉴国统区合作社融通青苗、肥料、籽种等方式，今天的农户合作投融资也要考虑将农业生产的各个要素纳入合作范畴，实现融资与融物相结合。

2）贫困农户需要专门的投融资制度设计

贫困农户的投融资需求，有时基于脱贫的目的，可能更为强烈，但该类农户的投融资制度安排需要专门设计。这是因为以营利为目的的商业投融资不适合于贫困农户，以互助为目的的合作投融资对于特别贫困的农户支持力度也不大，使该类农户被排除在两大类融资体系之外。商业投融资制度和贫困农户具有天然的分离性，理论上，商业金融不会选择贫困农户，理性的贫困农户也不会选择商业金融，但理性都是有限的，当农户急于脱贫时，会做出类似于赌博的不理性选择。以土地抵押贷款为例，贫困农户由于抗风险能力弱、土地面积有限，如果通过农地抵押贷款融入资金后出现亏损，无力偿付贷款本金而被执行抵押品，农户最后赖以生存的资本都没有了，成为真正的"无产阶级"，与马克思论述的资本主义发家时的血淋淋的"圈地运动"没有多少区别了。因此，如果该类农户参与相对温和的合作投融资境况会好一些。但基于合作的自愿性，合作组织成员都是相对比较熟悉、生产能力和水平相似的农户，对于贫困农户，其主要资金合作对象理论上也是贫困农户，如此的合作是没有意义的，无法达到实际融资效果。相对而言，贫困农户参与其他类型合作社，如土地合作社，障碍会少一些，但由于土地合作社内部的信托、租赁等通常也都有经营时间的合同期，如在信托期内、租赁期内，委托人、出租人也是不能随意收回土地使用权的，故也不主张贫困农户参与。贫困农户被排除在商业甚至合作投融资之外，并不表示贫困农户没有金融供给，其可以通过小额信贷、联保贷款及农机具（如果有）抵押贷款等途径获得信贷支持。贫困农户的投融资制度创新，必须通过政府财政援助或者带有财政性质的政策性金融注资的方式，为其提供启动资金，这起因于商业金融天然具有嫌贫爱富的特点。

第4章 农户投融资制度创新的需求分析

4.1 农户投融资需求的整体特征

我国幅员辽阔，各地区农业生产方式差异大，农户投融资需求的类型不同，但从整体表现来看，农户均存在投融资需求。整体表现是农户投资出现非农化倾向，对传统的种植业和养殖业的投资处于维持型状态，投资更加关注高效农业，如温室和规模化养殖投资。农户投资存在一定的区域差异，丘陵、山地地区农户的种植业投资偏向于农资，平原地区农户的投资除了农资外，还存在明显的非农业化倾向。2010年8月，笔者在黑龙江、辽宁、陕西、新疆、山东、河南、河北、湖北、湖南、四川、重庆、贵州、福建和广东14个省市进行调研，发出问卷2 000份，有效回收问卷1 856份。在投资意向上，占全部调研农户69.01%的1 281户选择非农业，主要原因为种地不挣钱。农户中占比47.31%的878户表示农业投资较之前年份减少，接近总户数的一半；有375户表示投资增加，占总数的20.20%；另外有603户表示基本没变，占总数的32.49%；而针对总投资，仅有556户表示投资增加，占总数的29.96%；666户表示投资减少，占35.88%；其他634户表示没有变化（表4-1）。值得注意的是，调研中特别就增加投资的来源进行了分析，有105户表示是收入增加，343户表示是开销减少，有38户表示是贷款增加，还有66户表示是借款增加，分别占到总556户的18.88%、61.69%、6.83%和11.87%。融资考察方面，有1 213户表示需要信贷融资，占总农户的65.36%；有508户表示需要信托、租赁等其他类型金融服务，占总农户的27.37%。问卷中也设计了关于农业保险的问题，有604户表示需要保险，占总农户的32.54%。

表4-1 2010年调研农户投资额度变化

投资项目	农业投资			全部投资		
投资变化	不变	增加	减少	不变	增加	减少
户数/户	603	375	878	634	556	666
占比/%	32.49	20.20	47.31	34.16	29.96	35.88

4.1.1　投资特征

中国农户存在投资意愿和投资计划，但囿于收入、时间价值、地权稳定性、融资可得性等多方面因素的限制，农户生产性投资意愿较低，投资主要集中在住房和消费中。

1）住房投资比率高

中国农户住房投资比率一直较高，这与传统文化中的"安居乐业"有一定的关系，同时良好的住房条件也是生活水平提高的表现。中国人民银行宜宾市中心支行 2011 年对宜宾市 24 个乡镇和 79 个自然村的农户调查显示，近年来，农户家庭投资于城镇购房的比例不断增加。在宜宾市 2 个城乡结合部的自然村中，受访的 752 户农户在城镇、县城和市区购房的达 174 户，占到总调查户的 23.1%。购房农户中的 75%选择在城镇购房，25%选择在县城和市区购房。在对 4 个相对边远的自然村调查中，总受访农户 1 336 户，有 155 户已经在城镇购房，占到总受访户的 11.6%。除外购投资外，农户自建住房仍然构成农户投资的一个重要组成部分。2011 年，重庆农户住宅施工面积为 1 513 万平方米，较 2010 年的 1 345 万平方米增长 12.49%；2011 年，重庆农户住宅竣工面积为 1 545 万平方米，较 2010 年的 1 373 万平方米增长 12.53%。投资住房是农户一贯的选择，如果地方政府采取积极鼓励措施，则农户投资总量增长更快。例如，新疆大力推进民生工程，2012 年上半年，农村农户固定资产投资额为 113.27 亿元，同比增加 33.52 亿元，增长 42%。其中，农户住房投资增幅最快，房屋施工总面积达 780 万平方米，住宅面积为 757 万平方米；房屋总投资额 40.42 亿元，比上年增长 132%。

2）农业生产性投资比率低

农户自我积累能力弱，农业生产风险高，在全国大部分丘陵、山地地区无法进行规模化生产，而其采用的仍然是传统农业生产方式，更倾向于将有限的资金投资于第二、第三产业而非农业。虽然政府出台农业生产补贴制度，但农户整体对农业生产的投资需求依然较低。从 2010 年的 1 856 份问卷来看，绝大多数农户均认为农业投资利润薄、风险大，特别是粮食生产几乎无利可图，但碍于没有其他技术，只能维持当前的生产和投资水平。这样的农户为 1 003 户，占到总调查农户的 54.04%；准备逐步减少粮食生产，改为种植蔬菜或者考虑其他经济作物的农户为 669 户，占到总户数 36.05%；剩余的 9.91%的农户明确表示不再投资农业生产，仅维持家庭生活需要。土地是农业生产的重要要素，所以问卷中也设计了关于土地投资的内容。其中，有 1 281 户农户明确表示不愿意增加对土地投资，占全部农户的 69.02%；有 233 户农户明确表示愿意对土地投资，占全部农户的 12.55%；剩下的 18.43%的农户不能确定，要看以后的情况和参看其他农户的安排。2013 年国家统计局上海市崇明县（2016 年后为崇明区）的调研数据显示，农户粮食作物种植有所下降，户均种植 6.52 亩，比 2012 年减少 1%。种植作物结构也发生变化，粮食面积占到总面积的 39.2%，比 2012 年下降 11.8%；蔬菜、绿肥、油料等作物种植面积占比为 34.7%、17.6% 和 2.4%，分别比 2012 年上升 0.2 百分点、10.3 百分点和下降 0.6 百分点。该县的种植结构总体变化能够体现目前我国农业投资格局的总体特征，总投资减少，粮食投资减少速度更快。

3）农户规模化投资意愿不强

笔者在调研中发现，农户规模化投资意愿没有最初设想的高。在调研前，通过梳理以往文献得出的结论及部分省份出现的大量抛荒现象，笔者估计在政府取消农业税后，应该有部分农户愿意接手其他农户转出的土地，从事规模化经营。但调查发现，部分在城市中有稳定收入来源的农民工愿意流转家中富余的土地，但留守农户和部分当地就业的兼业农户对于租入土地进行规模化种植的意愿并不高。问卷数据显示，仅有占 12.66% 的 235 个农户愿意通过流转他人土地等方式进行规模化生产，更多农户仅愿意维持现状。在进一步对其原因进行分析中发现，留守农户不愿意扩大生产规模和不愿意投资农业的原因基本相同，主要顾虑包括信息、风险、收益和资金几个方面的问题，按照农户选择排序，依次为收益、资金、风险、信息和技术。具体来说，不愿意扩大农业生产的农户选择"不挣钱"的有 1 002 个，占 53.99%；选择"没有资金"的为 952 个，占 51.29%；选择"担心风险"的有 844 个，占 45.47%；选择"不知道种什么好"的有 571 个，占 30.77%；选择"没有技术"的为 439 个，占 23.65%。

4.1.2　融资特征

1）需求多元化

农户融资需求目的多元，涉及农业生产、非农业生产、消费、医疗等方面。调研数据显示，在全部 1 856 份问卷中，选择有融资需求的份数为 1 608 份。需求中明确表示生产需要的为 549 户，占 34.14%；表示生活消费需要的为 561 户，占 34.89%；同时都有的为 498 户，占 30.97%；另有 34 户的借贷是为了偿还旧债，也被归入生产生活兼有型（表 4-2）。生产需要又进一步分为种植业、养殖业和工商业，有 248 户选择两类以上，其他只有一种需求，这说明农户对生产性信贷资金的使用有一定程度的专门规划特征。为了更好地了解农户的生产融资需要，对仅有生产融资需要的 549 份问卷进行单独分析。由于农户生产融资的多样性，还需要专门分析其内部结构。将农户全部所有资金用途选择汇总为 851 次，其中，种植业占 41.95%，养殖业占 24.56%，工商业占 24.91%。农户融资消费主要涉及的消费项目包括教育、医疗和结婚，部分农户同时具有 2 种以上的融资需求。农户融资需求中还存在一个既不属于生产，也不属于一般消费的住房投资需求，为了严格强调生产性质，本书将农户住房信贷资金需求和教育、医疗等划分为同一大类，视为消费性需求。考察有融资需求的全部 1 608 户农户，其中，借贷资金用于住房消费比例为 37.50%；教育消费的比例为 32.15%；医疗消费的比例为 30.16%；结婚消费的比例为 15.24%。如果仅考虑单一消费需求的农户，该比例则分别上升为 46.28%、40.04%、35.72% 和 18.64%（表 4-3）。这和许多学者研究的结论相似，农户的融资需求更多地用于消费，而非生产，同时也印证农户自我积累能力弱，而消费开支中多数为预算硬约束。但鉴于农户经济体的特殊性，其资金具有生产生活难于区分的特点，使农户资金需求与企业不同。资金在实际使用过程中，存在明显的生产生活间相互拆借的现象，本来计划的生产投入，可能改为婚丧嫁娶，也可能改为子女就学。故问卷真正有意义之处在于可以从整体上看出其资金需求的多元化流向。

表4-2　农户融资用途结构表

资金用途		被选次数/次	比例/%
生产	种植业	405	25.19
	养殖业	329	20.46
	工商业	310	19.28
消费	住房	603	37.50
	教育	517	32.15
	医疗	485	30.16
	结婚	245	15.24
偿还借款		34	1.83

表4-3　大类单一需求农户融资用途结构

资金用途		被选次数/次	比例/%
生产	种植业	357	41.95
	养殖业	209	24.56
	工商业	212	24.91
合计		851	—
消费	住房	504	46.28
	教育	436	40.04
	医疗	389	35.72
	结婚	203	18.64
合计		1 089	—

2）金额集中度高

我国各地区人口密度、地形条件、土壤特征、经济背景和区域文化等都存在较大差异，导致农业生产和农户收入来源存在一定的差异，其中，农户经营模式对资金需求影响最大。平原地区农户农业生产主要采用机械化方式，而山区农业主要是传统人工，前者资金需求远大于后者。蔬菜、水果、花卉等现代新型农业资金需要量大，传统粮食生产资金需要相对低；独立经营传统农户需要资金少，种养大户及合作社农户需要资金量大。但从问卷回馈的数据来看，虽然融资需求差异大，从少于 5 000 元到大于 10 万元，但主要集中于 5 万元以内。在 1 608 份有融资需求的问卷中，比例最高的为 2 万~5 万元，占总需求户的 38.25%。需要资金量在 5 000 元以内的为 137 户，占总户数的 8.52%；在 5 万元以上的部分为 166 户，占总户数的 10.32%；其中在 10 万元以上的为 15 户，占 0.93%。融资需要量在 5 000 元以下的主要为贫困农户和维持型农户，而市场型农户资金需要总量高，需要量在 10 万元以上的是特色农业种养大户、非农业生产需要农户和规模养殖户。从问卷信息来看，89.68%的农户资金需要量在 5 万元以内（表 4-4）。

表4-4　农户融资金额区间分布

需要量/元	户数/户	所占比例/%	累积比例/%
≤5 000	137	8.52	8.52
5 001~10 000	268	16.67	25.19
10 001~20 000	422	26.24	51.43
20 001~50 000	615	38.25	89.68
50 001~100 000	151	9.39	99.07
>100 000	15	0.93	100.00

3）期限以中期为主

早期农户间的借贷主要以零星、短期为主，但随着农业生产方式的变化和农户兼业经营的比例不断上升，农户资金需要期限逐渐长期化。从时间上看，2000 年以前，农户融资以短期的消费性为主，2000 年以后，随着农村劳动力转移的纵深发展，农村富余土地逐年增加，出现大量抛荒和"打农"现象。进而，在利用耕地和雇用劳动力的共同作用下，成就了一批农业大户、林业大户和养殖大户。大户出现需要大量可持续发展的资金，加上还有一部分农村劳动力采用经营非农业的方式进行生产，需要资金量也较传统农业高，使农户融资需求表现出长期化和大额度的趋势。问卷调查中，739 户农户表示愿意借款的期限为 1~3 年，占总户数的 45.96%，接近一半。另有 16.54%的农户希望融资期限在 3~5

年，3.92%农户的融资期限选择长于 5 年，两类农户共有 329 户。而期限在半年以内的融资意义最小，仅有 2.55%的农户选择（表 4-5）。由此可见，农户对信贷资金需求以中短期为主，这主要与农户从事的生产活动和资金用途有关。多数农户的融资用于生产、教育和住房改造，相对于一般性消费，需要一个较长的期限。

表4-5　农户融资期限区间分布

资金使用时间/年	户数/户	所占比例/%	累积比例/%
<0.5	41	2.55	2.55
0.5~1	499	31.03	33.58
1~3	739	45.96	79.54
3~5	266	16.54	96.08
>5	63	3.92	100.00

4.2　农户投融资需求的区域分析

我国幅员辽阔，地形、土壤、人均耕地占有量都存在明显差异，因此，农户投融资需求也存在不同。本书选择黑龙江和重庆市作为比较对象，前者代表规模化农业，后者代表传统农业，对比分析两地区农户投融资需求的共性和差异。

4.2.1　模型选取与变量说明

本书选择 Probit 模型对农户的投融资需求进行分析，其需求层次细分为投融资需求、合作投融资需求、农地投融资需求和融资用于农业投资的需求四个层次，考察农户是否有需求及影响因素。这里以贷款代表融资，模型设定如下：

$$Y = \beta_0 + \beta_1 x_1 + \beta_2 x_2 + \beta_3 x_3 + \beta_4 x_4 + \beta_5 x_5 + \beta_6 x_6 + \beta_7 x_7 + \mu$$

其中，Y 为虚拟变量。当 $Y=1$ 时，代表农户需要贷款、需要农地抵押贷款、需要农地抵押贷款经营农业和需要合作性质贷款；当 $Y=0$ 时，则代表农户不需要贷款、不需要农地抵押贷款和不需要农地抵押贷款经营农业，也不需要合作贷款。自变量 x_1、x_2、x_3、x_4、x_5、x_6、x_7 依次代表农户户主年龄、家庭人口数、户主文化程度、近亲属是否有村干部、耕地面积、农户类型和农业收入占全部收入的比重。模型中各变量的定义见表4-6。

表4-6　模型各变量定义表

因变量	含义
Y_1	是否需要贷款：需要=1；不需要=0
Y_2	是否需要农地抵押贷款：需要=1；不需要=0
Y_3	是否需要农地抵押贷款经营农业：需要=1；不需要=0
Y_4	是否需要合作性质贷款：需要=1；不需要=0

自变量	含义
x_1	户主年龄/岁：<30=1；30~45=2；45~60=3；≥60=4
x_2	家庭人口数
x_3	户主文化程度：小学及以下=1；初中=2；高中及以上=3
x_4	近亲属是否有村干部：有=1；没有=0
x_5	耕地面积/亩：重庆指标：<5=1；5~10=2；≥10=3 　　　　　　黑龙江指标：<30=1；30~60=2；≥60=3
x_6	农户类型：贫困型农户=1；维持型农户=2；市场型农户=3
x_7	农业收入占全部收入的比重：<10%=1；10%~30%=2；30%~50%=3；50%~70%=4；≥70%=5

4.2.2　重庆农户投融资需求的计量分析

1）数据的来源与结构

重庆各区县共发出问卷 800 份，回收有效问卷 594 份，涉及万州、江津、合川、北碚、忠县、垫江、秀山和巫山 8 个区县所属的村庄，抽样农户基本特征如表 4-7 所示，贷款意愿如表 4-8 所示。

表4-7　重庆样本农户基本特征分布

指标	选项	频数	比例/%	累积比例/%
户主年龄/岁	<30	21	3.54	3.54
	30~45	175	29.46	33.00
	45~60	341	57.40	90.40
	≥60	57	9.60	100.00
家庭人口数/个	1	8	1.35	1.35
	2	45	7.57	8.92
	3	106	17.85	26.77
	4	219	36.87	63.64
	5	122	20.54	84.18
	6	59	9.93	94.11
	7	26	4.37	98.48
	8	9	1.52	100.00

续表

指标	选项	频数	比例/%	累积比例/%
户主文化程度	小学及以下	261	43.94	43.94
	初中	255	42.93	86.87
	高中及以上	78	13.13	100.00
近亲属是否有村干部	有	37	6.23	6.23
	无	557	93.77	100.00
耕地面积/亩	<5	378	63.64	63.64
	5~10	141	23.73	87.37
	≥10	75	12.63	100.00
农户类型	贫困农户	108	18.18	18.18
	维持型农户	305	51.35	69.53
	市场型农户	181	30.47	100.00
农业收入占全部收入的比重	<10%	197	33.16	33.16
	10%~30%	182	30.64	63.80
	30%~50%	93	15.66	79.46
	50%~70%	53	8.92	88.38
	≥70%	69	11.62	100.00

资料来源：根据重庆 16 个村庄的抽样数据分析整理

表4-8 重庆样本农户贷款意愿分布表

指标	选项	频数	比例/%	累积比例/%
贷款意愿	愿意	228	38.38	38.38
	不愿意	366	61.62	100.00
抵押贷款意愿	愿意	176	77.19	77.19
	不愿意	52	22.81	100.00
抵押贷款农业经营意愿	愿意	47	26.70	26.70
	不愿意	129	73.30	100.00
金融合作意愿	愿意	227	38.22	38.22
	不愿意	367	61.78	100.00

资料来源：根据重庆 16 个村庄的抽样数据分析整理

2）计量分析

本书使用 Eviews6.0 回归分析数据，结果如表 4-9 所示。回归信息表明耕地面积对农户投融资需求影响显著，无论是融资需求、农地融资需求、农地融资需求经营农业还是农户合作融资需求均在 1%的显著水平上通过检验。户主的文化程度与融资及合作融资正相关，影响显著。农户类型影响融资需求，显著水平为 1%。值得注意的是农户类型对农户合作融资的影响与贷款不同，表现为反向变化关系，且在 1%的水平上显著，这说明越是贫困的农户越倾向于资金合作。农户类型在 5%

的水平上显著影响农地抵押贷款的用途，而农户类型对农地抵押贷款需求不显著。农业收入占全部收入的比重影响农地抵押贷款经营农业，但显著水平低，仅为10%。户主年龄、家庭人口数、近亲属是否有村干部三个变量影响农户融资需求，但不显著，没有通过检验。

表4-9　模型回归结果

因变量	Y_1	Y_2	Y_3	Y_4
估计方法：				
ML-Binary Probit				
估计样本数	594	228	176	594
Obs with Dep=0	366	52	129	367
Obs with Dep=1	228	176	47	227
自变量				
x_1	−0.058 4	0.149 3	0.247 8	0.125 5
	（−0.641 6，0.521 1）	（0.867 5，0.385 7）	（1.269 0，0.204 4）	（1.403 8，0.160 4）
x_2	0.034 2	−0.168 2	0.073 2	−0.011 0
	（0.773 9，0.439 0）	（−2.116 1，0.034 3）	（0.833 9，0.404 3）	（−0.253 8，0.799 6）
x_3	0.239 7***	0.131 8	0.048 6	0.898 3***
	（2.842 5，0.004 5）	（1.069 6，0.284 8）	（0.341 8，0.732 5）	（9.591 3，0.000 0）
x_4	0.201 1	0.557 4	−0.201 3	0.049 8
	（0.857 1，0.391 4）	（1.381 1，0.167 2）	（−0.486 4，0.626 6）	（0.197 9，0.843 1）
x_5	0.504 4***	0.599 2***	0.983 2***	0.331 2***
	（6.192 2，0.000 0）	（3.873 1，0.000 1）	（5.402 1，0.000 0）	（3.984 2，0.000 1）
x_6	0.493 8***	−0.034 3	0.437 6**	−0.504 5***
	（5.090 4，0.000 0）	（−0.200 9，0.840 7）	（2.149 8，0.031 6）	（−4.946 2，0.000 0）
x_7	−0.070 1	0.021 83	0.221 3*	0.015 8
	（−1.381 9，0.167 0）	（0.212 6，0.831 6）	（1.847 3，0.064 7）	（0.312 7，0.754 5）
C	−2.383 9***	−0.150 2	−5.222 8***	−1.628 9***
	（−5.376 2，0.000 0）	（−0.167 5，0.867 0）	（−4.752 6，0.000 0）	（−3.558 0，0.000 4）

*、**、***分别表示在10%水平下显著、在5%水平下显著、在1%水平下显著

注：括号中数字分别为 Z 统计值和概率

4.2.3　黑龙江农户投融资的计量分析

1）数据的来源与结构

黑龙江选择肇东、安达和兰西作为数据来源地，共发出问卷 450 份，回收有效问卷 318 份，抽样农户基本特征如表 4-10 所示，贷款意愿如表 4-11 所示。

表4-10　黑龙江样本农户基本特征分布

指标	选项	频数	比例/%	累积比例/%
户主年龄/岁	<30	16	5.03	5.03
	30~45	97	30.50	35.53
	45~60	161	50.63	86.16
	≥60	44	13.84	100.00
家庭人口数/个	1	5	1.57	1.57
	2	27	8.49	10.06
	3	65	20.44	30.50
	4	121	38.05	68.55
	5	63	19.81	88.36
	6	26	8.18	96.54
	7	11	3.46	100.00
户主文化程度	小学及以下	134	42.14	42.14
	初中	128	40.25	82.39
	高中及以上	56	17.61	100.00
近亲属是否有村干部	有	28	8.81	8.81
	无	290	91.19	100.00
耕地面积/亩	<30	85	26.73	26.73
	30~60	128	40.25	66.98
	≥60	105	33.02	100.00
农户类型	贫困农户	9	2.83	2.83
	维持农户	46	14.47	17.30
	市场农户	263	82.70	100.00
农业收入占全部收入的比重	<10%	4	1.26	1.26
	10%~30%	15	4.71	5.97
	30%~50%	45	14.15	23.12
	50%~70%	60	18.87	38.99
	≥70%	194	61.01	100.00

资料来源：根据黑龙江 12 个村庄的抽样数据分析整理

表4-11　黑龙江样本农户贷款意愿分布表

指标	选项	频数	比例/%	累积比例/%
贷款意愿	愿意	168	52.83	52.83
	不愿意	150	47.17	100.00
抵押贷款意愿	愿意	139	82.74	82.74
	不愿意	29	17.26	100.00
抵押贷款农业经营意愿	愿意	60	43.17	43.17
	不愿意	79	56.83	100.00
金融合作意愿	愿意	150	47.17	47.17
	不愿意	168	52.83	100.00

资料来源：根据黑龙江 12 个村庄的抽样数据分析整理

2）计量分析

本书使用 Eviews6.0 对数据进行回归分析，如表 4-12 所示。回归结果表明，耕地面积显著影响农户融资，其中，对融资需求的显著性水平为 10%，对农地抵押贷款需求以及抵押贷款用于农业生产需求的显著水平为 1%。但耕地面积对农户合作融资影响不显著，可能的原因是农户整体耕地占用面积大，需要资金更倾向于大额和长期。户主年龄显著影响农户融资需求，在 1%的水平上通过检验，也影响合作融资，在 5%的水平显著。户主文化程度与农户融资需求及金融合作正相关，在 5%和 1%的水平上显著，说明文化水平越高的农户越有能力通过融资方式扩大生产，且越愿意参与合作。近亲属是否有村干部影响农户信贷需求，显著水平为 10%，可能说明在调研地区，有村干部的家庭有更多信息或者融资更容易。农户家庭人口数与农地抵押融资需求间存在负相关关系，显著水平为 10%。值得注意的是，越富裕的农户越不愿意参与金融合作，且在 1%的水平上通过检验，说明富裕农户可能有更好的资金来源渠道，或者是更能够通过商业融资方式获得资金，故合作意向不明显。

表4-12　模型回归结果

因变量	Y_1	Y_2	Y_3	Y_4
估计方法： ML-Binary Probit				
估计样本数	318	168	139	318
Obs with Dep=0	150	29	79	168
Obs with Dep=1 自变量	168	139	60	150
x_1	−0.354 2***	−0.189 2	0.024 2	−0.220 2**
	（−3.401 7，0.000 7）	（−1.035 8，0.300 3）	（0.141 3，0.887 6）	（−2.117 6，0.034 2）
x_2	−0.034 0	−0.209 3*	−0.031 8	−0.030 7
	（−0.565 0，0.572 0）	（−1.932 5，0.053 3）	（−0.342 1，0.732 2）	（−0.551 4，0.581 4）
x_3	0.218 0**	0.087 7	0.165 5	0.422 6***
	（0.562 2，0.037 0）	（0.562 2，0.573 9）	（1.222 0，0.221 7）	（4.144 2，0.000 0）
x_4	0.472 9*	0.246 5	−0.366 5	0.220 8
	（1.742 2，0.081 5）	（0.593 3，0.552 9）	（−1.046 7，0.295 2）	（0.834 7，0.403 9）
x_5	0.171 4*	0.415 4***	0.531 7***	0.128 0
	（1.762 1，0.078 1）	（2.581 4，0.009 8）	（3.449 0，0.000 6）	（1.311 0，0.189 9）
x_6	−0.082 8	0.036 1	−0.214 8	−0.875 2***
	（−0.522 1，0.601 6）	（0.135 3，0.892 3）	（−0.765 1，0.444 2）	（4.740 9，0.000 0）
x_7	−0.224 7***	0.003 9	0.051 3	−0.069 0
	（−2.900 4，0.003 7）	（0.032 2，0.974 3）	（0.429 2，0.667 7）	（−0.880 6，0.378 6）
C	1.615 9**	1.161 1	−0.817 0	2.358 4***
	（2.159 7，0.030 8）	（0.948 2，0.343 0）	（−0.718 8，0.472 2）	（3.007 6，0.002 6）

*、**、***分别表示在10%水平下显著、在5%水平下显著、在1%水平下显著

注：括号中数字分别为 Z 统计值和概率

4.2.4 农户投融资需求区域差异总结

农户投融资需求存在区域差异，如果把农地抵押贷款看做长期投融资方式，把其他方式看做短期投融资方式，则两类投融资方式均存在区域差异。第一，农户长期融资意愿差异。黑龙江有融资需求的农户为160户，占总样本50.31%。其中，农地抵押融资为139户，占86.88%。而重庆有融资需求的农户为228户，仅占总样本的38.38%，其中，也只有77.19%的部分有农地抵押融资需求，两个指标均比黑龙江农户低。这说明农户长期投融资需求与农业生产规模有关。第二，农户长期投资方向差异。黑龙江农户融入的中长期资金用于农业生产的比例高于重庆农户，前者为43.17%，而后者仅为26.70%。这一点说明，农业生产规模影响农户利用农地抵押方式融通资金，只有农业生产比较效益高的规模农业下，农户才有可能选择农地抵押方式获得资金。第三，农户短期合作融资意愿差异。总体来看，两地农户在金融合作意愿上差异较小，但重庆农户耕地面积对农户金融合作有影响，而黑龙江没有。这可能主要在于黑龙江农户整体土地面积较大，农户间存在生产差异，但差异较小。重庆土地面积小的农户，更多地选择外出打工，而土地面积达到一定标准以上，农户从事农业生产或者其他生产方式更加有利可图，这就需要考虑包括金融合作在内的融资方式。

第5章 农户长期投融资制度创新
——农地投融资分析

农户当前投融资的主要制约瓶颈是农户长期投融资机制不顺，农户没有支撑长期农业投资的融资制度安排。只有通过创新长期投融资制度，农户长期农业投资才启动得起来。农业长期投资顺畅，农业生产的规模化、组织化和一体化才可能实现。进而，农业生产的比较效益抬升，农业与其他产业的成本收益比缩小，吸引商业资本进入农业产业，农户生产逐步规模化，彻底解决粮食、工业生产的原材料等的供给。农户中长期投资制度的理想选择是农地投融资制度，是通过农地使用权这一物权为农户设计投融资制度，是土地资产化、土地资本化的制度设计。农地投融资制度最早出现在德国，指围绕农村土地的开发、经营、改良等行为发生的资金筹集、融通和结算的一系列投融资活动。我国农村土地为集体所有，故本书定义的农地投融资为与农地开发、利用、经营有关的基于农地使用权基础的投融资活动，主要为以农地使用权为抵押向商业银行或者土地银行等金融机构融通资金的农地金融活动。

5.1 农地投融资的困境

农地投融资制度以农地使用权抵押贷款作为主要形式，除了农村荒地和建设用地在实际抵押中有着明确的法律规定，农业生产经营主体拥有的主要耕地在实际抵押融资中存在明显问题。目前国内主要采用的是承包经营权的抵押贷款，但主要试点中授信时间相对较短，无法达到我们在制度设计中的长期投融资目的。2015 年 8 月，国务院提出《国务院关于开展农村承包土地的经营权和农民住房财产权抵押贷款试点的指导意见》，决定选择部分省市开展"两权"抵押试点，这表明农地投融资制度未来可以在国家层面上推进。在实际试点中存在一些明显的障碍和困境，必须逐步破除。

5.1.1　土地承包经营权价值确定难

1）土地价值评估缺乏标准

土地承包经营权作为物权之一，具有市场价值，其权属通过转包、租赁和流转等方式予以体现。土地承包经营权价值确定的理论方法主要以市场法和收益法为主。然而在实践过程中，土地承包经营权价值的确定很困难，没有规范的标准，主要依靠贷款人的内部评估，其实际价值的确定受到多种因素的影响。在具体价值确定中，首先涉及影响土地承包经营权价值的一般因素，如土地质量、地理位置、土壤肥沃程度、地理环境、交通便利度、距离市场的远近。上述因素是农地使用权价值评估中使用市场法必须考虑的，但还要受到通货膨胀、物价上涨、农业政策等动态因素的影响，而且其价格还存在年份差异，确保差异在合理范围也比较困难。各贷款机构主要考虑地上附着物预期收益价值，各地多以种植粮食作物获得收益考虑、导致农地使用权价值明显被低估。

2）缺乏专业的价值评估机构

土地承包经营权流转的中介交易服务市场极不发达，缺少成熟的专业评估人员和专业评估机构对农村土地进行估价，造成对土地价值的认定不够科学，往往是凭贷款人主观判断，但由于贷款人对影响土地价值的因素缺乏了解以及自身专业水平的限制，很难订立一个恰当的土地价格。国内部分省市建立乡土地流转服务中心，但整体规模较小、机制不灵活及专业素质不高，仍处于初期阶段。在土地价值的评估过程中，其对土地的定价不尽合理，评估服务质量较低。此外，土地承包经营权的价值评估机构不健全，土地承包经营权的商品性无法通过市场充分表现，流转不畅、抵押困难，不仅影响土地融资功能的发挥，也不利于银行风险控制。

5.1.2　土地承包经营权抵押难

1）转包经营权抵押难

各地试点的土地承包经营权抵押贷款主要针对承包经营权的原始抵押，而对于转包抵押的融资需求存在明显的限制。种养大户等转包人只有土地流转合同，具有农地经营权，但无承包权，多数金融机构不接受转包经营权的抵押。《中华人民共和国土地管理法》规定，土地经营权抵押融资必须经农民签字同意，或村民代表大会三分之二以上人数通过，这个规定明显限制土地经营权的融资，操作起来非常困难。金融机构即使认可经营权作为抵押物，也需要所有承包农户（共有权人）签字确认，故只要一户农户未签字，转包人就无法从银行获得抵押贷款。

现实情况恰恰是很大一部分农民不愿意签字，农民普遍担心转包人无法偿还贷款而导致自身权益受到损害。

2）土地承包经营权抵押风险高

农业作为弱质产业，生产周期长、抵御自然灾害和市场风险的能力较弱，直接导致农村土地承包经营权抵押信贷也具有周期长、风险高、收益低的特点。农村土地承包经营权抵押风险高，需要配套的风险补偿机制，但目前各地政府和金融机构尚未建立合理的风险补偿机制，金融机构承担较高的信贷风险。部分省市对土地承包经营权抵押贷款出台了补偿办法，如《重庆市农村"三权"抵押融资风险补偿资金管理暂行办法》，但规定的补偿条件较高、范围较窄，金融机构发放的土地承包经营权抵押贷款形成的损失常常不易获得补偿。各金融机构在信贷管理中主要采用客户经理终身责任制，一旦形成风险，银行要对客户经理追责。因此，对于土地承包经营权抵押风险较高的实际情况，客户经理选择回避是正常理性的选择。

5.1.3 土地承包经营权处置难

1）土地流转市场不成熟限制抵押物有效处置

由于农业生产自身存在较大风险，土地承包经营权抵押权的可实现性是债权人接受抵押担保的前提，也就是说，当风险出现时贷款人不能履行到期债务，抵押权人可以通过对土地承包经营权进行处置以保障自己的权益。然而土地承包经营权是一种特殊的商品，处置起来相对困难。具体包括：其一，我国法律对土地承包经营权流转原则和流转条件上规定比较苛刻，很大程度上限制了流转。其二，土地承包经营权流转市场发育缓慢，缺少权威的流转中介，流转信息不畅，未形成完善的土地流转市场和租赁市场，在实际操作中，需要土地承包经营权抵押法律关系双方自行协商实现。其三，流转程序不规范、手续不完备、随意性强。有些流转仅通过口头协议而无书面合同，有些虽有书面合同，但存在条款漏洞，双方权利义务不明确，容易引起矛盾和纠纷。土地承包经营权流转困难直接限制抵押品的处置，各地政府推进农地抵押贷款模式困难重重。

2）农村社会保障不健全加大农地抵押处置难度

土地承包经营权仍然具有较强的社会保障功能，农民把土地作为最后一道保障，金融部门处置抵押物时必然需要考虑农民的压力，使土地承包经营权处置的风险和难度增大。目前的社会保障体系由于历史原因，呈现出明显的城乡二元结构特征，农民长期以来一直游离于社会保障网之外，虽然近年来国家开始逐渐重视农村社会保障一体化的建设，但仍存在明显问题。一是农村社会保障覆盖率和保障水平低。近年来，我国在农村建立了一些保障制度，如农村特困户救济、农村"五保户"养老保险、农村居民最低生活保障、新型农村合作医疗等，但不论在补助水平还是范围上，我国东西部差距大、城乡差距大，贫困地区农民依然存在看病难、看病贵、老无所养等问题。二是城市社会保障对农民工的不公平待遇。随着工业化和城镇化的持续推进，大量的农民离开土地进城务工，转移到第二、第三产业。然而城市对农民工提供的社会保障不足，加之参加保险的农民工人数有限，依然较难享受到和城市居民同等水平的社会保障待遇，另外还存在子女入学困难、住房困难等问题。在社会保障不健全的情况下，农民一旦出现违约，即使裁决银行有权处置变现，执法时鉴于借款人的处境，从人道主义角度，也常常无法采取强制手段。

5.2　农地投融资困境的成因

5.2.1　农村土地承包经营权抵押的法律障碍

2013 年，《中共中央关于全面深化改革若干重大问题的决定》明确提出"赋予农民对承包地占有、使用、收益、流转及承包经营权抵押、担保权能"，这从国家政策层面上允许农村土地承包经营权可以抵押。受这一政策的影响，不少地方都结合实际探索推进农村土地承包经营权抵押融资试点，一定程度上缓解了现代农业发展中遇到的融资难题。但由于当前仍面临法律风险、土地价值评估机构缺失、土地经营权无法变现等突出问题，金融机构大规模推行农村土地承包经营权抵押融资的积极性受到影响。

1）相关法律依据缺乏

当前农村土地承包经营权抵押融资中能够援引的主要法律为《中华人民共和国农村土地承包法》（简称《农村土地承包法》），现实操作的直接政策依据为《人民银行　银监会关于加快推进农村金融产品和服务方式创新的意见》和《人民银行银监会关于进一步加强信贷结构调整　促进国民经济平稳较快发展的指导意见》。《农村土地承包法》明确规定农村土地承包经营权可以抵押，上面两个意见提出有条件的地方可以探索土地经营权抵押贷款。我国各地开展的土地承包经营权和农地使用权抵押贷款试点操作均以上述两类文件为依据，但效力程度更高的《中华人民共和国宪法》（简称《宪法》）和真正直接涉及农地金融制度的《中华人民共和国土地管理法》、《中华人民共和国担保法》（简称《担保法》）和《中华人民共和国物权法》（简称《物权法》）等均无明确规定，这使当前农村土地承包经营权抵押融资仍缺乏相应的法律依据。

2）多部法律明确耕地不可抵押

虽然《农村土地承包法》规定，通过招标、拍卖、公开协商等方式承包农村土地，经依法登记取得土地承包经营权证或者林权等证书的，其土地承包经营权可以依法采取转让、出租、入股、抵押或者其他方式流转。但《宪法》、《担保法》、《物权法》和《农村土地承包法》中均找不到耕地可以抵押的直接表述。《担保法》第三十七条第二款和《物权法》第一百八十四条第二款规定，耕地、宅基地、自留地、自留山等集体所有的土地使用权不可以用于抵押。虽然《农村土地承包法》及地方政府的相关文件使农地抵押具有了现实的可操作性，但实际效力比明确的土地使用权抵押要低得多。随着抵押工作的进一步推进，与之相关的纠纷事件必然出现，利益主体顾虑重重。一是各地政府有顾虑，对于因抵押出现的纠纷事件政府缺乏法律依据；二是银行有顾虑，缺乏法律依据而使银行对纠纷的胜诉存在担忧；三是农户有顾虑，处于弱势地位的农户担心利益会受到影响。这就使农地经营权抵押实际上主要依靠的是其他配套制度安排，而非承包经营权本身。

5.2.2　农村土地承包经营权抵押的风险障碍

农村土地承包经营权融资面临明显的风险约束。从参与该政策的政府、农村经营主体和金融组织机构等来看，风险具有系统性，主要体现在以下几个方面。

1）资金需方的风险

目前农村社会保障体系正处在起步阶段，农户承包的土地仍然担负着保障农民生活的最基础功能。若受自然灾害、经营方式等因素的影响，贷款逾期无法偿还而执行抵押物时，农民就有可能丧失生活保障。以重庆为例，农转非的市民中只有4%彻底放弃了承包土地和宅基地，可见土地对农民生存保障的重要作用。相对于普通农户，新型农业经营主体面临的风险更大，其生产规模较大，投资多，同时面临着市场和自然灾害双重风险，一旦遭受风险，常常造成重大损失。再加之农业保险体系不健全，新型农业经营主体损失不易得到补偿，难以继续生产。

2）资金供方的风险

金融机构面临的风险主要包括以下几点：一是风险不易分散。对于土地承包经营权抵押而言，目前农业保险覆盖面窄，不足以分散风险，一旦遭遇不可抗力的自然灾害及农产品市场价格影响，农贷风险进一步加大。二是风险补偿资金不足。虽然各地方政府对土地承包经营权抵押贷款本息损失给予一定比例的补偿，但额度低、限制多。三是风险抵抗能力弱。抵押贷款所涉及的农业生产项目生产周期较长，抗自然灾害能力弱，一旦发生自然灾害，损失严重，且恢复生产的能力较低。四是标的物不易处置。贷款一旦发生风险，抵押物处置起来具有一定的难度，土地经营权市场流通受限。五是存在道德风险。贷款人即使抵押融资，也可能存在道德风险，尤其是外来工商资本进入农业领域成为新型农业经营主体后，因无实体财产抵押，仅凭土地经营权抵押，"跑路"概率较大。

3）政府面临的风险

土地承包经营权抵押涉及农民的基本生活保障问题，由于农业保险、农村社会保障等机制的缺失，一旦土地承包经营权抵押出现问题，容易将一个经济行为演化为社会问题，影响社会的和谐稳定。

5.2.3　农村土地承包经营权抵押融资的市场障碍

由于立法存在短板，又存在多方面的共同风险，农村土地承包经营权抵押存在一定的市场接受度低的问题，主要体现在供需双方的审慎态度。现使用博弈方法对市场双方进行分析。假定贷款最后出现问题，银行决定使用诉讼的方式保全贷款，这就涉及博弈原理经典模型中相机选择与策略可信性问题，如图 5-1 所示。

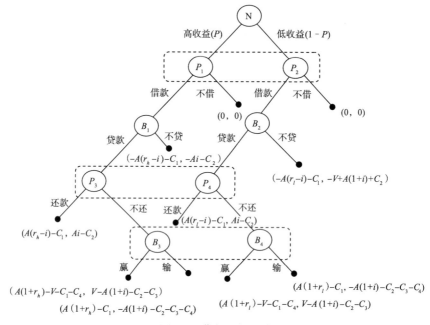

图 5-1　贷款得益矩阵

如果法律能够保障银行的利益，则银行选择打官司就是可信的，且根据抵押贷款合同，银行是一定能够胜诉的，即在博弈的最后阶段，农户是一定要接受惩罚的，银行将执行其抵押品，且原告银行支付的除律师费用以外的诉讼费用均由农户承担。则根据逆推归纳法，在倒数第二阶段，农户无论在高收益还是低收益的情况下，均选择按约还款，不会等到银行执行抵押品。完美贝叶斯均衡是农户以一定的概率选择贷款后按约还款，银行选择贷款。但我国当前现实情况是法律约束力弱化，案件执行力不足，金融机构胜诉但无法收回资金的案例时有发生。银行和农户对此信息对称，农户清楚银行不一定能够通过法律途径执行抵押品，银行也清楚，故农户的最优策略是想尽一切办法获得贷款后违约，无论收益高或者低，银行的最优策略则是不贷款。另外，农户与银行博弈双方的费用也是不对等的，假定自然选择农业收益率为高收益 r_h 和低收益 r_1，概率分别为 p 和 $1-p$；农户选择是否向银行申请贷款，额度为 A，成本为 C_1；银行决定是否贷款，银行需要农户提供价值为 $V(V > A)$ 的农地使用权作为抵押，成本为 C_2，贷款利率为 i；农户抵赖后银行决定打官司或者放弃，银行的律师费用为 C_3，其他诉讼费用为 C_4，如果打赢官司则执行抵押品，否则无法执行。一般而言，C_1 小于 C_2[①]，土地承包经营权抵押价值确定成本高，充分说明 C_2 部分高，资金的供方摆脱市场障碍需要政策的跟进。

5.3　农地投融资制度的重庆试点

重庆市作为农地投融资试点地区，虽然开始较晚，但已形成一定特色。2011年，重庆市专门成立由金融服务（工作）办公室、中国人民银行、中国银行业监督管理委员会重庆监管局、中国证券监督管理委员会重庆监管局、中国保险监督管理委员会重庆监管局、财政局、农业委员会、国土资源和房屋管理局、林业局等多部门组成的农村金融服务改革创新领导小组，开始农村"三权"抵押试点，包括农村土地承包经营权、林权和农房的抵押融资。其中，对于农地投融资的尝试，主要方式为农村土地承包经营权抵押贷款。该小组主要责任划分为：一是重庆市金融服务（工作）办公室会同重庆市农业委员会、重庆市国土资源和房屋管理局制定农村土地承包经营权抵押登记管理实施细则，明确抵押登记要求。二是要求市财政局负责制定农村产权抵押融资风险补偿专项资金使用管理办法，规范风险补偿专项资金的使用和管理。三是明确由重庆市农业委员会牵头研究制定农村产权抵押贷款不良资产处置办法。四是要求有关涉农金融机构在金融监管部门的指导下，结合实际制定和完善农村产权抵押贷款管理办法或操作规程，并明确"到 2017 年，实现农村产权抵押融资 1 000 亿元"的发展目标。

5.3.1　重庆市农地抵押贷款基本规定

1）农村土地承包经营权价值评估

农村土地承包经营权价值评估方法主要有成本法、市场法、收益法、清算法、专家询问法等，但目前重点应推广收益法，将承包经营期内获得的收益折算成现

---

① 信用贷款中可能存在 C_1 大于 C_2 的情况，原因是信贷配给下的高寻租成本。

值。在收益法中需考虑的因素包括：一是年收益，如年收益 800 斤水稻/亩。二是收益期。以 2028 年第二轮土地承包经营年限为准，还有 12 年收益期。三是年收益增长率，如 5%~8%的收益增长趋势。四是折现率。农产品风险大，深受自然气候影响，市场价格波动性大，折现系数一般在 10%以上。五是国家补助政策。六是新增资产与地上附着物。经营主体取得经营权（签合同）与如何取得经营权（承包费支付）是两个法律关系。在价格评估中，同地同价未考虑不同权属人新增投入的差异和种养品种的不同。土地经营权价值差异不是土地自身的价值差异，而是由技术、管理带来的。因此，农村土地承包经营权价值评估应综合考虑上述因素，建立可行的价值评估收益模型。目前市场可参照因素少，未来可考虑使用市场方法。基准地价法也是部分地区试用的方法，根据地上附着物每年带来的净收益，再加上农业项目本身的科学规划、高效组织、严密管理，形成土地+附着物+项目整合的估价方法。

2）农村土地承包经营权抵押贷款参与者

贷款参与者包括抵押贷款当事人和配套支持参与者。抵押贷款当事人是指抵押人和抵押权人，其中，抵押人是指取得农村土地承包经营权的农户或取得农地经营权的新型经营主体；抵押权人是指以农村土地承包经营权为抵押提供贷款的融资机构。配套支持参与者包括为农村产权确权颁证和抵押登记的主管部门、农村产权抵押融资风险补偿专项资金管理部门、为农村产权提供保险的部门、农村产权评估机构、金融仲裁机构及法院等。

3）贷款用途

贷款主要用于发展种植业、养殖业、林业、渔业、农副产品加工和流通等农业产业化项目，以及满足农业产前、产中、产后服务支农的资金需求。

4）简便惠农的规定

一是简化农村产权评估及登记程序，执行最低收费标准。贷款金额在 100 万元以内的，其抵押物价值认定原则上不需要专业评估机构评估，可由借贷双方协商确定；贷款金额高于 100 万元的，可委托有资质的专业评估机构评估，评估费按照最低标准执行，对农村产权抵押登记费用进行减免或按最低标准收取。二是加快贷款审批办理。要求对农村产权抵押贷款在贷款资料齐全的情况下，从调查到审批原则上不超过 7 个工作日。三是规定了利率上的优惠。农村产权抵押贷款利率在同等条件下优惠 5%~10%。

5.3.2　重庆市农村土地承包经营权抵押融资操作流程

目前农村金融机构发展办公室（简称乡镇经济办）理土地承包经营权抵押贷款，需要土地承包经营权人提出贷款申请，提供土地承包合同、村集体允许抵押证明、土地经营权价值评估资料等，还要签订反担保协议，办理一笔贷款一般需要 2~3 个月时间，贷款周期长、效率低。目前农村土地承包经营权抵押贷款详细流程如下。

1）流转签证

农村土地承包经营权抵押融资政策实施后，各新型农业经营主体欲以土地经营权抵押贷款的，需到县产权交易中心签订书面土地流转合同，并办理签证手续。县产权交易中心办理签证过程中，需进行材料初审，并加盖经办人名章和单位公章予以确认。

2）贷款申请

各新型农业经营主体办理完签证后，向金融机构提出书面抵押贷款申请。

3）贷前审查

各金融机构作为农村土地经营权抵押贷款机构，按照"办理自愿、风险自负、收益自理"的原则，开展贷前审查等程序，并承担抵押贷款的信贷风险。

4）申请登记

乡镇经济发展办公室（简称乡镇经济办）作为农村土地经营权抵押登记机构，负责金融机构贷前审查通过的农村土地经营权抵押的登记工作。金融机构贷前审查程序完成后，与借款人作为共同申请人，向乡镇经济办提出农村土地经营权抵押登记的申请，并提交下列材料：①《农村土地经营权抵押登记申请》；②《抵押贷款合同》；③借款人身份证和户口簿等身份证明：合作社或农业企业申请土地经营权抵押登记的，还需提供工商营业执照、组织机构代码证、税务登记证、银行开户许可证、出资人名册等证明材料；④经营权证书和承包合同等权属证明材料：没有发放经营权证的，需提供身份证和户口簿等身份证明、村级组织土地台账和村级组织证明；⑤土地出让方共有权人同意抵押的书面资料等；⑥经县产权交易中心签证的农村土地流转合同；⑦农业企业申请土地经营权抵押的，还需提供同意抵押的有效内部决议等证明材料；⑧借款人居住地与土地经营权所在地分离的，借款人居住地所在的乡镇经济办为土地经营权抵押登记的主办单位，居住地村委会提供借款人身份信息确认、居民所在地乡镇经济办进行重点登记；⑨土地经营权所在地的村委会和乡镇经济办需共同提供土地经营权权属信息证明材料，并做好辅助登记，防止土地经营权重复抵押。

5）村委会审核确认

村委会对申请书中记载的借款人身份信息和土地承包权信息进行确认，签字并加盖公章。

6）乡镇经济办复查确认

乡镇经济办受理村委会审核确认后的申请人抵押登记申请书后，重点对申报材料的完备性、规范性和一致性进行复查确认。复查户口簿、身份证、经营权证书和土地承包合同中的身份信息，确保相关身份信息的一致性；复查经营权证书、土地承包合同和土地台账中的土地权属信息，确保抵押物的面积、等级、地类、权属等土地权属信息的一致性；实际流转面积大于经营权证书、土地承包合同或土地台账面积的，待确权后以登记面积为准；复查共有人同意抵押贷款的书面证明；复查被担保人主债权种类、数额，债务人履行债务的期限、抵押担保范围、抵押起止时间等与抵押贷款合同的一致性；复查抵押物抵押认定价值与土地经营权抵押指导价格表的一致性；复查申请书填制内容以及申请资料的完备性；审查土地经营的用途，确保不改变农业用途；审查土地流转年限是否两年以上；就有关登记事项询问申请人，并进行信息核对。有下列情形之一的农村土地经营权不得设定抵押：权属有争议的；土地台账没有登记或《农村土地承包合同》不齐全的；土地台账、承包合同与经营权证不符的；被依法列入征地拆迁范围内的；承包地已毁损或灭失的；受其他形式限制的。

7）乡镇经济办进行抵押登记

农村土地经营权抵押登记分为初始登记、变更登记和注销登记。第一，初始登记。乡镇经济办复核完毕，符合条件的 5 日内办理完登记手续，并出具《农村土地经营权抵押登记证》一式四份，乡镇经济办、借款人、金融机构、村委会各一份。不符合抵押登记条件的，书面通知申请人。第二，变更登记。农村土地经营权抵押期间，抵押登记事项发生变更的，由借款人 5 日内申请办理抵押权变更登记，并提交以下要件：农村土地经营权抵押登记申请书；申请人身份证明；发生变更的书面证明资料；金融部门同意变更证明；农村土地经营权抵押登记证。第三，注销登记。农村土地经营权抵押期届满，或者借款人与金融部门达成解除抵押协议后，借款人应于 5 日内申请办理抵押权注销登记，并提交以下要件：农村土地经营权抵押登记申请书；申请人身份证明；抵押权因主债权消灭、抵押权已经实现、金融部门放弃抵押权或者法律法规规定抵押权消灭的其他情形注销的证明材料；农村土地经营权抵押登记证。

8）管理抵押登记档案

乡镇经济办每批抵押贷款登记工作完毕，要按年度分村别整理建档，由专人负责管理并建立健全档案管理制度。

5.3.3　重庆市农村土地承包经营权抵押融资的成效与经验

1）重庆市农村土地承包经营权抵押融资的成效

2010 年以来，重庆市实施了农村产权抵押融资政策，对盘活农村资产和农业增效、农民增收发挥了积极作用，有力地推动了农业现代化发展。截至 2015 年 12 月底，已累计发放农村产权抵押（包括农村土地承包经营权抵押、农村居民房屋抵押和林权抵押贷款）贷款总额 827.2 亿元，总体发放情况呈现以下特点。

第一，农村土地承包经营权抵押贷款平稳增长。2011~2015 年农村土地承包经营权累计发放额依次为 6.3 亿元、26.9 亿元、75.2 亿元、114.1 亿元和 167.2 亿元；各年发放的增量贷款分别为 6.3 亿元、20.6 亿元、48.3 亿元、38.9 亿元和 52.9 亿元，年均增长速度达到 10%以上，如图 5-2 所示。

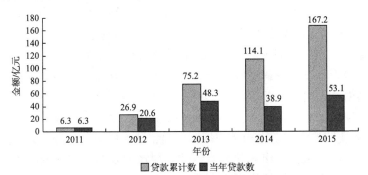

图 5-2　2011~2015 年重庆市农村土地承包经营权抵押贷款

第二，农村土地承包经营权抵押占"三权"抵押的 1/3。从贷款结构来看，在 2010~2015 年累计发放的农村产权抵押贷款总额 574.8 亿元中，农村土地承包经营权抵押贷款 167.2 亿元，农村房屋抵押贷款 166.9 亿元，林权抵押贷款 240.7 亿元，分别占比 29.09%、29.03%和 41.88%。其中，有担保的农村产权抵押贷款累计发放额 357.1 亿元，占全部农村产权抵押贷款累计发放额的 62.13%。可见，农村土地承包经营权抵押贷款只占了全部农村产权抵押贷款的 1/3。

第三，农户成为农村土地承包经营权抵押贷款最主要的受益主体。从获得贷款的对象来看，传统农户是主要受益对象，累计发放贷款总金额占比达到 60%以上。新型农业经营主体贷款金额有所上升，但增长缓慢。新型农业经营主体凭借农村土地承包经营权抵押融资，因为无土地经营权证而面临巨大的障碍。从发放贷款的途径看，银行直接接受农村土地承包经营权抵押，以及担保公司接受农村土地承包经营权向银行提供担保，成为实现农村土地承包经营权抵押融资的两种重要途径。

2）重庆市承包土地产权抵押融资的经验

为了响应中央政府统筹城乡的政策方针，重庆市在保障农民土地权益的前提下，允许农村土地承包经营权作为抵押物向金融机构进行融资。该政策实施近 5 年来，取得了以下几个方面的有益经验。

第一，提前确权颁证，为农村土地承包经营权抵押融资奠定了基础。从其他省市开展农村土地承包经营权抵押贷款的情况看，各地普遍采取"先申请贷款后确权"的"应急"确权方式，农户从申请到获得贷款通常需要等待较长时间。重庆市在正式推广农村产权抵押贷款前就提前一年全面开展了林权确权颁证工作，提前半年启动了农房和土地承包经营权确权颁证工作，使农民在申请农村产权抵押贷款前就具备了资产权属证明。截至 2015 年年末，重庆市全面完成了农户承包地确权登记工作，建立了登记簿，补充、完善承包合同 240 万份，为重庆市农村土地承包经营权抵押贷款的快速发展奠定了基础。

第二，建立了农村土地承包经营权抵押贷款服务市场体系。一是完善农村资产流转体系，以重庆农村土地交易所、农村土地流转服务机构为中心，建设农村综合产权交易体系。截至 2014 年 4 月末，利用重庆农村土地交易所公开交易平台，已组织完成 6 958 亩耕地经营权、3 000 亩林地经营权交易。

第三，完善和发展农村产权资产评估体系。一方面，对于市场价值明确的抵押物，鼓励由金融机构、担保机构、借款主体协商确定价格；另一方面，重庆市兴农融资担保集团有限公司（简称兴农担保公司）设立专业评估子公司，并力争在 2016 年年底前建立覆盖全市涉农区县（自治县）的评估服务体系。支持和鼓励各区县（自治县）探索以市场化方式组建农村产权及其他农村权益类资产评估机构，以满足农村资产和权益价值评估需求。

第四，建立风险控制与处置机制。一是设立了兴农担保公司和重庆市农业担保有限公司，其主要从事农村产权抵押担保融资业务，从而有效分散银行贷款风险。其中，兴农担保公司注册资本金达 30 亿元，正式建成 2 家全资子公司、1 家控股子公司、1 家参股子公司和 24 家区县子公司，累计实现担保总额近 245 亿元，在保项目中农村产权项目占 64.58%。二是建立了农村产权抵押融资风险预警机制。区县政府和银行设定风险控制指标，对于触及风险控制指标的区县和银行，暂停农村产权抵押业务。例如，重庆农村商业银行明确规定，农村产权抵押贷款不良率超过 2%或迁徙率超过 3.5%的支行，停办此项业务，待符合条件再申请恢复。三是设置了农村产权抵押融资风险处置机制。依托重庆市农业担保公司组建国有性质的农村资产经营管理公司，负责处置金融机构因开展农村产权抵押贷款产生的不良资产。农村产权抵押物在处置时首先在本集体经济组织内进行转让，如本集体经济组织内无法处置，农村资产经营管理公司可以对有关抵押物进行收购或流转。四是建立了农村产权抵押融资风险补偿机制，由市、区县两级财政共同建立农村产权抵押融资风险补偿基金，对商业银行因发放农村产权抵押贷款产生的损失，在经审批后由市级风险补偿基金承担 20%，区县风险补偿基金承担 15%。目前重庆市已设立 8 000 万元财政风险补偿基金。

第6章 农户短期投融资制度创新
——合作投融资分析

农户投融资制度在期限结构上，既需要基于农地使用权设计的长期投融资制度，也需要短期投融资制度设计，但与长期投融资尚处于试点状态不同，短期投融资的市场要好得多。当前，正规金融机构、非正规金融组织为农户提供的投融资安排主要以短期为主，但在供给量上还存在问题，即无法满足农户短期投资的需要。另外，短期投融资制度的性质主要以"小额信贷"的商业性质存在，成本较高，无法满足持续性使用，因此需要供给新型制度安排，低成本的合作投融资制度是一个非常好的选择。

6.1 农户合作投融资制度理论分析

6.1.1 农户合作投融资制度的定义

要定义农户合作投融资制度，需要先考察合作制度。一般来说，合作是指两人或两人以上融洽地共同工作，以达到预期的创造成果或目的。将合作方式制度化地应用于经济活动就形成了合作经济。合作经济指的是独立的商品生产者、劳动者，按照自愿、平等、互利的原则组织起来的克服经济活动中的困难和获取服务的一种经济形式。农户的投融资活动属于经济活动的构成部分，加之，农户属于生产经营中的弱势，弱势的联合更加符合合作的含义。因此，农户合作投融资属于合作经济形式，是农户合作经济在投融资领域的应用。因此，农户合作投融资可以定义为农户间按照合作原则进行投融资安排的制度总和，具体包括合作投融资活动、合作投融资组织形式及合作投融资规则等。即农户合作投融资是按照国际通行的合作原则，以股金为资本，以入股者（合作成员）为服务对象，以基本金融业务为经营内容而形成的农户投融资活动和投融资组织。

6.1.2 农户合作投融资制度的性质

合作投融资作为特殊的金融组织形式，从人类认识并采用已经具有千余年的历史，中国农业社会中存在的合会制度就是一类古老的合作投融资方式。合作投融资更强调的是合作融资，其主要是为了适应没有能力参与规范商业投融资的社会弱势群体而设计的，如农户、中小企业等。作为不同于商业银行的特殊金融制度安排，合作投融资在各国经济发展历程中都具有不可替代的作用体现。农户合作投融资制度作为辅助社会弱势群体的制度安排，其主要制度性质体现在以下三个方面。

1）准公益性

合作投融资具有准公益性，主要体现在合作成员之间与合作成员之外投融资性质的差异。在合作社内部，资金具有一定的公共物品的特点，不具有排他性，内部成员以一人一权的原则享有融通资金的权利。合作投融资提供的金融服务准确地讲属于俱乐部产品，其消费具有"公共性"特征，但仅限于一定的数目范围内。农户投融资服务在俱乐部，如农村资金互助社内部，资金由全体农户共同消费，单个农户对俱乐部物品——资金的消费不会影响或者减少其他农户的消费。合作投融资的准公益性决定了农户在一个相对固定的收益人范围内采用，效用最大。

2）互助性

合作金融的重要特性在于互助性，换言之，互助性是合作投融资的基本要求，也是合作投融资制度构建的基点和目的。合作投融资的互助性主要体现为：第一，合作人自愿入股。为了体现互助共赢，参与合作投融资的各主体是自愿的，没有必须参与的硬性规定，合作金融是自愿基础上的资金联合。第二，合作人充分享有权利。资金富余者为他人提供资金资助，资金短缺者从他人处得到资助，资金的短缺与富余本身是处于动态变化中的。合作人在不同时期和阶段常以不同身份存在，当合作人作为资金供给者存在时，享有分得红利的权利；当合作人作为资金需求者存在时，具有优先于合作社外部成员的权利。第三，不以营利为目的。合作金融组织也要考虑资金可持续的问题，但不以营利作为唯一目的。合作组织首先要保障全体合作人的资金需要，当合作人的权益全部得到满足后，合作组织可以向合作人以外的其他组织或个人授信，以获得盈利。

3）扶贫性

合作融资制度具有扶贫扶弱的性质，这是农户投融资制度构建过程中需要特别强调的性质。合作组织的参与主体主要为社会的相对弱势群体，如小规模生产者、小微企业和农户，该群体很难获得以商业银行为授信主体的正规金融服务机构的资金支持。通常，参与合作的农户在承担社员义务、按章程缴纳股金后，便可以享受信用社的融资便利及其他普惠政策。每个合作人都有一票基本表决权，合作人可以通过购买附加表决权的方式扩大其在合作社中的权利，但附加表决权的购买是要受到限制的。虽然农户合作投融资制度具有扶贫性，但如果全体合作者均为处于赤贫状态的农户，则合作将失去意义。因此，合作投融资制度的扶贫性是建立在部分农户存在资金剩余的前提下的。

6.1.3　农户合作投融资制度的特征

合作投融资制度最初主要采用的是严格合作的合伙制方式，随着业务量的增加和合作组织规模扩大，合作投融资制度开始借鉴股份制的部分制度设计，变迁为半合作、半股份的股份合作制。农户合作投融资的该特征可以界定为个人产权所有基础上的资本联合，即首先考虑的是人的联合，而后考虑的才是资本的联合，与股份制完全以资本为合作立足点存在明显区别。此外，合作投融资制度强调民主管理和向社员提供服务，总结如下。

1）采用股份合作制

农户合作投融资制度采用股份合作制，即吸收部分股份制的合作经济形式，是劳动合作和资本合作的综合。农户投融资制度首先是劳动合作制度，参加合作社的全体农户是合作社存在的基础，共同占有和享用合作社的资金和信息，利益共享、风险共担。但为了尽可能实现服务于合作人的需要，农户投融资制度特别关注资金的来源。前文提及，完全赤贫的农户是无法进行有效合作的，这就需要鼓励和引导资金相对充裕的农户参与到合作组织中。在合作人基本经营管理权相等的前提下，通过附加表决权的方式体现投资更多的农户的权益。

2）强调民主管理

农户投融资制度强调民主管理，金融组织的重大方针政策需要全体社员决定，社员通过最高权力机关——社员大会（社员代表大会）完成管理。合作社内部的社员，无论出资多少，均享有一票基本表决权，即通常所谓的一人一票制。当然，随着合作金融组织及机构的不断扩展，参与合作的社员越来越多，民主管理的方式也发生变化。最初是由全体社员表决合作社的经营管理事宜，之后逐步为社员代表大会代替全体社员进行管理，但由于社员代表大会是由全体社员选举产生的，其民主管理的基本特征并未发生改变。

3）优先向社员提供服务

合作金融制度优先向社员提供服务，这是合作投融资制度设计决定的。以农户为例，因其自身弱点无法从市场金融中获得资金融通，因此创建了合作金融方式，故合作金融必须首先保证合作人——农户的信贷需求及融资需要。强调合作投融资的优先服务还在于防止合作金融过早地商业化。以德国为例，20 世纪 70 年代以前，德国信用社的平均盈利为 4.67 万马克，80 年代则增长为 24.59 万马克，90 年代增长更为乐观，1996 年的平均盈利是 1990 年的 2 倍多（何广文，2001b）。如此高的盈利水平主要来源于合作社为非社员提供服务，但需要强调的是，德国信用社是保障了合作人利益基础上的投资非社员化，这与中国农村信用社的业务商业化存在明显区别。因此，要保障合作投融资制度的功能发挥，必须强调其优先服务农户的特征。

6.1.4　农户合作投融资构建的必要性

农户投融资制度需求分析已经表明，中国农户无法通过现有金融组织体系获得充足的融通资金，农户分化后形成的多个细分市场也没有充足的金融供给，具体表现为：其一，长期大额资金的融通，特别是市场型农户的需求无法实现，本书通过构建农地金融制度适应其需要。其二，短期小额资金融通虽然可以部分通过当前多类金融机构提供的商业性质的小额信贷得到供给，但包括村镇银行、贷款公司等新型农村金融在内的商业金融形式在资金安排上首先要考量利润，完全真正意义上的农户授信所占比率较低，更多的贷款是采用涉农方式，以完成中国银监会和中国人民银行的要求。对于该部分农户投融资需要，真正有意义的是农户合作金融，合作金融的扶贫性特征直接决定其目标取向上的非营利性。

1）合作投融资制度是扶贫农户的需要

健全与完善农户合作投融资制度是解决农户融资，特别是贫困农户融资的必然选择。中国科学院《2012 中国可持续发展战略报告》指出，按 2011 年提高后的贫困标准，中国还有 1.28 亿的贫困人口。该部分贫困人口指的是人均纯收入低于 2 300 元人民币/年的人。如此巨量的贫困人口除了依靠财政补贴外，还必须通过适宜的金融制度安排，运用市场手段，抬升该类贫困人口的生产平台。在各地试点中的由地方政府主导的扶贫互助协会在运行方式上也可以归入合作投融资形式，属于对合作金融扶贫性特征的充分发掘，但由于财政主导的该类互助协会经常有对贫困农户参会指标的规定，本书将其界定为农户的财政投融资，而非合作投融资。

2）合作投融资制度是规范民间金融的需要

正规金融供给不足形成的市场空缺，为非正规金融所补充。从 1995 年开始，正规金融逐步退出农村金融市场，2006 年以后才在政策引导下复归，该时间段恰好是农村非正规金融发展最迅速的 10 年，同时也是中国农村资金供给最为困难的 10 年。换言之，在这个 10 年时间里，农村经济发展主要依靠的是非正规金融的支撑。非正规金融有低成本性、灵活性等优势，但其部分金融形式也存在危害社会的负面效应，如福建合会到抬会再到崩盘所造成的严重后果。据国际农业发展基金会（International Fund for Agricultural Development，IFAD）的研究，中国农户从非正规金融市场获得贷款大约为正规金融市场的四倍。金融市场与其他商品市场具有共性，都需要产品的多样性，非正规融资产品作为多样化产品中的一个类别，其存在的必要性是毋庸置疑的。但该灵活产品也具有融资的高成本特点，其利率水平也相对较高。构建农户合作金融组织，可以吸纳农村经济体系中的富余资金，在合作组织内部直接调剂资金余缺，降低农户融资成本的同时，实现非正规金融正规化、阳光化，为农户投融资搭建新型平台。

3）合作投融资制度是农户短期融资的需要

从现有运行较好的农村资金互助社的业务开展和当地农民的评价来看，合作投融资制度能够更快、更有效地为农户提供短期融资。现有主要的农村资金互助社均以发放 1 年以内的短期贷款为主要业务，部分资金互助社还向合作人发放 1 周以内的临时贷款，如吉林省梨树县闫家村百信农村资金互助社（简称百信互助社）就规定，如果借款人能够在 5 日内偿还贷款，可以获得免息的优惠。虽然现有正规金融机构，如中国农业银行、农村信用合作社及村镇银行也都开发了短期小额贷款，但由于资金缺口总体较大，农户仍然认为村镇级的资金互助社更及时方便。例如，山东省沂水县姚店子镇仅有一家农村信用合作社，其资金供给规模和质量都无法有效满足农户及农村的资金需求。2010 年，该镇贷款需求量缺口超过 1 亿元，无法通过商业投融资得到足额筹措，资金互助社的成立及健康运转弥补了部分农村金融供给不足，特别是短期资金供给的缺口。合作投融资制度安排在客观上保障了资金在农村区域使用，而非流入城市。农村资金互助社成员之间信息相对透明，风险识别容易，相对于直接向单个农户贷款，银行等金融机构拆借资金给合作投融资组织的风险更低，更加有利于农户融通资金。

6.2　农户合作投融资的经验借鉴

信用合作起源于 19 世纪中叶的欧洲，后在世界各地得到普遍推广，经过一个多世纪的不断发展，许多国家的信用合作逐步趋于规范和完善。

6.2.1　合作投融资管理体制

各国的农村信用合作大多是在众多的基层信用社基础上构成的多层次的组织

体系。各国国情不同、认识不同，其信用合作组织的具体管理体制也有所不同，大体分为以下几种类型。

1）单元金字塔式合作金融体制

单元金字塔式合作金融体制是多数国家采用的，其中德国最具代表性，且德国是信用合作制度的发源地。1847 年，德国人 F. W. 莱夫艾森（旧译雷发巽）建立储金会，主要扶助处于困境的农户。德国金字塔式合作金融体系分为三个层次，基层是众多的大众合作银行（或称信用社），他们面向社员，直接从事合作金融业务。中间层是地区信用合作银行，负责大众合作银行之间的资金融通和对外联系。最高层中央合作银行是全国合作银行的管辖行。大众合作银行既是地区信用合作银行的股东，也是地区信用合作银行的客户；而地区信用合作银行既要为大众合作银行提供存储闲散资金的机会，又要充当其与中央合作银行融通资金的中介。地区信用合作银行是中央合作银行的股东；而中央合作银行要协调管理各地区信用合作银行，维护信用合作的整体利益（图 6-1）。德国三级合作银行都是独立完善的经济实体，又通过自上而下的持股而构成一个有机整体。德国式合作金融体制的监管也是较有特色的，由多个监管主体完成，包括联邦金融监察局、联邦银行、信用合作社联盟，同时还包括区域审计对其财务进行管理。

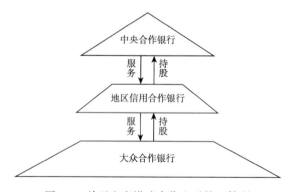

图 6-1　单元金字塔式合作金融管理体制

2）多元复合式合作金融体制

美国合作金融体系是一个庞大的系统，由联邦土地银行、联邦中期信贷银行、合作社银行三家独立的合作金融组织构成，并由农业信用管理局统一领导，但各自均具有自己的管理体制和比较明确的职责范围。联邦土地银行专门向农场主提供不动产抵押贷款；联邦中期信贷银行从事批发授信，通过生产信贷协会向农场主提供中短期信贷；合作社银行则专门为各类合作社提供资金（图 6-2）。

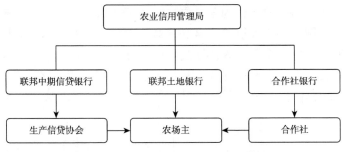

图 6-2　多元复合式合作金融管理体制

3）半官半民式合作金融体制

半官半民式合作金融体制比较典型的是法国。在法国，信用合作组织有三个层次，其中基层是地方农业信贷互助银行；中层则是在地方农业信贷互助银行的基础上建立的省农业信贷互助银行，这两级均为纯粹的合作金融机构；而高层总部是受农业部、经济财政部双重领导的法国农业信贷互助银行。不同性质的金融机构通过行政、法律和经济手段结合在一起，构成完整的合作投融资体系。这个体系实行三级管理、三级经营和二级核算制度，具有较强的竞争能力。一般认为，这种半官半民式金融体制的好处主要包括两点：一是建立了上下统一的信用合作系统，便于信用合作组织的经营管理；二是政府直接或间接参与决策，能够有效地促进合作信用事业的发展，并能够更好地贯彻国家农村产业政策（图 6-3）。

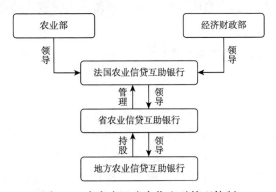

图 6-3　半官半民式合作金融管理体制

4）农业合作组织中的合作金融体制

与其他西方国家的合作金融独立成为一个体系不同，日本的合作金融组织属于农业协同组合系统（简称农协），即内设于农业合作组织内部。在日本，信用合作系统既是具有独立融资功能的金融部门，又是农协系统的一个子系统。作为农业合作组织的农协，其业务带有综合性质，主营信用业务和农产品销售业务，同时也兼营其他业务，这一点与其他国家相比，显得别具一格。日本农协的信用组织包括三个层次，基层农协作为第一层次，都道府县信用联合会为中间层次，农林中央金库和全国信用农业协同组合联合会（简称全信联）为最高层次。农户通过参加农协实现合作投融资，农协通过入股的方式参加信农联，信农联又通过入股的方式成为农林中央金库的成员（图 6-4）。各级组织间独立核算、自主经营，上级组织为下级提供信息及在下级组织资金出现困难时提供融资服务。

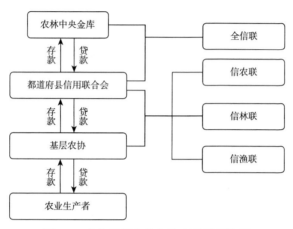

图 6-4　合作组织中的合作金融管理体制

　　各国合作投融资管理通常还设立自由联合的协会，称为合作银行协会，性质为民间群体联合组织，具有自我保护、自我管理，代表成员经济利益的特征。

6.2.2　合作资金的来源与运用

1）合作资金来源

　　合作投融资组织的资金来源主要包括征收股金、提取公积金、吸收存款和借入资金等几个部分。信用合作的股金，不同国家规定不同，既有有限责任股金，也有无限责任股金，主要为有限责任股金。认购方式也是多种多样，有一次性缴足的，也有分次缴纳。美国采用借款额度比例扣除法，股金按照借款的一定比例交纳，被称为"摊派法"。有些国家没有股金，但规定信用社等合作融资组织缴纳入社费，入社费不付利息，退社时也无法退还。在信用合作发展的早期，如雷发巽合作社，主张提取公积金由信用社公有，当信用社解散时，则把它捐给其他合作事业或社会团体，以使其"合作社会"的理想继续存在。目前，各国信用社提取公积金的目的大多是从现实出发，借以加强信用社的资金实力和经营能力。信用社解散时，其公积金可按股金额和社员在信用社的贡献大小分配。有的国家规定，当公积金达到一定数额时就不再提取，以避免将来新老社员分配不公。有些信用社还为了某种特殊需要（如举办某种福利事业）而征收特别公积金。各国合作金融组织通常都可以吸收存款，但有不同的规定和制度安排。有些国家规定合作金融组织只能够吸收社员的存款，更多的则允许吸收非社员的存款，以便扩大其资金来源。合作金融组织可以吸收存款，必然涉及存款准备问题，因此，有些国家规定地区性合作金融组织要将其存款按一定比例上交给中央银行，作为准备金；有些国家则没有上交规定，但有义务留存最低储备。合作金融组织多数可以借入资金，为了保证借入资金运用恰当和提高经济效益，多数政府金融管理部门对其借入资金的对象和方式做出了明确的规定。

2）合作资金运用

合作资金具有互助性和非营利性，但也要保证资金的有效使用，以实现组织、机构和融资的可持续性。合作资金运用管理主要通过运用原则和信贷方针的具体规定得以体现。为了提高合作资金的使用效益，国外合作贷款中主要遵循安全性、流动性和有效性原则。首先，安全性主要体现在放款前对贷款对象的严格考察上，主要包括品格、能力和资产。其次，流动性主要通过贷款期限体现，合作资金融通以短期为主，禁止资金被部分社员长期占用。合作的目的在于为更多的社员提供服务，必须加强资金流动。最后，合作投融资不以营利为经营目的，而是以服务社员为发展宗旨，资金使用的有效性代替商业金融的营利性成为资金运用的第三原则。合作投融资的信贷工作方针包括：①小额信用。合作成员经营规模小，小额资金通常可以满足发展的需要，同时，单笔小额也可以满足更多社员的资金需求。②人本信用。由于合作成员通常是处于没有或者仅有很少量的抵押资产而无法获取足额商业资金的状态，才转而通过互助合作方式获取必需启动投资的资金，因此，在贷款审查中，合作人的品格、能力显得更加重要，体现以人为本的信用形式。③短期信用。合作投融资组织为了能够为更多急需资金的社员提供服务，在总资金有限的前提下，必然选择短期授信。同时，在制度设计上选择短期信用，也是适应合作者无抵押从而防范风险的选择（王曙光和乔郁，2008）。④低利信用。因为组织信用社的目的是为了合作而非盈利，所以其在融资成本上体现为低利性特征，追求高利显然是与合作的定义相背离的。⑤生产信用。合作金融具有一定的扶贫性，是生产启动类型的信用形式，不是服务于消费或者赌博等特种娱乐方式的，故在相当长时期内，合作金融都是以帮助社员生产为出发点的。当然，随着合作成员生产能力的整体提升，合作组织自身投融资能力的增强，合作金融的资金运用也将自然发生变化。例如，其业务对象由社员发展到非社员，业务范围由农业转向其他产业，信用方式也由信用发展到贴现、抵押等，期限也由全部短期转为长短兼营，甚至资金用途也由生产向消费作适当调整（图6-5）。

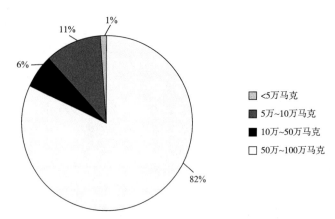

图 6-5　德国诺斯多夫莱夫艾森银行贷款规模分类示意图

资料来源：王曙光，乔郁. 农村金融学[M]. 北京：北京大学出版社，2008

6.2.3　合作投融资的民主监督管理

各国合作投融资制度虽然存在一定的差异，但基本框架相同，其中心思想为实行民主监督管理。合作人既是成员又是客户，按联合占有、共同经营的原则，保证所有的合作人直接或间接参与监督管理。

1）民主权利和义务

为了保证民主监督管理，合作组织采用一人一票制度保证合作人的权利，具体包括：①参与决议权。社员有权出席社员大会，对各种问题的讨论有表决权。②大会召集请求权。某些信用社规定，有四分之一以上的社员请求，就必须召开社员大会。③选举权和被选举权。有的国家规定，社员的被选举权要参考其入社年限及交易额数量。④罢免权。社员可以依照法律程序，要求罢免不尽职责的理事或监事。⑤财务审查权。社员有随时查阅信用社各项账簿及年终结算各种报表的权利，并可提出建议和质询。⑥享受利益权。利益权主要有贷款优惠权、分红权及享受社内举办的文化福利事业。社员在充分享受权利的同时，也必须履行相应义务，主要包括：①遵守社章；②维护合作社的公共利益，保护公有财产；③遵守合同；④缴纳入社费和股金；⑤宣传信用社，发展社员，帮助合作社开展业务。

2）监督管理组织规范

社员代表大会是合作社的最高权力机构，下设理事会，其作为常设机构，同时设有经社员代表大会选举产生的监督委员会。社员代表大会的主要职权包括：①选举产生监督委员会和理事会；②通过年度决算；③修改社章；④决定利润分配、使用和赤字的弥补；⑤通过任免资格；⑥决定信用社的解散与合并。监督委员会的主要职权包括：①监督、检查信用社的管理和业务；②检查信用社存在的问题；③向社员代表大会提交报告。理事会的主要职权包括：①负责信用社的日常管理；②执行社员代表大会决议；③审定信用社的发展规划、经营方针、年度业务经营计划；④信用社规定的其他职权。不同国家由于国情不同，对民主的理解不同，其民主监督管理组织规范也就不同。少数国家，如法国和德国等，对中央合作银行及其基层合作银行干预较多。

6.3　农户合作投融资的新型试点分析

由于农户缺乏融资来源，正常的生产投资无法顺利进行，导致农业生产发展滞后。鉴于农村信用合作社无法真正复归合作性质，中国银监会及各地方政府通过出台相关法规和文件，尝试采用组建新型合作投融资机构或组织以代替农村信用合作社留下的合作金融市场，为农户提供服务。2006 年，中国银监会出台《中国银行业监督管理委员会关于调整放宽农村地区银行业金融机构准入政策 更好支持社会主义新农村建设的若干意见》，并在首批的四川、青海、甘肃、内蒙古、吉林和湖北 6 省（自治区）开展试点。2007 年，中国银监会先后出台多部关于农村资金合作社的管理规定，促进各地资金合作的发展。2007 年 1 月的《农村资金互助社管理暂行规定》、《农村资金互助社示范章程》和 7 月的《中华人民共和国农民专业合作社法》（简称《农民专业合作社法》）为农村资金互助社的组建和运行提供制度和法律保障。同年 10 月，经国务院同意，中国银监会将试点省份从最初的 6 个省（自治区）扩大到全国 31 个省（自治区、直辖市）。2007 年，批准筹建的资金互助社包括百信互助社等 8 家，如表 6-1 所示。截至 2012 年 12 月，政府主导并已挂牌的农村资金互助社有 49 家，虽然总量非常有限，但其组建的意义是非常大的。目前，农村资金互助社包括五个类别。其一为中国银监会出台新政后成立的资金互助合作社，如青海省乐都县雨润镇兴乐资金互助社（简称兴乐互助社），其由雨润镇深沟村周边的 10 名农民和小企业主自愿入股组建，注册资本 36 万元。其二为原农民专业合作社组建的，如山东省在 2008 年 3 月成立的沂水县姚店子镇聚福源农村资金互助社（简称聚福源互助社），共有社员 48 户，注册资本 53.7 万元。其三为原农民自行组建的资金互助社得到中国银监会认可，发给经营许可证的类型，如百信互助社。其四仍为农户自发组建，由地方政府推动的没有纳入监管体系的农村资金互助社，有些在民政部门登记，有些没有登记，名称也各不相同，有些为合作社，有些则为协会，属于非正规金融组成部分。其五为财政主导的扶贫互助协会，该类合作投融资组织与第四类相似，也称为合作金融组织，但主要区别在于服务对象为贫困农户，资金来源为财政扶贫资金、农户自愿缴纳的互助金及捐赠资金等。该类合作投融资一般对贫困户参与合作的数量有要求，如贫困村持股者要达到 50 人以上，贫困农户入会率达到 90%以上。该类合作投融资组织的监管机构为县扶贫开发办公室和县财政局，属于农户财政投融资的范畴。

表6-1　首批农村资金互助社试点

时间	试点地	名称
2007 年 2 月	吉林省梨树县榆树台镇闫家村	梨树县闫家村百信农村资金互助社
2007 年 2 月	青海省乐都县雨润镇深沟村	乐都县雨润镇兴乐资金互助社
2007 年 3 月	甘肃省定西市岷县洮珠村	岷县洮珠村岷鑫农村资金互助社
2007 年 3 月	甘肃省景泰县龙湾村	景泰县龙湾村石林农村资金互助社
2007 年 4 月	内蒙古自治区通辽市辽河镇	通辽市辽河镇融达农村资金互助社
2007 年 5 月	内蒙古自治区锡林浩特市白音锡勒农牧场	白音锡勒农牧场诚信农村资金互助社
2007 年 6 月	四川省苍溪县岳东镇	苍溪县益民农村资金互助社
2007 年 7 月	青海省玉树藏族自治州称多县清水河镇	称多县清水河镇富民农村资金互助社

6.3.1　代表性资金互助社的组建

1）吉林省梨树县闫家村百信互助社

百信互助社成立于 2007 年 3 月 9 日，是我国第一家经银行业监督管理机构批准挂牌营业的村级农村资金互助社。闫家村地处有"东北粮仓"之称的四平市梨树县，所在四平市是全国重点商品粮基地和畜产品生产加工基地。闫家村下分 7 个自然屯、9 个生产小组，有 684 户村民，总人口 2 290 人，耕地面积达 706 公顷（1 公顷=10 000 平方米），农户主要以种植业和养殖业为经营主业。2007 年该互助社挂牌时，人均年收入为 4 000 元。百信互助社注册资本 10.18 万元，入股农户 32 户，前身为梨树县榆树台百信农民合作社，由姜志国等 8 户农民发起成立，是一个以养殖为基础、农机化服务为纽带、资金互助为依托的农民合作组织。合作社会员以不低于 100 元交纳入社费，获得股金证，并因此获得入会费 10 倍以内的贷款额度。2008 年，该互助社盈利 2 500 元。2009 年 2 月，入社农户达到 110 户，与最初的 8 户相比，增长 13 倍，已占到闫家村总户数的 16%。同时，该互助社累计发放贷款 110 万元，贷款余额 20 万元。百信互助社的贷款以短期为主，最长不超过 1 年，如果借款人能够在 5 日内偿还贷款，则可以获得免息的优惠。为了体现互助合作性质，如果借款在规定期限内偿还，对担保人给予贷款利息额 20%的奖励。贷款金额不同，贷款条件要求也不同，具体包括：①额度低于 5 000 元——与本社交易无不良记录、信用评级无不良记录和担保无不良记录；②额度 5 000~10 000 元——1~2 名社员担保，并负保证责任；③额度 10 000~20 000 元——2~3 名社员担保，并负保证责任；④额度高于 20 000 元——资产抵押。该互助社内贷款审批也有严格的制度规定，如贷款额度在 20 000 元以下的，由业务员办理，主管经理审批，报经理核准；贷款额度在 20 000 元以上的，由审贷小组集体研究决定。对于贷款到期后，符合展期条件的，需要及时办理展期，展期最长不得超过一年；贷款逾期不还的，由业务员和担保人负责催收，停发担保人奖励；对于恶意不归还到期贷款的，由担保人承担连带责任。

2）青海省乐都县雨润镇兴乐互助社

兴乐互助社成立于 2007 年 3 月 13 日，是青海省第一家农村资金互助社。该互助社由 10 名自然人发起，其中从事金融工作的员工 1 人、农村小企业主 3 人、普通农民 2 人、种植大户 3 人、蔬菜经纪人 1 人，注册资金 36 万元。其主要办理社员存款、贷款和结算业务，服务范围覆盖雨润镇深沟、刘家、荒滩三个行政村。兴乐互助社贷款模式与百信互助社相似，主要也以成员信用担保的短期贷款为主，资金调剂范围也主要限定在互助社内部。然而，该互助社在挂牌不足 90 天后，即 2007 年 6 月 1 日，被青海省银监局海东分局电令暂停贷款。原因在于，截至当年 5 月 28 日，兴乐互助社取得存款 12.68 万元，各项贷款 42.63 万元，股本金 42.72 万元，存贷比例高达 336%，超过规定指标 256 百分点，在没有其他后续资金来源的背景下，按照审慎经营原则被迫停止贷款。在该互助社已经发放的 42.63 万元贷款中，养殖业授信 28 户，金额为 31.26 万元；种植业授信 19 户，金额为 5.97 万元；工商经营 6 户，金额为 5.4 万元。单笔贷款超过万元的有 12 笔，金额是 24.5 万元，其中最大一户贷款 5.6 万元。兴乐互助社贷款利率平均比农村信用合作社低 1 百分点，如粮油生产贷款，互助社按照中国人民银行规定，半年至一年的基准利率为 6.39% 上浮 50%，年息 9.585%，比农村信用合作社低。兴乐互助社自成立起便开始亏损，连续 20 个月，亏损额高达 10.61 万元。后经中国银监会引导，其转变经营观念，积极拓展业务范围，于 2008 年年底首次实现扭亏为盈，盈利 1.88 万元。但其 1.88 万元的盈利来之不易，是通过增加投资实现的。2008 年兴乐互助社投资增加 95 万元，总投资达 225 万元；各项储蓄存款余额为 172 万元，较年初增加 81 万元；各项贷款额为 117 万元，较年初增加 68 万元；互助社社员也由最初的 10 人增至 122 人。

3）山东省沂水县姚店子镇聚福源互助社

聚福源互助社于 2008 年 3 月 25 日登记成立，是由原来的农民专业合作组织组建的。2007 年 4 月，为提高生姜生产标准化程度和产业化水平，姚店子镇 170 户生姜种植户和 8 家生姜加工出口企业发起成立沂水县德农生姜专业合作社。每个社员在生姜种植、收购、加工上存在季节性差异，由此产生资金供需时间差，于是合作社内部产生资金余缺调剂的需要。正逢此时，中国银监会出台关于农村资金互助社的相关文件，该合作社成员在新政基础上组建资金互助社。该互助社成立之初有合作人 48 户、股金 53.7 万元，可以为社员提供存款、贷款和结算等业务。2010 年 11 月，社员由原来的 48 户发展到 108 户，股金总额 135.98 万元，发放贷款 370 余次，贷款金额近千万元。2011 年 11 月，该资金互助社的合作人继续增加，发展到 168 户，股金也增长至 167.98 万元，为组建初的 3.13 倍。其从银行拆入资金 60 万元，总资金规模达到 227.98 万元，为成员调剂资金近 2 000 万元。为保证资金互助社有效运转，该社建立以民主管理为核心的法人治理结构，社员大会选举产生 3 名理事和 3 名监事组成理事会和监事会，实行经理负责制。该资金互助社贷款以成员信用担保为主，资金调剂使用范围严格限定在互助社内部，且严控贷款数额，单一成员的贷款总额不得超过总资本净额的 15%，单一农村小企业成员贷款总额不超过总资本净额的 20%。社员贷款需由其他成员提供担保，其中借款额度 3 万元以下的需要 1 名担保人，借款额度在 3 万元以上的需要 2 名担保人。资金互助社评估小组每季度对所有成员进行信用评估，核定每个成员最高贷款额度，记入成员信用档案，成员在最高贷款额度之内申请贷款。该社存、贷款执行国家规定标准，股本金没有存款利息，本着互助、互利、会员认可的原则进行放款，均按照略低于农村信用合作社同期利率计息并采用差别定价方式，鼓励小额、短期贷款，加速资金周转，满足更多资金互助社成员的资金需求。

4）内蒙古自治区赤峰市翁牛特旗乌丹镇东园子农民互助协会

2007 年 8 月 21 日，东园子农民互助协会成立，标志着翁牛特旗创新农村信用体系建设工作正式启动。该农民互助协会是以行政村、嘎查为单位，由辖区内农牧民自愿申请，发起人推荐，并由农村信用合作社审核合格的会员选举产生理事会，报经翁牛特旗民政部门正式批准成立的具有社团法人资格的信用互助组织。申请入会的农牧民自愿向协会交纳 500~20 000 元信用互助基金后，可享受"三优惠、一优先、一简化"的政策。"三优惠"是指贷款额度、期限和利率的优惠。贷款额度上，农村信用合作社按照会员交纳互助基金的 10 倍发放；贷款期限上，总体灵活，可以根据会员所从事的生产经营项目周期专门确定；贷款利率上，执行农村信用合作社同档次的最低水平。"一优先"指会员贷款优先，农村信用合作社优先保证会员贷款，而后才是非会员贷款。"一简化"指会员贷款手续简化，会员持有授信证和互助协会的信用担保，就可以获得农村信用合作社的贷款。按照该互助协会的有关制度规定，试点之初确定对东园子村符合条件的 221 户协会会员进行授信，最大额度为 40 万元，最小额度为 2 万元，总授信额度达 1 413 万元，户均贷款达到了 6.4 万元。该农民互助协会通过建立"信用协会+互助基金+风险补偿基金+农业保险+银行信贷"五位一体的融资模式，有效地破解制约农村牧区经济发展的资金"瓶颈"和信用缺失问题，有很好的示范效应。

6.3.2　新型资金互助社的规章制度

各类互助社的规章制度基本相似，主要包括宗旨、原则、资金构成、资金来源与运用、风险管理、治理结构等。从现有规章制度来看，资金互助社符合国际合作规则和合作经济、金融组织的制度设计，也与早期农村信用合作社的章程相似。下面以百信互助社章程的主要内容作展示性说明。

1）总则

本社是经银行业监督管理机构批准，由梨树县闫家村农民和农村小企业自愿入股组成，为社员提供存款、贷款、结算等业务的社区互助性银行业金融机构；本社实行社员民主管理，以服务社员为宗旨，谋求社员共同利益；本社依据《农村资金互助社管理暂行规定》设立，在工商管理部门进行登记，取得法人资格，对由社员股金、积累以及合法取得的其他资产所形成的法人财产，享有占有、使用、收益和处分的权利，并以全部法人财产对本社债务承担责任；本社的财产、合法权益和依法经营活动受法律保护，任何单位和个人不得侵犯和非法干预；本社社员以其社员股金和在本社的社员积累为限对本社的债务承担责任。

2）业务范围

经银行业监督管理机构批准，本社经营以下业务：办理社员存款、贷款和结算业务；买卖政府债券和金融债券；办理同业存放；办理代理业务；向其他银行业金融机构融入资金（符合审慎要求）；经银行业监督管理机构批准的其他业务。

3）社员

本社社员是指符合本章程规定的入股条件，承认并遵守本章程，向本社入股的农民及农村小企业。农民向本社入股应符合以下条件：具有完全民事行为能力；户口所在地或经常居住地（本地有固定住所且居住满 3 年）在本社所在闫家村内；入股资金为自有资金且来源合法，达到本章程规定的入股金额起点；诚实守信，声誉良好；本章程规定的其他条件。农村小企业向本社入股应符合以下条件：注册地或主要营业场所在本社所在的闫家村内；具有良好的信用记录；上一年度盈利；年终分配后净资产达到全部资产的 10%以上（合并会计报表口径）；入股资金为自有资金且来源合法，达到本章程规定的入股金额起点；本章程规定的其他条件。本社社员享有以下权利：参加社员大会，并享有表决权、选举权和被选举权，按照章程规定参加本社的民主管理；享受本社提供的各项服务；按照章程规定或者社员大会（社员代表大会）决议分享盈余；查阅本社的章程和社员大会（社员代表大会）、理事会、监事会的决议、财务会计报表及报告；向有关监督管理机构投诉和举报；本章程规定的其他权利。本社社员承担以下义务：向本社入股；执行社员大会（社员代表大会）的决议；按期足额偿还贷款本息；按本章程规定承担亏损；积极向本社反映情况、提供信息；本章程规定的其他义务。

4）股权管理

本社股金设置分为资格股和投资股，资格股 100 元，是取得社员资格所需入的股金，为本社社员入社的起点金额。投资股是社员在资格股金外进行投资或取得贷款所需要增加的股金。投资股金额由取得资格股的投资人自行决定，单个农民或自然人认购股金总额（包括资格股在内）不能超过股本金总额的10%，超过5%的报四平银监分局批准。单个农民社员或单个农村小企业社员入股金额不得超过本社股金总额的10%。本社向入股社员发放记名股金证，作为社员的入股凭证。本社社员持有的股金和积累可以转让、继承和赠与，但理事、监事和经理持有的股金和积累在任职期限内不得转让。本社社员在符合条件的情况下，可以办理退股，但需要提前申请，农民社员应提前3个月，农村小企业社员应提前6个月。社员资格终止后的1个月内，本社以现金形式返还该社员的股金和积累份额；社员资格终止的当年不享受盈余分配。

5）组织机构

社员大会（社员代表大会）是本社的权力机构，由全体社员或社员代表组成。社员代表按照社员数量（或入股比例）分别从农民社员和农村小企业社员中由全体社员选举产生，本社社员代表大会的代表每届任期3年，可连选连任。社员大会（社员代表大会）由理事会召集，每年至少召开1次；经三分之一以上的社员（社员代表）提议或理事会、监事会提议，可在20日内召开临时社员大会（社员代表大会）。理事会应当将会议召开时间、地点及审议事项于会议召开15日前通知全体社员（社员代表）。本社社员参加社员大会，享有一票基本表决权。入股金额前10名的农民社员、前5名的农村小企业社员在基本表决权外，共同享有本社基本表决权总数20%的附加表决权（享有附加表决权的农民社员、农村小企业社员合计一般不超过10名），并按照农民社员和农村小企业社员的入股金额或比例进行分配。理事会是本社的执行机构，由5名理事组成，理事会设理事长1人，为本社法定代表人。监事会是本社的监督机构，由3名监事组成。监事由社员、捐赠人以及向本社提供融资的金融机构等利益相关者担任。本社设经理1名，由理事长兼任，经理全面负责本社的经营管理工作。

6）财务管理

本社以吸收社员存款、接受社会捐赠资金和符合审慎要求向其他银行业金融机构融入资金作为资金来源。本社的资金应主要用于发放社员贷款，满足社员贷款需求后确有富余可存放其他银行业金融机构，也可购买国债和金融债券。本社办理社员结算业务，并按有关规定开办各类代理业务。本社不向非社员吸收存款、发放贷款及办理其他金融业务，不以本社资产为其他单位或个人提供担保。本社按存款和股金总额的10%以内留存库存现金。本社按照审慎经营原则，严格进行风险管理。本社执行国家有关金融企业的财务制度与会计准则，设置会计科目和法定会计账册，进行会计核算。本社向社员分配红利的比例，原则上不超过一年定期存款利率。当年如有未分配利润（亏损）全额计入社员积累，按照股金份额量化至每个社员，并设立专户管理。

7）合并、分立、解散和清算

本社合并，自合并决议做出之日起 10 日内通知债权人。合并各方的债权、债务由合并后存续或者新设的机构承继。本社分立，将财产作相应的分割，自分立决议做出之日起 10 日内通知债权人。分立前的债务由分立后的机构承担连带责任，但在分立前与债权人就债务清偿达成书面协议另有约定的除外。本社因以下原因解散：社员大会决议解散；因合并或者分立需要解散；依法被吊销营业执照或者被撤销。除合并与分立外的解散，在解散事由出现之日起 15 日内由社员大会推举成员组成清算组，开始解散清算。清算组自成立之日起接管本社，负责处理与清算有关未了结业务，清理财产和债权、债务，分配清偿债务后的剩余财产，代表本社参与诉讼、仲裁或者其他法律事宜，并在清算结束时向银行业监督管理机构缴回金融许可证，到工商行政管理部门办理注销登记，并予以公告。清算组负责制订包括清偿本社员工的工资及社会保险费用，清偿所欠税款和其他各项债务，以及分配剩余财产在内的清算方案，经社员大会通过后实施。

6.4　中国农户合作投融资的问题诊断

中国自 20 世纪 30 年代就开始了大规模的农户金融合作，如果从 1923 年河北省香河县成立中国第一家农村信用合作社开始算，时间已近一个世纪。在整个漫长的发展历程中，农村信用合作社经过反复的试错走到今天，问题仍然存在，还需要不断完善。围绕新中国建立以后的农村信用合作社、农村合作基金会及当下如火如荼试点中的资金互助社为代表的合作投融资组织或机构建立、运行和管理，本书发现其中存在的主要突出问题为违背合作初衷、政府干预过当、资金总量不足和合作立法滞后，依次分析如下。

6.4.1　违背合作初衷

农户合作投融资强调的是合作，合作的精髓在于自愿、互助、民主管理和非营利，一个经济组织不能够体现上述精神，则该经济组织不能称为合作组织。同样的道理，包括合作金融在内的合作经济组织如果在运行过程中出现偏离上述合作内容，或者说发展中出现偏离合作的现象，也将不再是合作组织，该问题在中国农村信用合作社发展历程中显现得非常充分。违背合作初衷需要引起金融和政府部门的高度重视，防止资金互助社重蹈农村信用合作社的覆辙。有部分学者认为农村信用合作社从来没有成为真正意义上的合作制，这是不正确的。本书认为，中国农村信合作社在新中国成立后到1958年以前是农户的合作金融组织，为当时农户的投融资提供便利。新中国成立后，在中国人民银行的资金和技术支持下，中国农村信用合作社发展迅速。1951年，中国人民银行下发《农村信用合作社章程准则（草案）》和《农村信用互助小组公约（草案）》，明确规定农村信用合作社是农民的资金互助组织，组织形式可以多样化，但不以营利为目的，优先向社员发放贷款，银行可以为农村信用合作社提供低息贷款支持。1954年召开的第一届全国农村信用合作会议推动农村信用合作社的发展意义重大。到1955年年底，农村信用合作社达到15.9万个，入股农户7 600万户，占全体农户的65.2%。1956年，农村信用合作社存款达4.32亿元，贷款达到10亿元，其中，生产贷款占到42.4%。该时期的农村信用合作社属于合作性质，资本金由农民入股，实行民主管理，主要为社员的生产、生活提供融资便利。当时的农村信用合作社发展态势良好，以安徽省阜阳县为例说明。1951年阜阳县在全地区第一个成立了茨河铺信用合作社，发展社员1 050户，集资旧人民币1 892万元，开展了折实储蓄和信贷业务，兼办牲畜保险。1952年全地区各县普遍试办农村信用合作社。到1954年年底，阜阳地区正式开业的农村信用合作社1 227个，组建成立即将开业的139个，总计1 366个。入社的农民74 754户，占全地区总农户的48.2%，吸收股金1 011.037万元，年底存款达到372.696万元。1955年年底全地区农村信用合作社1 755个，分布在1 790个乡，占总乡数94.5%，农村信用合作社干部3 510人，社员977 722户，占总农户的60.18%。

1）失去农户所有与民主管理

1958年的"大跃进"将中国经济发展带入高度集中的计划经济时期，农村信用合作社在声势浩大的运动中被裹挟进入人民公社，失去农户所有的基本合作基础，无法继续维持民主管理，直接导致日后农村信用合作社性质尴尬的处境。1959年，农村信用合作社被下放到人民公社或者生产大队，更名为信用部，如阜阳地区439个农村信用合作社改为人民公社的590个信用部和大队分部。该阶段，农村信用合作社的经营管理均由生产大队负责，正常的信用关系遭到严重破坏，大量资金被肆意挪用，社员和储户的经济利益受到侵害。社员储蓄由1958年20亿元下降到1962年的9.7亿元，4年时间降低51.50%。

2）失去自愿与互助

鉴于农村信用合作社下放给生产大队后的信贷能力明显下降且造成授信混乱的局面，1962年10月，中国人民银行拟订《关于农村信用合作社若干问题的规定》（试行草案），明确规定农村信用合作社是农村人民的资金互助组织，是国家银行的助手，是中国金融体系的重要组成部分。1962年年底，全国各地开始对农村信用合作社进行整顿。1964年，农村信用合作社名义上恢复资金独立、自负盈亏的经济实体性质，划归中国农业银行管理。该阶段的农村信用合作社在改革与发展过程中逐步由民办走向官办，由农民所有、民主管理转变为国家所有、银行统一管理的经营模式。作为农村信用合作社所有人的农民已经失去本着互助原则从农村信用合作社获得投融资服务的权利，资金的调度转由按计划统一使用。1966 年"文化大革命"开始后，信用合作工作更是受到严重破坏，账务混乱。1977 年，国务院出台《关于整顿和加强银行工作的几项规定》，认定农村信用合作社为国家银行在农村的金融机构，强化银行对农村信用合作社的领导权，该规定对农村信用合作社资金被任意占有起到了防范的作用，但也将农村信用合作社最终转变为官办的第二银行。

3）失去非营利性

1979 年以后，农村信用合作社在政府主导下，开始着手恢复组织上的群众性、管理上的民主性和经营上的灵活性的"三性"原则，特别是 1996 年与中国农业银行脱离隶属关系后，更加强调服务农民的合作性质，支农投入明显增加。然而，实践证明，农村信用合作社缺乏合作金融正常发展的环境，其"三性"原则并未真正恢复，在整个改革过程中，农民加入和退出农村信用合作社并没有遵循自愿性原则。农村信用合作社从未实行过真正的民主管理，其内部人员配置和经营决策带有明显的行政管理特征。特别值得注意的是，在整个改革过程中，农村信用合作社一直以"减亏"和"盈利"为主要目标，并未实质上推进合作性质的恢复。农村信用合作社与社员之间的贷款程序与商业银行基本相同，非社员贷款占到50%左右，每个阶段的改革成果展示均是以减亏多少、盈利多少衡量。2003 年以来的改革已不再将其合作性质的恢复作为目的，而以地区差异作为农村信用合作社改革的导向，实质上已经接受了农村信用合作社的商业化经营方向并承认其营利性。中国农村信用合作社的发展和改革过程充分显现，中国农户最大的投融资机构农村信用合作社因为逐步放弃合作初衷，失去合作性质，转而成为商业性融资机构，导致农户赖以发展的最重要的投融资机构缺失，这成为中国农户投融资遭遇的最大问题，也是未来农户投融资发展中必须引以为戒的。

2012 年下半年开始，江苏省、浙江省等地的农民资金互助合作社倒闭、挤兑风波频发，根本问题在于互助社偏离服务"三农"（农村、农业和农民）的合作性质，大肆追求利润，甚至直接演变成为高息揽储、高息放贷的非法集资组织。2012年 10 月下旬，连云港市灌南县 4 家农民资金互助合作社的 1.1 亿元存款被挪用，涉及 2 500 多名储户，导致其无法正常兑现农民存款。2012 年 12 月底，因当地一家担保公司倒闭，盐城射阳县陈洋农民资金互助合作社遭遇社员挤兑。该社吸纳存款大约 4 000 万元，但面对巨额兑付压力，也是无可奈何，在支付了数百万元资金后，一度宣布停兑。2013 年 7 月，南京市高淳区砖墙镇农民资金互助社停止营业并被立案调查，原因是该资金互助社吸收了大量储蓄存款，约有 300 多名储户，共 3 200 万元资金无法兑付。据称，该资金互助社理事长因资金链出现问题，曾试图卷款潜逃。因此，在农户合作投融资制度设计中必须保证其非营利性特征，农户才能够通过该类制度获得资金扶持和资助。

6.4.2　政府干预过当

中国农村信用合作社的整个制度变迁过程就是政府直接安排的过程，除了1957 年以前是在政府倡导和指导下，农户自愿入社合作外，其后 50 余年的改革都是政府的不断试错和纠错的过程。虽然也存在政府对农村信用合作社自身条件、地域特征考虑不周全和干预较多等问题，但还算不上干预过当。在农户合作投融资中政府干预过当进而导致严重后果的是农村合作基金会，其最终以取缔收场。各地方政府需要重视农村合作基金会的教训，在资金互助社组建和运行过程中，特别需要注意引导和指导，但不能够直接干预和左右合作投融资组织自身的正常运行和发展。

1）农村合作基金会的回顾

1983 年，农村合作基金会最早出现在黑龙江省、辽宁省和江苏省等地，目的是有效地管理和利用集体积累资金，将集体资金作为基金，在乡村集体经济组织成员之间实行有偿借用，进行内部融资。这种代管资金运作既保障了集体资产的安全和增值，又在农村内部增加了投资的渠道，受到农民和地方政府的欢迎。1987年，中共中央政治局通过了 5 号文件，创办中国农村改革试验区，相继在黑龙江省尚志市、河北省玉田县、山东省平度市、广西壮族自治区玉林市、四川省广汉市等试验区进行农村合作基金会的规范化试验。在政府的引导和介入下，各地逐步建立合作金融组织的制度框架。1986 年年底至 1988 年年底是农村内部资金融通总量增长最快的时期，两年间增加了约 40 亿元。1991 年 11 月，十三届八中全会《中共中央关于进一步加强农业和农村工作的决定》指示各地要继续办好农村合作基金会。同年 12 月，农业部发出《关于加强农村合作基金会规范化、制度化建设若干问题的通知》。1992 年，全国建立的农村合作基金会乡（镇）一级 1.74 万个，村一级 11.25 万个，分别占乡（镇）总数的 36.7%和村总数的 15.4%，年末筹集资金 164.9 亿元。随着 1992 年投资热潮的到来，各地方政府纷纷采用各种手段介入农村合作基金会，导致的直接后果是农村合作基金会把相当比重的资金投入急需资金的乡、镇、村办集体企业，最终形成大量的坏账。1997 年年底，中央为了集中资金改革国有企业，同时也认识到农村合作基金会在资金运作上的不规范问题，决定对其进行全面整顿。由于政策的突然变化，农村合作基金会自身的矛盾在很短的时间内迅速显现，各地农村在 1998 年纷纷出现挤兑风潮，政府无奈之下，于 1999 年 1 月正式宣布在全国范围内统一取缔农村合作基金会。至此，农村合作基金会在不到 20 年的时间里，走完了全部的历程。

2）过当的行政干预贯穿农村合作基金会始终

从农村合作基金会的发展历程可以看出，其在发展之初就具有浓重的政府色彩，在各个发展阶段的不同变化都和政府的直接干预有关。根据刘世定（2005）对河北省玉田县农村合作基金会的调查可以看出，农村合作基金会在组织隶属关系上是政府的一个部门，隶属于乡镇政府管理经济的机构——经济联合社（图 6-6）。乡镇政府除了在组织上控制农村合作基金会，还在行政上直接控制，玉田县农村合作基金会董事长由乡镇党委书记出任，主持日常事务的农村合作基金会主任由董事长聘任。过多的行政干预使农村合作基金会失去单纯的合作组织性质，而成为乡县两级的银行，有些农村合作基金会公开办理存贷款业务，公示利率（王贵彬，2006）（表 6-2）。在基层政府的干预下，农村合作基金会的投资不再仅局限于本区域的农业，而是大量转向创办集体企业等非农产业项目和乡镇一级的公共产品。大量乡镇企业的贷款无法收回，公共品又无利可图，最终导致农村合作基金会运转不灵。农村合作基金会因行政力量发展，也因行政力量失败。

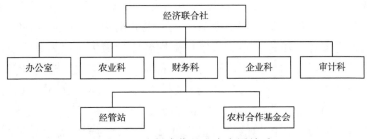

图 6-6　农村合作基金会隶属关系

表6-2　玉田县农村合作基金会存款业务示意表

期限	利息类型	金额/元
活期	月股息	3.78
三个月	月股息	6.66
半年	月股息	9.00
一年	年股息	13.176
二年	年股息	14.040
三年	年股息	14.688

资料来源：马戎，刘世定，邱泽奇. 中国乡镇组织调查[M]. 北京：华夏出版社，2000. 转引自王贵彬. 农村民间金融规范化发展的制度研究[R]. 重庆哲学社会科学规划项目研究报告，2006

3）行政干预的一个反例

茅于轼先生于 2001 年在山西临县湍水头镇创办的湍水头扶贫基金会运行至今，状况良好，现已更名为湍水头镇富平小额贷款基金。该扶贫基金会的股东从无到有，规模越做越大。扶贫基金会资本全部来自于民间，有集体股，也有个人股；有城市股，也有农村股。出资人有教师、学生、职员、记者、海外华人，也有当地农民。该扶贫基金会有一条规矩，就是不和政府挂钩，不入政府股。2003

年，山西省科技厅希望入资 1 000 万元，以扩大湍水头扶贫基金会的规模，遭委婉拒绝。正是这种割断与政府的联系，使其得以避免遭受行政过当干预，保证民营性质不变，真正切实解决农民资金困难的问题。当然，这不是最优选择，如果政府干预的度适当，有政府参与的合作投融资发展效果通常好于完全民有，这就需要政府的拿捏和大智慧。

6.4.3　资金总量不足

当前农户合作投融资还面临一个直接的制约因素，就是资金短缺问题。几乎所有受访的农村资金互助社都认为资金不足是其首要障碍，如曾经一度被停贷的兴乐资金互助社的负责人杨迎春就曾对记者说，"农民贷款需求量太大，根本无法满足"。该资金互助社的合作人王国顺，也是资金互助社所在地深沟村的村支书，是当地的大蒜经纪，他也认为资金缺口很大，因此出资 2 万元入股资金互助社，希望能够贷到更多的款项，并强调说农村信用合作社最多可以为其提供的 10 000元根本无法满足其经营需求。百信互助社也面临相同的问题，据理事姜志国估计，闫家村的人均贷款需求至少 5 000 元，按全村总人口 2 290 人计算，总贷款需求至少为 1 145 万元。该资金互助社股金为 14 万元，按照 8% 的充足率倒算，其在保障自身安全的情况下可以提供的信贷总量为 175 万元，与资金需求总量间存在明显差距。但要注意该资金不足问题需要一分为二地看，首先是确实存在一定的资金缺口，而非仅仅是合作资金不足。如果农村资金互助社仅作为农户投融资的补充，该资金动用能力是可行的，但关键问题是农村资金总量供给不足。当前农村资金供给的现状是村镇银行、农业银行、农村信用合作社的小额信贷供给不足，农户需要的长期大额投资部分依靠自身积累，部分依靠非正规金融。因此，当有资金互助社可以为农户提供投融资渠道，农户就希望从该互助社获得足额融资，相对造成资金互助社资金更加吃紧。从现有农村资金互助社的资金来源来看，主要是资本金、社员股金、存款、同业拆借①、社会捐赠和扶贫资金等几个部分，由于扶贫资金仅限于政府主导的扶贫互助社，更多的资金互助社的资金来源主要为内源的资本金、股金和存款，以及外源的捐赠等。

1）内源融资有限

农村资金互助社的主要内源融资由成立时的资本金、社员股金和存款构成，乡镇级注册资本不低于 30 万元，村一级注册资本金不低于 10 万元，资金互助社起步门槛较低，注册资本金自然是小规模的。真正制约内源融资不足的因素是农户股金及存款均处于较低水平，农户普遍较贫困。前文已经论及，合作投融资组织是弱弱

---

① 仅限于中国银监会批准的实力较强的资金互助社。

的联合,但不是赤贫的联合,如果全部参与合作的农户都是资金需求者,而无资金供给者,则合作投融资无法实现。因此,政府扶贫资金带动下的农户扶贫互助组织通过财政资金启动,非常有意义,本书将在第八章进行详细分析。当前的现实问题是,农户合作投融资激励机制尚未建立起来,相对富裕农户的合作积极性受到抑制,且对资金互助社的信任程度有待提高,不利于扩大资金互助社资金来源。另外,对于存款部分,农户更倾向于商业银行和农村信用合作社,认为更安全。而对于参与资金互助社的互助投融资行为,农户更多的是希望得到贷款,通常也只存入规定的最低标准,这就必然出现资金来源无法满足资金运用的需要。

2)外源融资困难

农村资金互助社的主要外源融资来源于两个部分,其一为社会捐赠,其二为同业拆借。社会捐赠可以构成资金互助社份额较高的外源资金,但这需要满足一定的条件,如发起人或者合作人的个人影响、合作社的公信力、社会慈善氛围等。从现有主要的农村资金互助社的资金来源来看,其比率都较低,且该部分资金基本不具有可持续性。例如,前文提到的山西临县湍水头镇扶贫基金会在发展的第一阶段全部依靠无偿捐赠,从 1993 年 9 月到 1998 年 8 月,共有 31 个个人和团体捐赠基金 51 笔,总金额仅为 36 240 元。外源融资,除了社会捐赠,主要是同业拆借,相对于捐赠的不可控性,同业拆借的来源理论上更可靠,但现实的情况同样不容乐观。以百信互助社为例,从组建到 2010 年,也仅从吉林银行拆借两笔款项,共计 20 万元。同业拆借的困难主要来源于银行,银行拆借资金给互助社意愿不强,原因有二,一个是程序烦琐,同业拆借需要经省行批准;其二是风险防范,银行总体上认为新生的农村资金互助社风险高,不利于银行资金的稳健运行。没有稳定的外源融资,资金互助社必然面临一定的问题,如兴乐资金互助社就通过寻求当地农村信用合作联社为其提供委托贷款,渡过难关。资金来源问题是合作投融资面临的一个比较棘手的和仍然在相当长时间内存在的问题。

6.4.4 合作立法滞后

农户合作投融资组织,包括农村信用合作社、农村合作银行、农村资金互助社在内的传统和新型、正规与非正规合作金融机构还面临一个共同的难题,即立法滞后。农户合作投融资需要在法的规范下运行,农村合作金融的改革也只有在权威的部门法下才能真正有的放矢。相比较,农村商业金融可以援引的法律包括《中华人民共和国公司法》和《中华人民共和国商业银行法》等,而农村合作金融则仅能依据《农村合作银行管理暂行规定》、《农村资金互助社管理暂行规定》及《关于农村信用社以县(市)为单位统一法人工作的指导意见》等。两者的效力显然不同,后者仅是中国银监会发布的部门规章,而且在现有的规章中还存在部分规定不明确的部分，非常不利于农村合作投融资的发展。

1）没有专门设立"合作金融法"

合作金融与商业金融、政策性金融共同构成金融制度体系，特别是有着弱弱联合特征的合作金融非常适合当下中国农户短期投融资的需要，然而，纵观新中国建立以来60余年来的合作金融试错与改革，几乎都是在各式规定及指导意见下完成的。2007年7月1日开始实施的《农民专业合作社法》为包括资金互助社在内的农村各式合作社提供了法律依据，是一大进步，但由于金融活动不同于一般的经济活动，《农民专业合作社法》对投融资具体行为的规范是远远不够的。由于没有一部权威的法律指导，合作金融改革过程中经常反复也就不足为奇了，农村信用合作社的改革就是一个非常好的案例。1996年行社脱钩改革，主要依据的法规包括《国务院关于农村金融体制改革的决定》（1996年）、《农村信用合作社管理规定》（1997年）和《中国人民银行关于进一步做好农村信用社改革整顿规范管理工作意见》（1998年）。2003年以后的重要调整阶段依据的规章较多，包括《关于农村信用社以县（市）为单位统一法人工作的指导意见》（2003年）、《深化农村信用社改革试点方案》（2003年）、《农村合作银行管理暂行规定》（2003年）、《农村信用社农户联保贷款指引》（2004年）、《农村信用社监管内部评级指引（试行）》（2007年）及《农村资金互助社管理暂行规定》（2007年）等。从以上主要援引的法律来看，主要为行政法规和部门规章，仅涉及部分范围，而对于产权结构、资金运作及财务管理等重要内容没有涉及；主要强调的是对改革的阶段性总结，而不是通过法的严肃性和规范性指导改革。相比较而言，前文提到的比较典型的德、美、日等国都是法律先行。德国1949年通过《德意志合作银行法》，1976年修改为《德国合作银行法》。美国1916年通过《农业信贷法》，后经1923年、1933年、1971年、1985年和1987年多次修正。针对合作金融特点，美国1999年通过《金融服务现代化法》对农村合作金融的监管模式做了专门规定；日本也在1947年制定《农业协同组织法》，之后相继颁布《信用金库法》、《农林中央金库法》、《临时利率调整法》和《农协财务处理基准令》等。上述各国的法律中都规定了合作金融机构的经营范围、市场准入与退出、治理结构、资金运用、财务管理及监管事项与权限，做到了有法可依。

2）合作金融权利义务不明确

现有的合作金融法律对参与合作投融资的合作社、政府、农民及其他主体的权利义务都有条文性规定，但实际上，权利的享有和义务的履行均无硬性的衡量标准。例如，1997年的《农村信用合作社管理规定》第二条内容为，农村信用社是指经中国人民银行批准设立、由社员入股组成、实行社员民主管理、主要为社员提供金融服务的农村合作金融机构；第三条内容为农村信用社的社员，是指向农村信用社入股的农户以及农村各类具有法人资格的经济组织。农村信用社职工应当是农村信用社社员，但社员以其出资额为限承担风险和民事责任。但十余年过去了，农村信用合作社与该规定背道而驰，且越行越远。这其中有一个重要原因就是对于农村信用合作社违反条例规定的处罚并不明确。例如，该规定中对农户非常重要的第二十七条：农村信用社对本社社员的贷款不得低于贷款总额的百分之五十，其贷款应优先满足种养业和农户生产资金需要，资金有余，再支持非社员和农村其他产业。但在第八章罚则中没有体现，这就为农村信用合作社将大量资金融通给城市和工商业打开方便之门。在农村合作金融体系中，除了农户、合作社外，地方政府也是一个非常重要的主体。地方政府在执行权利和履行义务的过程中，如果没有严格的规章限制，其对合作金融组织的管理很容易出现过当干预和不作为的两种不良情况。当地方政府有利可图时，干预过多；当地方政府管理成本较高时，则不作为。已经倒闭的农村合作基金会就是地方政府不当干预的直接结果，必须引起重视，但在《农民专业合作社法》的条文中，还是存在类似问题。《农民专业合作社法》第八条规定，国家通过财政支持、税收优惠和金融、科技、人才的扶持以及产业政策引导等措施，促进农民专业合作社的发展；第九条规定，县级以上各级人民政府应当组织农业行政主管部门和其他有关部门及有关组织，依照本法规定，依据各自职责，对农民专业合作社的建设和发展给予指导、扶持和服务。两条规定都明确了政府，特别是第九条直接规定地方政府对农民专业合作社负有指导、扶持和服务的义务，但履行义务的具体方式没有提及，不履行的惩处措施也无明文规定。《农民专业合作社法》第八章法律责任包括第五十三、五十四、五十五条，其中五十四、五十五条是规范农民专业合作社可能存在的欺诈行为，五十三条规定笼统，为侵占、挪用、截留、私分或者以其他方式侵犯农民专业合作社及其成员的合法财产，非法干预农民专业合作社及其成员的生产经营活动，向农民专业合作社及其成员摊派，强迫农民专业合作社及其成员接受有偿服务，造成农民专业合作社经济损失的，依法追究法律责任。如果未来地方政府对农民专业合作社干预过当，需要援引法律依据保护农民专业合作社的权益，仅能够通过此条，但其执行力较之有着明确罚没规定的罚则还是有区别的。没有明确的权利义务规定，各参与主体在合作投融资行为中总体表现消极，理论上的"重要"无法在实践中得到强化，最终导致合作金融流于形式与空谈。

第7章 分化农户投融资制度创新分析

通过农地投融资制度与合作投融资制度，农户可以完成投资所需的绝大部分资金融通，其中既有长期的，也有短期的。但农户本身是一个非常宽泛的概念，农户又存在非常明显的分化，对于贫困农户，更多地需要通过财政资金启动其处于抑制状态的投融资，效果远比金融手段好得多。而对于农户的消费性融资还需要通过农户民间投融资及商业投融资提供更为丰富的金融产品来完成。农户商业投融资包括普通商业信贷与小额信贷两个部分，针对多数农户所持有资产及生产特点，小额信贷较之商业信贷更有意义。财政投融资、商业投融资、民间投融资与农地投融资和合作投融资共同构成农户投融资制度的框架体系。

7.1 农户财政投融资制度分析

7.1.1 农户财政投融资制度的理论分析

1）农户财政投融资制度的定义

农户财政投融资是指农户通过财政途径获得资金来源，从而脱离贫困并获得持续生产能力的投融资方式。农户财政投融资制度不是财政投融资在农户对象中的简单体现，其概念大于一般意义上的财政投融资，其在财政投融资之外还包括补贴的内容，是财政通过直接注资和间接补贴的方式为农户提供资金融通的全过程。

2）农户财政投融资制度的类型

农户财政投融资包括以财政补贴为表现形式的财政间接投融资制度和以扶贫互助为表现形式的直接投融资制度两个类别。财政补贴农业生产由来已久，是农业作为弱质产业的必然要求。为了提高农户生产的积极性和缩小农业与其他产业的收益差异，现代市场经济国家均对农业生产者——农户进行补贴，以提高其市场竞争力和持续生产能力。我国目前农户可通过多个渠道获得财政补贴，包括粮食生产、参加农业保险等。农户财政直接投融资制度的供给意义重大,是农户未通过其他介质而直接获得财政资金资助的方式。财政直接投融资属于政策性投融资方式,既不同于财政补贴的无偿性,也不同于商业投融资的营利性,有保本微利的要求。农户财政投融资是财政绕开政策性金融机构而直接采用项目的方式向农户提供资金来源,可以降低运行成本,提高资金效率。但由于财政资金总量的有限性,财政直接投融资制度仅适用于无法通过金融方式获得资金来源的贫困农户。

3)农户财政投融资制度创新的意义

社会主义新农村建设的目标之一是农民生活宽裕,怎样实现农户宽裕的生活,需要政府为农户提供解除贫困的途径和手段,其关键点在于解决农户生产的资金供给,而贫困农户的投融资更多地需要财政启动,故财政投融资是农户脱贫的重要手段。同时,农户财政投融资也是启动农户投融资的动力,在各类投融资制度安排中处于基础地位。即通过财政资金启动农户生产,提高农户参与金融的能力,借助融资完成投资,最终由贫困农户逐步转化为维持型农户,最后实现到市场型农户的转变。当然,部分农户如果项目选择正确,也可以由贫困农户直接跃迁为市场型农户,在这个过程中,财政投融资的效用得到充分发挥。另外,农户财政投融资既符合人类社会发展的方向,也与我国政府当前城乡统筹、工业反哺农业的政策取向一致。农民的贫困固然存在一定的个人因素,但更需要关注的是产业差异、地区差异和教育差异在农户生产中的制约效应,即农户生产力低下,农户遭受贫困需要得到社会和政府的关注,需要通过分配制度进行协调,即需要财政再分配和投融资。因此,农户财政投融资还是维护社会公平、提高人类福祉的途径。

7.1.2　财政间接投融资分析

1. 财政农业生产补贴

财政农业生产补贴是国家财政对种田农户的补贴,包括粮食生产补贴和农机具购置补贴两个部分。粮食生产补贴按照农户种田面积进行计算,具体又细分为粮食补贴和良种补贴,粮食补贴还可以再细分为粮食直补和农资综合补贴。补贴品种包括小麦、玉米、油菜、棉花和水稻,农户补贴标准各年度可能有差异,实际补贴金额为上一年度种植面积与当年国家规定每亩各项补贴额的乘积,发放方式为通过"一折通"系统现金转账。财政粮食补贴工作程序烦琐,需要对补贴面积进行调查,一般由财政所驻村管乡员会同村委会干部上门逐户调查并登记填写《粮食种植面积登记表》,经公示无异议后汇总,并录入"一折通"系统上报区财政局，最后将补贴金额发放到农户账户。粮食补贴是财政鼓励农户农业生产、缓解生产压力的重要手段，但从 2005 年以来的执行看，还是存在诸多问题。农机具购置补贴是指政府对农民个人、农场职工、农机专业户及农机作业服务组织购置和更新农机具给予的补贴，目的在于提高农业机械化水平和农业生产效率。相对于粮食生产补贴属于直接补贴而言，农机具购置补贴属于间接补贴。

1）粮食生产补贴发展历程及现状

（1）粮食直补与农资综合补贴。粮食直补开始于 2002 年。中央财政在 2002年开始试点粮食直补，选择安徽省的来安县和天长市、吉林省的东丰县为试点区域，分别安排 6.27 亿元和 1 461.70 万元，将粮食的补贴直接兑现给农户。2003 年，补贴试点范围扩大到黑龙江省、吉林省、辽宁省、内蒙古自治区、河南省、河北省、山东省、安徽省、湖北省、湖南省、江西省、江苏省和四川省 13 个粮食主产省（自治区），受到农民的欢迎。2004 年，中央财政安排 116 亿元资金在我国 29个省份全面启动粮食直补政策，充分调动农户粮食生产的积极性，当年粮食增产775 亿斤，扭转粮食减产势头。2005 年，补贴资金增加到 132 亿元，2007~2013年，粮食直补稳定在 151 亿元以上。2006 年，中央财政设立农资综合补贴，包括柴油、化肥等，直接补贴 120 亿元。加之当年的粮食直接补贴 142 亿元，总补贴达到 262 亿元。2007~2009 年，农资综合补贴资金继续增加，分别为 276 亿元、482亿元和 716 亿元。2011 年，农资综合补贴达到 835 亿元，2013 年，农资综合补贴达到 1 090 亿元（图 7-1）。2009 年，国家出台《进一步完善农资综合补贴动态调整机制的实施意见》和《中央财政新增农资综合补贴资金集中用于粮食基础能力建设暂行管理办法》，强调将根据农资价格和市场粮价，建立健全农资综合补贴的管理机制，改善农业生产条件，增进粮食稳步生产和提高农户收入。2010 年以后，各省区都在补贴额度和支持力度上逐年增加。以黑龙江省为例，2010~2013 年，各年度粮食补贴分别为 92.80 亿元、92.86 亿元、105.00 亿元和 124.60 亿元，呈稳步增加态势。全国各省（自治区、直辖市）在粮食补贴额度上整体都处于增长态势。

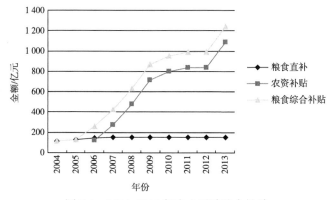

图 7-1　2004~2013 年中央财政粮食补贴

（2）良种补贴。良种补贴是政府为了鼓励农民选用优质农作物品种而给予的补贴，通常需要根据品种计算补贴款，目的在于提高良种覆盖率、增加产量、改善品质及推进农业区域化发展。2002 年，良种补贴首先在东三省和内蒙古自治区的高油大豆开始，共补贴 1 000 万亩，金额达到 1 亿元。2003 年高油大豆补贴面积扩大 1 倍，增加到 2 000 万亩，并开始实施 1 000 万亩的优质小麦良种补贴。2004 年，补贴品种增加，由大豆、小麦扩展到玉米和水稻。2005 年以后，逐年扩大水稻良种补贴规模。2007 年，良种推广补贴达到 4 500 万亩以上，占全国粮食作物面积的 28%。2007 年，政府又将棉花、油菜良种纳入补贴范围。其中，仅棉花补贴面积就达 3 333 万亩，其中新疆维吾尔自治区覆盖面积为 63%，其他主产区覆盖面积为 40%左右，仅棉花一项的补贴款就达到 50 亿元。2008 年，中央财政进一步扩大良种补贴，资金达 94 亿元。2009~2011 年，补贴金额连年增加，依次为 155 亿元、204 亿元、220 亿元（图 7-2）。

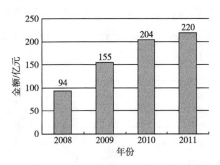

图 7-2　2008~2011 年中央财政良种补贴

2）农机具购置补贴发展历程及现状

农机具购置补贴启动略晚，开始于 2004 年。2004 年 6 月 25 日，中华人民共和国第十届全国人民代表大会常务委员会第十次会议通过《中华人民共和国农业机械化促进法》，并于同年 11 月 1 日生效。根据该法第二十七条规定："中央财政、省级财政应当分别安排专项资金，对农民和农业生产经营组织购买国家支持推广的先进适用的农业机械给予补贴。补贴资金的使用应当遵循公开、公正、及时、有效的原则，可以向农民和农业生产经营组织发放，也可以采用贴息方式支持金融机构向农民和农业生产经营组织购买先进适用的农业机械提供贷款。具体办法由国务院规定。"2004 年中央财政补贴资金 0.7 亿元，其他各级财政安排资金 3.4 亿元。到 2008 年，中央财政累计补贴 69.7 亿元，其他各级财政累计补贴 51.9 亿元，共计 121.6 亿元。2009 年中央财政农机具购置补贴资金较 2008 年大幅度增长，补贴金额达到 130 亿元，是上年 40 亿元的 3.25 倍，补贴覆盖到全国所有农牧业县（场）。2010 年、2011 年补贴金额继续增加，其中，2010 年可以看做农业机械化生产的分水岭，全国农作物耕种收综合机械化水平达到了 52.3%，标志着我国农业生产方式实现了由人畜力作业为主向机械化作业为主的历史性跨越。2011 年补贴金额增加到 175 亿元（图 7-3），补贴机具种类涵盖 12 大类、46 个小类、180 个品目。2004~2011 年，中央财政共安排补贴资金 529.7 亿元，带动地方财政及农户投入 1 596.7 亿元，补贴购置各类农机具 1 672 万台（套），受益农户达到 1 489 万户，全国农机总动力增长 61%，农作物耕种收综合机械化水平 8 年的增幅超过 2004 年以前 30 年的增幅。2012 年，农机具购置补贴政策做了适当微调，基本框架与 2011 年相同。从 2011 年开始，各地可根据需要，在国家规定的基础上自行增加 30 个品目。中央财政农机具购置补贴款项采用定额补贴方式，同一种类、同一档次农业机械在各个省（自治区、直辖市）内实行统一补贴标准，按不超过各地市场平均价格的 30%测算。非通用类农机产品补贴额由各省（自治区、直辖市、新疆生产建设兵团、黑龙江农垦总局）自行确定，单机补贴限额不超过 5 万元，100 马力①以上大型拖拉机、高性能青饲料收获机、大型免耕播种机、挤奶机械、大型联合收割机、水稻大型浸种催芽程控设备、烘干机等大型农机具补贴上限为 12 万元；特型农机具，如甘蔗收获机、200 马力以上拖拉机补贴额为 20 万元，大型棉花采摘机单机补贴额可提高到 30 万元。

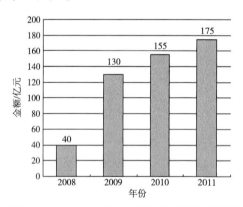

图 7-3　2008~2011 年中央财政农机具购置补贴

3）国外财政补贴农业生产的比较

农业生产需要补贴，早已成为共识知识和农业生产的指导思想，各主要发达国家和地区纷纷采用各自适用的补贴方式。2002 年，美国、欧盟、日本的农业补贴总额达到 3 000 亿美元，占世界农业补贴的 80 %。第一，美国于 1996 年出台农业法《1996 年联邦农业完善与修改法》，取消农产品保护价格，改为合同补贴、土地休耕保护计划和农业灾害补贴等，对农民进行直接补贴。根据美国农业部公布的数据，2000 年美国政府对农业的直接补贴为 228.96 亿美元，平均每个农场获得

---

① 马力是计量功率的单位，1 马力等于每秒钟把 75 千克重的物体提高 1 米所做的功。公制 1 马力=735 瓦特。

10 541 美元的补贴款。当年，美国平均每个农场的农业经营净现金收入为 26 471 美元，政府补贴收入占约 40%。2002 年，美国政府出台《农业保护和农村投资法》，宣布将大幅度提高农业补贴，决定在 2012 年前将联邦补贴提高至 67%，总计达 1 900 亿美元。该法案由于违背美国自乌拉圭谈判以来削减农业补贴的承诺，遭到国际社会的强烈反对。2004 年 7 月，世界贸易组织（The World Trade Organization，WTO）的 147 个成员在日内瓦艰苦谈判，最终美国原则上同意将农产品补贴削减 20%，但实际补贴金额依然很高。第二，欧盟共同农业政策开始于 20 世纪 90 年代，其补贴政策主要是与单产挂钩，方式有两种：一是按种植面积补贴。农场主根据每年种植的面积的多少申请面积补贴，但仅限于规定作物。每公顷面积的补贴额按照每吨补贴额与平均单产确定，这里的单产是农场主所在地区的平均产量。农场主享受补贴的土地面积按其实际耕种面积计算，但每种产品的补贴总额是按照基础面积确定后保持恒定的，因此，实际耕种面积越多的农业生产者，单位面积补贴额越少。二是休耕补贴。欧盟的休耕分为两类，一类为强制休耕，另一类为自愿休耕，标准为谷物总产量。谷物总产量小于或等于 92 吨的农场，享受自愿休耕；而谷物生产总量大于 92 吨的农场，则必须强制休耕。无论是强制休耕还是自愿休耕，在休耕期内，农场主享受与谷物同等的面积补贴标准。第三，日本长期以来的农业政策为大额补贴，其补贴常超过农业产值，如 2000 年日本农业补贴占国内生产总值的 1.4%，而农业产值仅占国内生产总值的 1.1%。日本农业生产与美国、欧盟不同，单位可耕地面积小，属于小农生产经营体制，日本农业的长期稳定、可持续发展，主要依靠政府财政对农业发展的保护和高度重视。日本农户收入有一半来自政府的补贴，由于坡耕地较多，日本的山区、半山区的直接支付制度是农户补贴的代表。该制度规定，农户的在 1 公顷以上毗连成块的耕作面，如果再满足水田坡度大于 20 度或旱田坡度大于 8 度以上，就可以获得补贴。另外，有坡度的人工草地，也可以获得补贴。日本农业补贴除了弥补农业行业比较劣势外，还包括减少和避免撂荒、防治水土流失和保护生物等。

4）我国财政农业生产补贴存在的问题

我国从 2002 年开始农业生产补贴计划，且补贴项目和金额逐年增加，但由于农业人口众多，农业生产尚未理顺，实际实现的农户增收依然有限，其主要问题表现在以下几个方面。

（1）财政总支出增大，农户收入增加不明显。前文在整理补贴发展历程中已做过分析，以粮食直补为例，2010 年，仅中央财政补贴款就已达到 204 亿元，较之 2009 年的 154.8 亿元，增幅为 31.78%。但如果将粮食补贴平均分配到每个接收补贴农户后，指标仅约为 100 元/亩，如果农户经营地块小于 5 亩，补贴收益对增加农户农业投资作用有限。以农业大省河南省和黑龙江省为例，2013 年，洛阳市粮食直补平均每亩补贴 11.68 元，农资综合直补实行全省统一补贴标准每亩 96.74 元，两项相加为 108.42 元。2013 年，牡丹江市粮食直补和农资综合补贴两项总和仅为 69.53 元（表 7-1）。从各地区历年指标来看，补贴额度整体处于增长状态，但增幅并不明显，个别市县部分年份增幅较高，但往往基数较小，如牡丹江市 2012~2013 年增长了 18.77%，但 2012 年补贴额度仅为 58.54 元。表 7-2 显示 2004~2012 年河南省泽州县补贴标准变化，其中，综合补贴项目增加较快，但户均额度最高的 2012 年，以小麦生产为例，农户每亩能够获得的补贴为 85 元。这就说明，在我国农业人口总量仍然接近 50% 的情况下，仅依靠农户农业生产补贴提高农户收入是不现实的。农户投融资更多地需要通过直接的、低成本的贷款增加资金供给，仅仅通过间接补贴无法解决根本问题。

表7-1　2013年部分地区农户户均农业生产补贴

地区	粮食直补/元	农资综合补贴/元	合计/元	上年增长率/%
山东省莱芜市	15.00	110.00	125.00	4.20
河南省洛阳市	11.68	96.74	108.42	7.40
黑龙江省牡丹江市	13.30	56.23	69.53	18.77
山西省祁县 1)	10.00	75.00	85.00	
河北省平均	9.89	76.62	86.51	
四川省平均	11.40	108.30	119.70	

1）为小麦补贴标准

资料来源：根据各地政府网站公布数据计算整理

表7-2　河南省泽州县粮食补贴历年补贴标准　　　　　　　单位：元/亩

补贴类型	补贴对象	2004 年	2005 年	2006 年	2007 年	2008 年	2009 年	2010 年	2011 年	2012 年
粮食直补	小麦	10	10	10	10	10	10	10	10	10
	玉米	5	5	5	5	5	5	5	5	5
	谷子		5	5	5	5	5	5	5	5
	其他				5	5	5	5	5	5
	薯类									5
综合补贴	小麦			10	20	51	51	51	55	75
	玉米			7	14	35	35	35	38	55
	谷子			7	10	35	35	35	38	25
	其他			5	10	35	35	35	38	25
	薯类									55

资料来源：泽州县阳光农廉网，http://zezhou.jcnl.gov.cn/html/news_20121022105856.html

（2）工作量大，成本高。农户农业生产补贴涉及千家万户，且我国农户平均耕地面积小，粮食补贴款需要按照上一年度实际耕种面积计算，每一年种植面积可能不同，需要基层财政人员逐年、逐户登记，需要大量人力物力，数据整理工作琐碎、繁重，特别是对于交通不便的偏远山区，工作量就更大了。调研中发现，基层财政工作人员严重短缺，无法满足工作的需要，常有几个村由同一个管乡员负责。另外，管乡员收入本身不高，工作积极性不强，有些管乡员常把补贴工作委托村干部管理，这非常不利于统计的严肃性和准确性。

（3）补贴到户监管有难度。由于粮食补贴是以实际从事农业生产为标准进行补贴，农户耕种土地面积以实际从事农业生产作业为准，对于抛荒的土地，即使农户有承包经营权，也是无法获得补贴款项的。但实际判断过程中，还是有难度的。甚至个别地区出现虚报农户、虚增耕地面积的欺诈现象。洛阳市伊滨区（原偃师市）李村镇元沟村就曾出现盗用村民身份，骗取国家粮食直补款的案件。当地群众反映，从 2007 年开始，有人冒用元沟村村民身份，办理粮食直补手续，骗取国家粮食直补款。其中一人袁某，2007 年 6 月 13 日在偃师信用社李村分社开户办理粮食直补"活期一本通"，获得第一笔补贴为 725.52 元粮食直补款；2008 年 4 月 26 日收到粮食直补款 1 309.24 元；2009 年 3 月 8 日，收到粮食直补款 1 435.95 元；2010 年 3 月 10 日，收到直补款 2 038.26 元；2011 年 12 月 6 日，收到 465.5 元直补款；2011 年 2 月 28 日收到粮食直补款 1 963.29 元；共计骗领 7 937.76 元补贴款。另外，还有李某等 3 人也以相同的方式骗取不等的款项。群众举报反映，5 年时间里，元沟村用假名骗领国家粮食直补款累计达 5 万元。该案例充分说明政府必须对补贴款项进行监管，没有系统的管理，不利于财政补贴款项的安全。

2. 财政农业保险补贴

1）财政农业保险补贴的因由

农户财政间接投融资的第二种方式是财政补贴农业保险，进而为投保农户降低保费，实现农户有风险保障的投资，并相对增加农户投资资金量。财政补贴农业保险是世界各国在农业生产经营过程中的理性选择，主要起因于农业的高风险的特征。与其他产业相比较，农业生产具有所有行业面临的共同风险，如自然灾害、人为意外、市场变化等，但农业生产遭受上述风险的量和度均大于其他产业。农业出险概率高、损失大，必然产生高于其他产业的保险费率。例如，其他产业的生产主要在室内，而农业是露天生产；其他产业作业面小，农业作业面大；其他产业一般不涉及生物风险，而生物风险是农业面临的一种主要风险形式；其他产业产品没有生命特征，便于管理，而农业产业是以生命为产品，一旦市场出现问题，调整和转产都是非常困难的；农业不仅面临火灾，还面临污染、投毒等人为风险。以上种种农业风险充分说明，在农业生产效益较低的情况下，农户没有能力足额承担农业保险费，且商业保险经营者在逐利目标的导引下，更倾向于选择其他产业而非农业作为险种安排。但农业作为基础产业的地位是无法改变的，农业保险需要财政补贴保障其正常运营。另外，农业保险需要补贴还与农业保险品的准公共品特征直接相关。庹国柱和王国军（2002）、陈璐（2004）等在研究中均假定农业保险属于介于私人物品和公共物品间，更多地趋于公共物品的产品形式。农户通过投保农业保险，分散自身经营中的农业经营风险，保障收入的稳定，但该行为具有明显的外部性特征，农户的投保行为客观上对农业再生产的顺利进行和国民经济稳定发展起到积极的保障作用。同样的，作为保险人的保险公司在业务经营中提供农业保险品，占领农业保险市场，取得相应利润，但客观上也发挥了为基础产业——农业提供保障，进而达到各个产业均获益，促进国民经济稳定发展的宏观效果。农业保险具有广泛的正外部性收益，而农业风险及保险成本完全由农户和保险公司承担，在理论上不符合经济主体理性选择的前提假设，在实际市场行为中，也不符合双方作为经营主体的目标选择。因此，在农业风险高、农业保险费率高、农业保险赔付率高的"三高"情况下，必然需要财政对农业保险的补贴。

2）财政农业保险补贴的发展历程及现状

2004 年，中央一号文件提出国家应"加快建立政策性农业保险制度，选择部分产品和部分地区率先试点，有条件的地方可对参加种养业保险的农户给予一定的保费补贴"。这标志着我国开始政策性农业保险补贴的制度安排。农业保险补贴主要包括保费补贴和管理费补贴两个部分，即对农业保险的供需双方进行补贴，主要大额度补贴开始于 2007 年。2007 年，中央财政列支 21.5 亿元补贴款，一个是在内蒙古、吉林、江苏、湖南、新疆和四川 6 省区进行扩大试点，对玉米、水稻、小麦、大豆、棉花 5 种农作物的保费补贴；另一个是对 22 个中西部省区的能繁母猪的保费补贴。此后不断增大补贴地区、金额、品种和比例。2008 年承保的品种增加花生和油菜，2009 年又增加育肥猪和森林 2 个品种，之后逐年增加，2012 年，补贴品种达到 15 个（表7-3）。2012 年 1 月，财政部发文并选择在四川、内蒙古、安徽、江苏 4 省区开展农业保险保费补贴绩效评价试点工作。2012 年 9 月，中央财政安排拨付 2012 年农业保险保费补贴资金 95.5 亿元，比 2011 年增长 43.2%，带动农业保险提供风险保障逾 5 000 亿元。2007~2011 年，中央财政拨付农业保险保费补贴资金年均增长 45.8%。2007 年以来，中央财政已累计拨付农业保险保费补贴资金 357.6 亿元，带动农业保险累计提供风险保障逾 2.8 万亿元。2013 年农业保险保费补贴预算指标 56.6 亿元，同比增加 16.7 亿元，增长 41.9%。2013 年，农业保险保费补贴绩效评价试点省份继续增加，由原来的 4 省区增加到 10 省区，包括山西、内蒙古、黑龙江、江苏、浙江、安徽、湖北、湖南、海南和四川，鼓励其他省（区、市）结合本地实际探索试点。2013 年 3

月 1 日起施行的《农业保险条例》确定对符合规定的农业保险由财政部门给予保险费补贴，并建立财政支持的农业保险大灾风险分散机制的原则。2007~2012 年，我国农业保险保费收入分别是 51.84 亿元、110.7 亿元、133.9 亿元、135.7 亿元、173.8 亿元和 240.6 亿元，分别是 2006 年没有实施保费补贴政策时 8.46 亿元的 6.13 倍、13.09 倍、15.83 倍、16.04 倍、20.54 倍和 28.44 倍（图 7-4）。其中，2012 年农业保险保费收入较 2011 年同比增长 38.4%，为 1.83 亿户次提供了 9 006 亿元风险保障，向 2 818 万户受灾农户支付赔款 148.2 亿元。

表7-3　2007~2012年农业保险补贴品种

年份	品种
2007	玉米　水稻　小麦　大豆　棉花　能繁母猪
2008	玉米　水稻　小麦　油料作物（大豆、油菜、花生）　棉花　能繁母猪
2009	玉米　水稻　小麦　油料作物　棉花　森林　能繁母猪　育肥猪
2010	玉米　水稻　小麦　油料作物　棉花　森林　马铃薯　青稞　能繁母猪　育肥猪
2011	玉米　水稻　小麦　油料作物　棉花　马铃薯　青稞　天然橡胶　森林　能繁母猪奶牛　育肥猪　牦牛　藏系羊
2012	玉米　水稻　小麦　油料作物　棉花　马铃薯　青稞　天然橡胶　森林　能繁母猪奶牛　育肥猪　牦牛　藏系羊　糖料作物

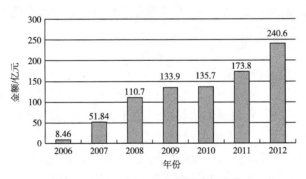

图 7-4　2006~2012 年农业保险保费收入

3）财政补贴农业保险的评价

第一，保费补贴比例达到国际水平。据庹国柱和朱俊生（2004）整理国外的情况显示，墨西哥的研究人员认为，在自愿投保的情况下，保费补贴低于 40%，农民不愿意参保；日本的平均补贴率、补贴额双高；美国从 20 世纪 40 年代以后，补贴额不断增高，现已接近日本水平，许多险种的保费补贴超过 50%；法国的政策性农业保险保费的补贴比例也达到 50%~80%。我国农业保险保费补贴是逐年增加的，至 2012 年，各级政府提供的保费补贴通常为保费的 80%，已经远超过国际保费补贴平均 44% 的水平。第二，保费补贴机制存在问题。财政对农业保险的补贴采用的是"倒补贴"的联动机制，即在农户保费缴纳和县级、市级、省级财政补贴到位后，中央补贴才会到账。该类补贴制度安排有利于调动地方财政的积极性，尽可能多地为农业保险的发展筹措资金。但在当前各地区经济发展水平、地方财政收入差异较大的情况下，可能出现最需要农业保险的地区，获得保险保障的范围和程度达不到农业保险发展要求的现象。这主要与农业保险补贴直接与县级政府财力有关，而很多农业大县常常也同时是财政穷县，基层政府主要依靠上级的转移支付运转，县财政为农户提供保费补贴的能力有限。2008年，农业保险政府财政补贴未到位资金为10.48亿元，约占当年保费的10%。2010年该情况有所缓解，但各级财政补贴未到位资金仍然达到5.09亿元，占应到位资金的5.01%。第三，补贴品种少、覆盖区域小。2012年，中央财政补贴的农业保险品种包括玉米、水稻、小麦、油料作物、棉花、马铃薯、青稞、天然橡胶、森林、能繁母猪、奶牛、育肥猪、牦牛、藏系羊和糖料作物，共15种，其中农作物为9种。而美国有150余种农作物能够获得补贴，我国农作物保险补贴覆盖率仅约为其6%的水平，这与我国农作物百余种的总数量也是不匹配的。另外，保险补贴覆盖区域面积还存在偏低的情况，以种植业为例，2010~2011年，承保主要粮油棉作物面积分别约占全国播种面积的35%和33%，即仅有1/3左右是处于保险补贴的范围内。此外，财政补贴农业保险还存在保障水平较低、区域差异不明显等问题，但总体而言，农业保险补贴制度能够提高农户抗风险能力，增强农业投融资能力，意义重大。

3. 财政农村金融补贴

1）财政农村金融补贴现状

自2008年以来，农业银行、农村信用合作社、村镇银行等金融机构对农村融资量较2006年以前有明显的增长，但由于农村资金需要量非常高，在合作金融支撑乏力的情况下，无法满足农户的需要。2009年，财政部以财金〔2009〕31号发布《中央财政新型农村金融机构定向费用补贴资金管理暂行办法》，"对上年贷款平均余额同比增长，且达到银监会监管指标要求的贷款公司和农村资金互助社，上年贷款平均余额同比增长、上年末存贷比高于50%且达到银监会监管指标要求的村镇银行，按其上年贷款平均余额的2%给予补贴"。2010年5月18日，财政部又颁发财金〔2010〕42号《中央财政农村金融机构定向费用补贴资金管理暂行办法》，旨在促进金融机构增加对农村的贷款。该办法对农户融通商业资金意义重大，原因在于该办法规定，符合规定条件的村镇银行、贷款公司、农村资金互助社等新型农村金融机构和基础金融服务薄弱地区的银行业金融机构（网点），可以享受中央财政按照贷款平均余额一定比例给予的定向费用补贴。具体操作中，与财金〔2009〕31号相似，"对当年贷款平均余额同比增长的且达到银监会监管指标要求的贷款公司和农村资金互助社，当年贷款平均余额同比增长、年末存贷比高于 50%且达到银监会监管指标要求的村镇银行，按其当年贷款平均余额的 2%给予补贴"。而对于基础金融服务薄弱地区的银行业金融机构（网点），按其当年贷款平均余额的 2%给予补贴，已经获得补贴的新型农村金融机构不重复享受补贴。补贴资金于下一年度拨付，纳入金融机构收入核算。金融机构按年向县级财政部门申请补贴资金，具体操作中，根据全国金融机构当年贷款平均余额预测和规定的补贴标准，安排专项补贴资金，列入下一年度中央财政预算。中央财政每年向省级财政部门拨付补贴资金，各级财政部门应当按规定转拨，由县级财政部门向金融机构拨付。各金融机构按照国家财务会计制度和财政部规定的补贴比例，计算贷款平均余额和相应的补贴资金，向县级财政部门提出申请。在县域内具有法人资格的金融机构，以金融机构法人为单位申请；其他金融机构在县及县以下的分支机构，以县级分支机构为单位汇总申请。各金融机构应当于下一年度 2 月 20 日前，向县级财政部门报送补贴资金申请书及相关材料。各金融机构能够获得多少补贴需要经过考核，表 7-4 列示了部分村镇银行获得中央财政补贴款的情况，该补贴不仅有利于村镇银行为农户提供融资款项，同时有利于提高村镇银行资产的质量。

表7-4　2009~2013年部分村镇银行获得定向补贴情况表

时间	补贴对象	金额/万元
2009 年	吉林省磐石融丰村镇银行	120
2010~2011 年	浙江省舟山市岱山稠州村镇银行	483
2011 年	江苏省靖江润丰村镇银行	625.02
2011 年	山东省威海市乳山天骄村镇银行	85
2012 年	浙江省舟山市岱山稠州村镇银行	904
2012 年	海南省海口市苏南村镇银行	144.53
2013 年	江西省万年县黄河村镇银行	187

　　农户小额信贷业务是目前农户融资的主要形式，政府主要通过向开办该类业务的金融机构进行费用补贴和利息补贴，除了针对金融机构的定向费用补贴资金外，还有财政贴息贷款。表 7-5 是 2011~2012 年，湖北省远安县农村合作银行洋平支行生猪小额贷款财政贴息资金公示信息，其中，月补贴基准利率为 0.51%，对于鼓励和引导农村金融机构加大农户授信，满足农户投融资有着积极的意义。类似的小额信贷补贴还有其他形式，如自 2009 年 1 月 1 日起，除东部七省市以外的中西部地区金融机构对符合条件的农村妇女新发放的微利项目小额担保贷款，可以获得中央财政据实全额贴息，但已经发生逾期和展期的贷款人不能享有。对于中华全国妇女联合会推荐的借款人，财政部门与人力资源和社会保障部门要督促经办担保机构和金融机构简化程序，缩短审批时间，尽快办理担保和贷款发放手续。

表7-5　2011~2012年湖北省远安县农村合作银行洋平支行生猪小额贷款财政补贴一览表

姓名	贷款金额/元	起止时间	已还利息		实际补贴月数	补贴金额/元
			时间/月	金额/元		
梁××	50 000	2011年8月18日~2012年8月18日	12	5 822	12	3 060
周××	50 000	2010年8月24日~2011年8月24日	12	5 821	12	3 060
杨××	50 000	2011年8月12日~2012年8月12日	7	1 984	7	1 785
徐×	50 000	2012年1月6日~2014年1月5日	11	5 946	11	2 805
李××	50 000	2011年10月18日~2012年10月18日	3	1 463	3	765
李××	10 000	2011年11月4日~2012年11月4日	10	1 188	10	510
金×	30 000	2012年2月20日~2013年2月20日	13	4 329	12	1 836
向××	50 000	2012年4月9日~2013年4月9日	6	3 134	6	1 530
艾×	50 000	2011年8月18日~2012年8月18日	7	3 473	7	1 785
杨×	30 000	2010年5月17日~2012年5月17日	13	3 651	12	1 836
杨×	50 000	2012年5月8日~2013年5月8日	4	1 435	4	1 020
杨××	50 000	2011年10月17日~2012年10月17日	12	8 205	12	3 060
杨×	50 000	2012年3月26日~2013年3月26日	6	2 944	6	1 530
杨××	10 000	2011年5月25日~2012年5月25日	8	827	8	408
杨××	150 000	2010年9月29日~2012年9月29日	15	15 255	12	8 000
杨××	19 000	2012年1月13日~2013年1月13日	7	1 820	7	678.3
郑××	50 000	2012年7月27日~2013年7月27日	7	3 694	7	1 785
杨××	20 000	2012年4月17日~2013年4月17日	14	3 025	12	1 224
程×	30 000	2011年8月19日~2012年8月19日	14	4 646	12	1 836
张×	30 000	2010年4月10日~2012年4月10日	6	1 959	6	918
张×	50 000	2011年9月16日~2014年9月16日	12	7 504	12	3 060
张×	150 000	2011年10月12日~2014年10月12日	6	12 324	6	4 590
周××	50 000	2010年8月27日~2011年8月27日	12	3 513	12	3 060
任××	50 000	2011年10月13日~2012年10月13日	6	26 992	6	1 530
李×	30 000	2011年10月17日~2012年10月17日	12	3 669	12	1 836
谢××	30 000	2011年10月16日~2012年10月16日	9	2 704	9	1 377
杨××	50 000	2011年8月18日~2012年8月18日	7	3 837	7	1 785
杨××	20 000	2011年4月19日~2012年4月19日	8	1 796	8	816
杨××	50 000	2012年4月10日~2013年4月10日	15	7 695	12	3 060
杨××	20 000	2011年4月19日~2013年4月19日	17	3 792	12	1 224
杨××	50 000	2011年4月1日~2013年4月1日	12	6 000	12	3 060
杨××	20 000	2012年5月8日~2015年5月10日	12	1 780	12	1 224
曾×	200 000	2011年9月16日~2013年9月16日	15	26 513	12	8 000
李××	100 000	2012年3月8日~2013年3月8日	6	6 150	6	3 060
谭××	50 000	2012年3月12日~2013年3月12日	9	4 980	9	2 295

注：原资料为实名，笔者引用时隐去

资料来源：远安县畜牧兽医局，http://xm.yuanan.gov.cn/art/2012/12/25/art_1136_219360.html

2）财政农村金融补贴的评价

从 2009 年的《中央财政新型农村金融机构定向费用补贴资金管理暂行办法》到 2010 年的《中央财政农村金融机构定向费用补贴资金管理暂行办法》，财政对农村金融机构支持农户及农村经济发展的政策导向非常清晰，旨在增加农村贷款对农村资金供给量的增长。2012 年，中央财政拨付补贴资金 23.27 亿元，同比增长 125%。截至 2012 年年底，中央财政已累计向全国 2 249 家农村金融机构拨付补贴资金 36.21 亿元。从最近 5 年的金融机构农户贷款与涉农贷款的统计量来看，该手段对农户投融资的意义不明显，更多的金融机构选择涉农贷款而非农户贷款。以村镇银行为例，全国各地普遍存在重视中小企业贷款、轻视农户贷款的现象。设在城市的村镇银行主要授信对象是中小企业，设在县城的村镇银行，由于有农业授信指标的硬性规定，通常采用增加涉农贷款的方式增加农村资金供给总量，而直接的农户贷款发展速度不快。涉农贷款涉及范围较大，很多情况下是农村金融机构打"擦边球"的区域。按照中国人民银行调查统计司的通常口径，涉农贷款按用途划分包括农林牧渔业贷款和其他涉农贷款两部分。农林牧渔业贷款是金融机构发放给各主体进行农林牧渔业生产的贷款，包括农业、林业、牧业、渔业贷款及农林牧渔业服务业贷款。其他涉农贷款是指金融机构发放的除农林牧渔业之外的各项与农业有关的贷款，包含金融机构发放给企业和各类组织用于支付农业产前、产中、产后各环节及农村基础设施建设的各类特定用途贷款，主要有农用物资和农副产品流通贷款、农村基础设施建设贷款、农产品加工贷款、农业生产资料制造贷款、农田基本建设贷款、农业科技贷款，还包括促进农村地区经济发展的贷款，如县域地区的房地产贷款、建筑业贷款、除农林牧渔业贷款之外的农村个体户贷款等。涉农贷款的大概念、大范围性还可以通过承贷主体的划分得到体现。涉农贷款包括个人涉农贷款、企业组织的涉农贷款两类。其中，个人涉农贷款包括农户贷款和非农户个人农林牧副渔贷款。农户贷款包括农户生产经营贷款和农户消费贷款，农户生产经营贷款包括农户用于从事农林牧渔业生产活动的贷款和农户用于第二、第三产业活动的其他生产经营贷款；农户消费贷款泛指发放给农户直接满足自身吃、穿、住、用、行、医疗及学习等需要的贷款，如助学贷款、医疗贷款、个人构建住房贷款等。企业组织的涉农贷款包括农村企业涉农贷款、城市企业涉农贷款和各类非企业组织涉农贷款。按照该统计口径，从 2007 年 12 月到 2012 年 12 月，涉农贷款增长幅度远快于农户贷款，无论是总额增长还是相对额的增长，都表现出相同的特征。2008~2012 年涉农贷款余额较上一年度同比增长依次为 20.8%、32.1%、28.9%、24.9% 和 20.7%，同期农户贷款数据为 16.4%、32.7%、29.4%、19.1% 和 15.9%，仅有 2009 年、2010 年两个年度农户贷款余额同比增长略高于涉农贷款余额，分别为 0.6 百分点和 0.5 百分点，其他各期都是涉农贷款余额增长比率高于农户贷款余额，且高出比率较多，如 2011 年和 2012 年分别为5.8百分点和4.8百分点（表7-6、图7-5和图7-6）。

表7-6　2007~2012年涉农贷款与农户贷款增长比较

年份	涉农贷款			农户贷款		
	金额/亿元	各项贷款比/%	同比增长率/%	金额/亿元	各项贷款比/%	同比增长率/%
2007	61 151	22.0	—	13 399	4.8	—
2008	6 924	21.6	13.0	15 170	4.7	13.2
2009	91 316	21.5	32.1	20 134	4.7	32.7
2010	117 658	23.1	28.9	26 043	5.1	29.3
2011	146 016	25.1	24.1	31 023	5.3	19.1
2012	176 227	26.2	20.7	36 193	5.4	16.7

资料来源：中国人民银行农村金融服务研究小组. 中国农村金融服务报告2012[M]. 北京：中国金融出版社，2013

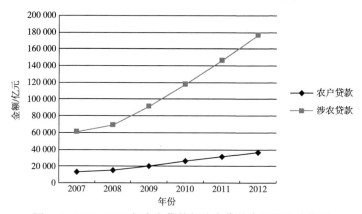

图7-5　2007~2012年农户贷款与涉农贷款余额增长趋势图

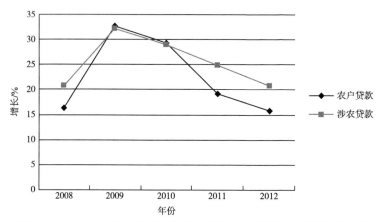

图7-6　2007~2012年农户贷款与涉农贷款占全部贷款比率增长趋势图

7.1.3　财政直接投融资分析

财政直接投融资是指财政不借助任何中间手段，而直接为农户提供资金融通的行为，目前各地试点中的扶贫互助协会是其主要表现形式。相对于通过粮食、保险和农村金融机构的间接投融资，财政直接投融资效率损失最低，能够为急需启动投资的农户提供低成本融资便利。且在当前农村人口仍然占总人口比例接近一半的情况下，财政间接投融资常表现出一定程度的低效率，如中央财政总粮食补贴连年增加，但籽种、化肥等生产资料价格也是连年上涨，财政补贴款更多的是为流通领域所侵蚀。农村金融机构为了获得补贴，相对更多地涉足涉农业务，而不是完全意义上的农村资金、农户资金注入。因此，在保持财政对农户的间接投融资的同时，应大力发展财政对农户的直接投融资，保证农户投融资的顺畅，从根本上解决农户收入、农村发展的问题。

1. 财政直接投融资现有制度安排

财政直接投融资制度安排与前文分析的农户合作投融资操作模式基本相同，是财政资金参与农户合作投融资的表现形式，是两者的有机结合，也称为合作社或者合作协会，但为了区分，通常增加"扶贫"两个字，如陕西省岚皋县龙安村扶贫互助资金协会、山东省莱芜市西峪河北村扶贫互助社和甘肃省景泰县上沙沃镇大桥村扶贫互助协会（简称大桥村扶贫互助协会）等，但在合作组织成员构成、资金使用范围等方面有区别性规定，如有的规定入社贫困农户要达到总贫困户的 90% 以上，有的规定贫困村持股者达 50 人以上。组建扶贫合作社还需要对合作组织成员进行类别划分，通常按照当地标准分为一般户、低收入户和绝对贫困户，对于绝对贫困户，都采用免交入社费，但同样享受基本权利的做法。低收入户按 50% 交纳入社股金，一般户全额交纳，最多不超过两份。扶贫互助资金在互助社内封闭运行，与普通互助社在成员资金需要得到满足后可以向社外授信不同，扶贫互助组织的资金仅能够在社内流转。扶贫互助组织一般互助金缴纳也较普通合作社更低，有些规定是 50元，低保户、五保户免缴。为了更好地保障贫困农户的权益，多数扶贫互助社的章程中还规定监事会成员中至少要有 1 名贫困户。为了实现财政辅助农户生产，实现农户顺畅投融资，扶贫合作社强调生产，资金一般应用于生产环节。例如，安徽省歙县岔口镇湖岭村扶贫互助社的章程中就明确规定，互助资金不得用于下列事项：①不得用于子女上学、治病、改善居住条件、违法生产、破坏环境、损公肥私和基础设施建设等其他非生产性项目及明显的亏损性生产项目；②不得抵扣贷款；③不得私分和平均分配。另外，其对贫困户的授信也有制度规定，如贫困户将优先获得资金，每一年度贫困户借款人数不低于入社贫困户的 50%，等等。对于每一个借款者，前期借款不还清，后期则不能借款。2010 年以后，采用扶贫互助协会方式的财政直接投融资制度开始在全国大面积推进，中西部贫困地区试点推进较快，如大桥村扶贫互助协会和广西壮族自治区巴马瑶族自治县西山乡福厚村扶贫互助协会（简称福厚村扶贫互助协会）。2010 年 6 月 26 日，大桥村扶贫互助协会成立，理事会成员 5 名，监事会成员 3 名。截至 2011 年 4 月，该协会共募集互助资金 36.77 万元，其中扶贫资金 35 万元，协会会员资金 1.77 万元，会员人数为 174 人。在成立后不到 1 年的时间里，大桥村扶贫互助协会扶持农户 138 户，累计贷款 49.7 万元，大部分互助资金投入洋葱产业。按当地生产成本计算，农户借款 5 000 元种植洋葱 4 亩，纯收入至少在 15 000 元以上。除了扶持洋葱产业外，贷款也用于发展其他种植、养殖、加工、销售和运输等生产经营性项目，户均增收 1 700 余元，受益人口 785 余人。截至 2011 年 4 月，累计借款到期金额达 25.9 万元，按期还款率 100%。截至 2013 年 6 月，大桥村扶贫互助协会共募集互助资金 83 万元，入会会员 192 人，比 2011 年 4 月分别增长了 125.73%和 10.34%。该扶贫互助协会长期坚持"民有、民管、民用、民收益"的运营原则，严格执行"农户申请、五户联保、管理机构审批、签订合同、放款"的授信程序，贷款金额以不超过 5 000 元为限，期限以不超过 1 年为限。福厚村扶贫互助协会成立于 2010 年，被列为巴马瑶族自治县两个贫困村互助资金试点单位之一，协会会员达 60 户，共 80 人，筹措资金达到 16.2 万元。福厚村是西山乡人口数最多、贫困人口数比例较大的行政村之一。按照开发扶贫的标准要求，全村共有 161 户 699 人被列为贫困对象，为全县扶贫整村推进的行政村之一。福厚村扶贫互助协会的成立旨在缓解贫困农户在发展生产中出现的资金短缺问题，通过整合本村生产要素，培育专业合作组织和新型农民，提高贫困群众自我组织、管理和发展能力。2010~2012 年，该协会为会员提供资金约达 15 万元，带动当地农户规模化养殖和种植。其中，香猪养殖大户养殖规模达 30 头以上有 25 户，甘蔗种植在 15 亩以上有 12 户，还有部分农户从事工商业生产，有一定规模的为 10 户。

2. 重庆市开县敦好镇青松村扶贫资金互助协会个案分析

1）重庆市开县敦好镇青松村扶贫资金互助协会组建背景

重庆市在直辖之初就有"大城市带动大农村"的口号，域内贫困地区较为广泛，经过多年的经济发展，贫困格局发生较大改观。农村绝对贫困人口数从 366 万下降到 45 万，降幅接近 90%。2007 年，重庆市开始村级扶贫资金互助试点，每个村安排 15 万元财政扶贫资金作为互助资金组织资本金投入，鼓励贫困村农户参与资金合作。从 2007 年扶贫资金互助协会试点开始到 2012 年 9 月，重庆市在 1 313 个贫困村开展互助资金试点，入社贫困户达 10 万户，累计借款额 2.8 亿元。在各区县中，开县贷款量全市最高，为 2 400 万元。2011 年 12 月底，重庆市开县互助资金组织已建立 65 个，涉及 31 个镇乡，70 余个贫困村，覆盖农户 28 773 户，约

9 万人，共发展会员 4 338 户，会员入会资金达 397.72 万元，国家投入财政扶贫资金 652.2 万元，互助资金总额达 1 049.92 万元。截至 2012 年 3 月 20 日，开县互助协会共扶持 2 934 户农户发展主导产业，累计发放贷款 2 029.28 万元，帮助农户实现整体增收 670 多万元，户均增收 2 280 余元。

2）重庆开县敦好镇青松村扶贫资金互助协会发展现状

2008 年 11 月，青松村扶贫资金互助协会成立，注册资金总额为 25 万元，其中财政扶贫资金 15 万元，村民股金 10 万元。村民通过自愿交纳每股 500 元的方式加入合作社，成为会员，在保证资金运行安全的前提下，可以从扶贫资金互助协会借款，用于发展农业生产。青松村扶贫资金互助协会规定农户单笔借款额度最高为 1 万元，相对于有些上限为 5 000 元的协会，额度是比较高的。经过三年的发展，到 2011 年 12 月底，入社会员达到 316 户，资金总额已达 70 余万元。青松村是重庆市级贫困村，没有支柱产业，在启动资金通过扶贫资金互助协会得到解决后，部分村民选择种植猕猴桃。村民尹某有土地 10 亩，希望通过扶贫资金互助协会贷款从事猕猴桃生产，获得 8 000 元贷款后，购得种苗 770 株，完成生产安排。扶贫资金互助协会利率为月息九厘六，每年需要支付 921.6 元利息。青松村扶贫资金互助协会是开县互助协会的典范，农户参与的积极性很高，资金流量较大，除扶持农户从事种植业外，也为农户从事养殖业提供资金支持。村民陈某经营生猪养殖，因市场不景气导致资金周转不灵，故从该协会借入 1 万元作为流动资金，使猪场扭亏为盈，除去偿还协会资金本息外，毛利收益 6 万余元。与农村信用合作社相比较，当地农户愿意通过扶贫资金互助协会获得资金，其主要优势是程序简单，资金到账快，只要是该协会所在村的村民，缴纳入会费，加上身份证件，选择一个家人以外的担保人，都可以在青松村扶贫资金互助协会获得贷款，进行生产，这比农村信用合作社的贷款快得多。青松村扶贫资金互助协会在实际资金运行过程中，还与其他合作社合作，帮助贫困户。例如，当地的猕猴桃生产已经形成一定的规模，2011 年，猕猴桃种植总面积 1 460 亩，整个生产期需要 3 年，每亩需要投入资金 1.5 万余元才会有收益。青松村扶贫资金互助协会与猕猴桃专业合作社合作，为农户提供扶贫资金，同时猕猴桃专业合作社也通过采用农户土地入股、民间资金入股等综合手段增加资金投入量，形成"专业合作社+扶贫协会+土地+资本"等综合系统性经营体系。对于贫困农户而言，能够参与专业合作社主要依靠的是扶贫资金互助协会的启动贷款，农户对扶贫资金互助协会的作用给予了充分的肯定。

3）重庆开县敦好镇青松村扶贫资金互助协会发展中存在的问题

青松村扶贫资金互助协会发展态势良好，其所在的开县也是扶贫互助资金做得最好的，总资金量达到 2 400 万元。与之形成鲜明对比的是在某些区县，如铜梁县，试点的 5 个村中有 3 个村贷款几乎是零。但就青松村扶贫资金互助协会的发展来看，也还存在制约因素，具体如下。

（1）总资金投入有限。

从目前青松村扶贫资金互助协会授信的最高额度为 10 000 元来看，其对于起步阶段的种植业生产，基本可以满足投资需要，但如果参与合作的会员进一步增加，单个会员能够融通的资金就相对要减少，如该协会通常经常性的贷款为 5 000 元和 8 000 元，能够贷到 10 000 元的很少。在扶贫总资金有限的条件下，农户如果需要相对充足的资金融通，仅仅依靠该类扶贫协会是远远不够的，还要与其他投融资方式配套使用。

（2）利率制度不够合理。

该扶贫资金互助协会的利率相对而言较高，与普通的商业小额信贷差别不大，年利率达到 11.52%。该利率对于急需资金，且资金需要总量不大的农户而言是可以接受的，但对于低收入，特别是绝对贫困的农户而言，成本还是高了些。其如果能够适当降低利率水平，对低收入农户和绝对贫困农户的投融资将更有意义。

（3）贷款授收不灵活。

互助资金通常采取整贷整还的方式发放，即扶贫资金互助协会对社员所贷资金采取一次性发放，同时，借款人的还款也采用一次性还款。该方式在业务操作上具有简单、低成本特点，但也存在一定的问题。一次性发放可能会产生的不良后果是资金被挪作他用而非农业生产，一次回收也可能产生有富余资金时不能偿还，需要偿还时，资金又出现不足的问题。由于农户从事的生产不同，资金投入的量也是不同的，如果硬性规定零借整还或者整借零还都会出现不利于部分农户的投融资安排。因此，建议可以考虑采用多种备选方案，即农户可以选择整借整还，也可以选择零借整还及整借零还等方式。

（4）绝对贫困户融资困难。

在扶贫合作协会中也存在一般资金互助社的问题，如青松村扶贫资金互助协会要求借款人通过一名担保人提供保证，才能够获得资金，但有些贫困户无法找到担保人，导致获得资金无望。对于该类农户需要有新的制度安排，如由合作社多名社员按一定比例为其联合保证，这样既能够实现贫困户融通资金，又能够减轻担保人的风险。

7.2　农户商业投融资制度分析

商业投融资制度是经济主体投融资的主要制度选择，即依据投融资标的价值确定投资收益和融资成本的商业行为。商业投融资以逐利作为主要目标，参与主体主要基于收益确定投融资行为。但农户作为一类特殊的实体，既具有生产性，也具有消费性，其商业投融资行为则可能基于利润和效用两个基点进行。同时，由于农户生产规范性较企业差，除少部分农户具有条件直接参与商业金融获得资金融通，更多的农户较难适应一般性金融制度安排，其商业投融资制度安排具有自身特点，即期限差异大、金额差异大及资金用途差异大。中国农户当前的主要商业投融资制度安排为正规金融机构提供的以小额信贷为主的金融服务，主要为农业银行、农村信用合作社、邮政储蓄银行、村镇银行、贷款公司等提供的各类商业信贷行为。为了与具有扶贫目标的公益性小额信贷相区别，农户通过正规金融机构获得的商业性质的小额信贷，我们称为商业小额信贷①。

7.2.1　小额信贷一般原理

1. 农村小额信贷的内涵

关于小额信贷的含义，目前尚没有统一的界定，简单的字面理解为额度低的信贷。国内的主流观点认为，小额信贷是一种专门向中低收入群体提供小额度和短期限的信贷服务活动；小额信贷是一种在特殊制度安排下，直接向贫困地区人口提供小额度的信贷资金和综合技术服务的特殊信贷方式；小额信贷由扶贫信贷制度演变而来，指专门针对中低收入群体的金融需求，制定的信贷机制及金融产品。小额信贷作为向低收入群体和微型企业提供的额度较小的持续性信贷服务，能够发挥金融的激励约束机制，改变传统的财政转移支付方式，是一种有效的金融扶贫方式。一般地，小额信贷可以定义为，在一定区域内，按特定的目标向贫困人口直接提供的小规模信贷资金及综合技术服务的信贷形式。由于小额信贷的服务对象主要是低收入者，就行业分布来看，特别是发展中国家，大量低收入者集中在农村地区，因此，小额信贷常常等同于农村小额信贷。具体定义农村小额信贷，可以从广义和狭义两个方面界定。广义农村小额信贷指的是服务对象为农业、农村和农民的小额信贷，而狭义农村小额信贷则仅指以贫困农民为服务对象，为农民基本生产和生活提供小额度信贷扶持的资金融通活动和金融扶贫活动。从中国目前农村金融发展和农村经济需要来看，使用广义农村小额信贷更为妥帖，即逐步弱化其扶贫功能，强调其融资功能。农村小额信贷的主要服务对象为农村中的工商个体户、小作坊、小业主、中小微型企业主、农户等，贷款的金额一般为 10 万元以下，即小额信贷主要以中低收入群体为特定目标客户，为特定目标客户提供符合其需求的金融产品与服务，基本特征为债务人常常无须提供抵押品，仅通过联保，甚至仅凭个人信誉即可取得贷款，并以借款人信用程度作为还款保

---

① 农村非正规金融提供的小额信贷也包括扶贫性质和商业性质两个类别。

证，具体包括以下几点（表7-7）。

表7-7 小额信贷相对于普通信贷的差异表现

差异	具体描述
服务对象特殊	低收入企业主、处于发展初级阶段的家庭企业、农户；没有正规会计核算的客户；特定地理位置的客户
业务操作灵活	数额较小、期限较短、利率较高
制度透明度高	现场调查、信用和现金流分析、高透明度

1）服务对象特殊

小额信贷以低收入者为主要服务对象，决定小额信贷操作与普通商业信贷存在明显差异。低收入者所需启动资金额度低，资金使用方向不明确，甚至存在生产资金与生活资金混用的现象。低收入者普遍缺乏抵押品，没有适合随时变现的房产、动产，如农户，除了自住房、农用机械、牲畜外，几乎没有适应金融机构需要的抵押品。鉴于此种特殊授信对象，小额信贷创新了融资方式，使之非常适应低收入者的需要。

2）业务操作灵活

小额信贷在具体操作中，灵活度高，常常为整借零还，每次还款额度低，可以减少还款的压力。且其采用整借零还的方式，还为投融资双方多次接洽创造条件，资金供给方对小额贷款使用人增进了解，可以跟踪其生产行为，降低授信风险。小额信贷贷款需要借款人定时定额持续储蓄，在部分发展中国家，对于没有储蓄意识的低收入者，客观上形成很好的约束，也能够使其建立良好的理财观念。

3）制度透明度高

典型的小额信贷是项目小额信贷，制度规定其业务活动必须完全公开，所有经营活动都要通过中心会议完成。小额信贷贷款项目的选择、发放、回收等活动完全在公开状态下进行，鼓励和组织低收入者参与信贷项目的选择、管理、监督和实施的全过程。而且其重视对低收入者的储蓄动员和组织，把对低收入者进行技术培训和支持视为实现目标的内在要求。小额信贷组织成员、关心小额信贷操作的出资人等可以随时查看小额信贷组织的账目。当然，对于正规金融机构的小额信贷，因为其有更严格的信贷制度作保障，在透明度上的要求相对低。

2. 农村小额信贷的产生与发展

小额信贷作为扶贫手段，早在15世纪的欧洲就有过类似的制度安排。但一般教材和学术著作都把第二次世界大战后发展中国家获得的项目扶贫作为小额信贷的开始。

1）初期探索阶段

第二次世界大战后，新独立的亚非拉发展中国家，基本上都面临着经济相对落后、农业为主要经济产业、缺乏工业技术、贫困人口比例较大及贸易劣势等问题。这些国家都存在大量的收入非常低下的农业生产者，该类人群无法获得外部资金扩大生产。于是，一些政府或者国际组织通过项目的形式为本国农民或者国外贫困人口提供信贷服务。该类资金的投放主要是通过国家的发展金融机构或合作组织，通常采用低息、无息的小额贷款方式，资金主要用于农业生产和技术的改造。该类贷款主要为贫困农户、小手工业者及其他小生产者提供资金，帮助该类弱势群体摆脱贫困。在初期探索阶段，由于项目实施低息贷款，收益无法弥补操作成本，必须依靠外部资金的不断注入来填补成本缺口，常常造成资金无法维继，许多项目发展的可持续性不足，且常无法达到预期效果。

2）逐步改进阶段

20 世纪 70 年代到 80 年代，陆续出现一些新型的改进的小额信贷组织或者小额信贷方式，如著名的孟加拉格莱珉银行（Grameen Bank，GB）和玻利维亚阳光银行（Bancosol）等。该阶段的小额信贷的主要目的依然是消除贫困，但要逐步实现制度化和一定程度的财务可持续。在该阶段也出现区域分化，亚洲小额信贷主要服务农村贫困人口，包括部分收入能力非常差的群体；而拉丁美洲的小额信贷则主要授信小企业，被称为"微型企业金融项目"，存在一定程度的对贫困农户排斥的现象。

3）持续发展阶段

20 世纪 80 年代末期以后，小额信贷项目或机构在原来仅提供贷款的基础上做了业务拓展，开始提供储蓄、保险和汇款结算等服务，成为更有利于贫困人口综合发展的金融形式。90 年代，小额信贷已经初步实现自主运作，贷款还款率高，借款人贷款承受能力也不断增强。小额信贷发展到该阶段，可持续性问题越来越得到重视，依靠外援式的低成本资金来源不可能长久，小额信贷机构开始纷纷尝试从金融机构或者储蓄中获得资金。拉丁美洲非政府组织的先行项目从商业银行获得资金，印度尼西亚的小额信贷机构通过储蓄筹集资金，成为成功的典范。两种操作方式使小额信贷机构投资和获得潜在客户的能力得到很大程度的提高，该阶段，部分小额信贷组织的资金扩大到初始资本的 2~3 倍。

4）多元发展阶段

21 世纪以来，小额信贷组织和机构的改革向纵深方向发展，金融服务功能更强，形式更加多元化，具体包括业务商业化、机构正规化和监管审慎化。

第一，业务商业化。信贷业务商业化指的是小额信贷组织和机构开始借鉴商业化金融机构的经营与管理，在业务对象和业务内容上都存在一定程度的拓展。业务对象上从完全的低收入者扩大到有一定偿付能力的资金需要者；业务内容从单一贷款扩大到现金提取、储蓄、保险、养老和抚恤及汇款等多种金融服务，且借款的形式更为多样，资金的来源也更多元，从存款、金融机构贷款，又进一步扩大到从资本市场融入资金。

第二,机构正规化。机构正规化有两大表现。其一,非正规小额信贷组织向正规金融机构过渡。为了更好地开展业务、实现财务可持续,部分 NGO 小额信贷组织开始向正规金融机构转变,如菲律宾农业与农村发展中心(Center for Agricultural and Rural Development,CARD)等。其二,则是正规金融机构开始经营小额信贷业务,如中国的农村信用合作社、中国农业银行等开始开办小额信贷。国际上,如著名的渣打银行,也通过提供小额信贷实现业务多元化。

第三,监管审慎化。由于小额信贷业务的拓展,同时也有部分正规金融机构开始开办小额信贷,因此,对小额信贷的监管也发生实质性变化。早期小额信贷主要采用项目式运营且一般不吸收存款,对其监管更多是非审慎性监管。但随着业务商业化、机构正规化,特别是小额信贷机构在吸收存款之后,对小额信贷的监管需要遵循审慎监管原则,防范潜在的风险。

3. 农村小额信贷的模式

小额信贷的经营模式随着时间的推移也不断地发生着变化,按照不同的分类方式分成不同的类别。常见的分类有按照经营机构不同分类,按照盈利模式不同分类和按照区域不同分类几种。按照经营机构不同,农村小额信贷分为非政府模式、批发基金模式、乡村银行模式、社区合作银行模式和正规金融机构模式。按照盈利模式不同,农村小额信贷分成福利模式和制度模式,前者强调扶贫,早期小额信贷属于此种类型;后者强调可持续发展,目前多数小额信贷,特别是正规金融机构小额信贷,属于该种类型。两者在服务对象、制度框架和授信方法上存在明显差异,主要对比如表 7-8 所示。按照区域不同,农村小额信贷常可分为亚洲模式、非洲模式和拉丁美洲模式。

表7-8　福利模式与制度模式的比较

对比指标	福利模式	制度模式
经营目标	增进穷人的福利	提供可持续金融服务缓解贫困
可持续性	不强	强
服务对象	还款能力弱的受益人	具有偿还能力的客户
制度框架	项目为主、机构为辅	机构
产品	贷款	存款、贷款、结算、保险
方法	提供确定的项目服务	开发适应用户需要的产品
效用	低成本资金帮助穷人	为生产者配置资源

1）亚洲模式

亚洲各国具有类似的东方文化意识，在反贫困的小额信贷模式选择中，多数开始阶段采用的都是孟加拉格莱珉模式，随着时间的推移和适应各自不同的发展需要，实际操作中也存在一定的差异。其整体特征为社会发展使命的定位和导向性比较强，强调在人口比较集中的农村地区开展金融业务，大多数机构只集中于贷款业务，只有少数机构提供多样化的金融服务。

第一，孟加拉模式。孟加拉是近代小额信贷的发源地，其小额信贷的基本框架属于典型模式。孟加拉小额信贷机构的成功典范是格莱珉银行，其属于非政府组织，贷款对象是最为贫困的农户，特别是贫困妇女，基本运行框架是采用无抵押、无担保、小组联保、分批贷放、分期偿还的方式。教材中的小额信贷基本理论主要介绍的就是孟加拉小额信贷。

第二，印度模式。印度小额信贷运作基本上与孟加拉格莱珉模式相同，其授信方式主要有自助连锁方式和连带责任方式。自助连锁方式是通过建立自助小组来实现的，自助小组一般由 15~20 人组成，组员无力偿还银行贷款时，依靠小组内部融资方式来解决。自助小组内部的融资资金来源是依靠内部强制性小额储蓄形成的。小组的成员依据小组的规模大小来决定每个月储蓄额为多少，一般每人每月 20~100 卢比不等。因此，银行根据小组的储蓄情况对其进行信用评级而给予授信。连带责任方式是通过建立联合负债小组来实现的。联合负债小组一般由 4~5 人组成，每个人都对组员的银行债务承担连带保证责任。在印度，能够办理小额信贷的机构是多样的，有银行、政府机关、非政府组织、专业的小额信贷机构等。

第三，马来西亚模式。马来西亚小额信贷也是从借鉴孟加拉格莱珉银行开始的，后来成为扶贫信贷组织 AIM（Amanah Ikhtiar Malaysia，即马来西亚伊克提亚公司基金理事会）为贫困的农户发放贷款设计的一套特殊信贷制度。AIM 有完善的组织机构，分为三个层次，即总部、地区办事处、分支办事处，并实行严格的监督管理体制。AIM 对基层外勤工作人员管理严格，要求其具有较高的文化素质和品行修养。AIM 人员正式上岗之前，要经过半年时间的严格培训、实习和考核。AIM 有一套有效的识别贫困户的方法，主要使用住房指数和收入指标进行考察。为了使小额信贷组织更高效率地工作，马来西亚设立了信用管理局，为小额信贷的发展提供有力的支持。信用管理局为小额信贷组织提供的客户信用参考，使小额信贷机构能够更准确地对客户信用进行筛选，对于维持小额信贷市场的稳定和有效防止农户及中小企业的过度借贷行为非常有效。

第四，泰国模式。泰国农村公路条件好，交通设施发达，银行网点遍布各个乡村的各个社区，农村小额信贷客户都能在半小时以内到达服务网点。因此，泰国小额信贷除了政府机构负责的部分外，以正规金融机构办理为主。2003 年，泰国政府专门成立委员会草拟小额信贷的发展计划，为低收入群体提供教育和培训，提高小额信贷自治组织的能力，建立小额信贷信用管理机构，审慎监管小额信贷的操作。泰国主要从事小额信贷经营的机构包括政府储蓄银行（Government Saving Bank，GSB）、农业与农业合作社银行（Bank for Agriculture and Agricultural Cooperation，BAAC）及泰京银行（Krung Tai Bank，KTB）。GSB 2001 年开始实施"人民银行小额信贷项目"，为无法从商业银行和正规金融机构获得贷款的小企业提供启动资金。BAAC 专门为农户和农业企业提供信贷服务，拥有农村客户 5 200 万人，占泰国农村人口总数的 92%。2004 年，KTB 也开始涉足小额信贷市场，不仅为贫困者提供贷款，同时也为其提供技术援助和培训。

2）拉丁美洲模式

拉丁美洲小额信贷与亚洲不同，主要起因于经济发展模式的差异。拉丁美洲微型企业就业人口占全社会就业人口的比重高，根据国际劳工组织（International Labour Organization，ILO）的资料，20 世纪 90 年代中期，拉丁美洲国家微型企业吸纳劳动力占总就业人数的约 50%。这一经济特点为其小额信贷的发展提供了具有明显特色的社会基础，就全球大区域而言，拉丁美洲开展可持续小额信贷的历史最长。其小额信贷机构通常由非政府基金会拥有，股东主要为非营利机构，信贷对象为低收入的微型企业主和家庭企业。拉丁美洲小额信贷模式的基本特征为无须抵押担保和正规贷款文件，根据贷款者的人品和现金流量对贷款者授信，贷款金额低、利率高、期限短、每周或隔周分期偿还。拉丁美洲小额信贷机构众多，如著名的玻利维亚阳光银行、哥伦比亚社会信贷所（Caja Social）、秘鲁自助银行（ACP/MiBanco）、安第斯信贷所（Caja Los An-des）等。

第一，小额信贷机构类型。拉丁美洲小额信贷机构包括三大类，即传统商业银行及金融公司、小额信贷机构和非政府组织。传统商业银行及金融公司是在小额信贷有利可图之后大量介入的，这是拉丁美洲不同于其他地方的一个特别之处。除该类原有的商业银行和金融公司，还有一类转型后的非政府小额信贷机构，如玻利维亚阳光银行，具备普通商业银行的全部特征，也是在普通商业银行法律规范下运行。小额信贷机构是办理小额信贷的典型机构，但因为性质不同，又有不同的类别划分。第一类为经特别批准的小额贷款机构，在小额信贷专设的法律下运行，不受普通商业银行法律规范。此类机构包括专门的小额信贷机构、信贷联盟及从属于当地非银行系统的金融中介。第二类为不受金融监管的小额信贷机构，其不得吸收存款，类似我国的小额贷款公司。非政府组织是拉丁美洲传统开办小额信贷的组织，不吸收存款，不受银行类金融监管。

第二，小额信贷模式特色。与亚洲及其他地区相比，拉丁美洲小额信贷最大的特点是利率高，多数拉丁美洲国家对小额信贷利率没有设置上限，小额信贷机构对利率设计拥有足够的主动权。商业银行或者小额信贷机构根据利润目标，设计利率标准，现有实践表明，拉丁美洲地区小额信贷利率是世界范围内最高的，可高达 40%~50%。拉丁美洲小额信贷开始很早，但从目前运行实际来看，其扶贫功能不断弱化。其一是过高的利率直接将部分低收入或贫困的目标客户排除在信贷服务之外；其二是拉丁美洲小额信贷机构多追求经营管理效率，商业化竞争使小额信贷机构的经营效率不断提高，更加不愿意为贫困人口提供金融服务，以降低其效率。拉丁美洲地区金融业开放程度高于亚洲，小额信贷市场的竞争程度同样高于亚洲，小额信贷机构为了自身的生存和利润增长，将服务对象转向相对较高的收入阶层而非弱势贫困群体。同样道理，小额信贷机构为了提高抗风险能力，更倾向于向客户提供较大规模的贷款，也必然会提高目标客户层次，而忽视甚至放弃为最贫困客户提供信贷服务的最初责任。商业银行进入小额信贷市场是拉丁美洲的一大特色，主要在于当地小额信贷的高收益率和低违约率。根据 1998~2000年的资料显示，拉丁美洲小额信贷机构整体回报率为 4%~6%，比商业银行整体 2%的回报率高，这也从另一个方面反映出拉丁美洲小额信贷的高利率和扶贫功能弱化的特点。

3）非洲模式

非洲作为最不发达的经济体，小额信贷的总体发育程度低，且运作成本较高。大多数非洲国家的共有特点是拥有银行账户的人数较少，在经济最为发达的南非，仅约一半的成年人拥有银行账户。在肯尼亚和尼日利亚，大多数的自我就业者无法享受银行的金融服务。非洲法语国家的小额信贷机构主体是信用合作社，英语国家小额信贷则主要是非政府组织办理。相对于亚洲和拉丁美洲，非洲国家小额信贷更难以开展，主要是因为多数非洲国家都存在程度不同的利率管制。随着当地小额信贷的不断发展，小额信贷服务质量也有所提高。肯尼亚的 Equity银行，南非的 Teba 银行等正规银行开始进入小额信贷市场。安哥拉有大量平均贷款额度在几十美元到几千美元的社团，在规模数量和风险控制方面比较成功。科特迪瓦有大量 NGO 组织为贫困家庭和妇女等提供额度为几十美元的低息贷款，满足了当地的经济发展需求。非洲小额信贷虽然发展较慢，但整体态势良好，主要特色如下。

第一，团体贷款。团体贷款是指小额信贷机构对团体贷放资金，团体对贷款的回收与偿还负责，以团体成员间形成的压力起到担保作用，减少小额信贷机构的交易成本，增加偿还率。其与我国的联保贷款相似，但有差别，以加纳为例说明。加纳团体贷款有多种形式，实际上是不同团体功能的运用。一是团体储蓄信贷计划（a group savings with credit scheme）。借款者先组成团体，在团体内部完成储蓄，形成储蓄资产池，之后使用储蓄资产池中的资金为贷款担保，获得小额信贷资金。二是团体和个人储蓄信贷计划（a group and individual savings with credit scheme）。在该类计划中，存在两个存款账户，即团体账户和个人账户，二者都可以作为贷款的抵押，团体存款为个人贷款提供附加担保，贷款最终由借款的个人偿还，但通过团体账户完成。该类计划贷款，由于有高额的抵押担保和团体的一致行为，小额信贷机构可以实现最小风险的目的。三是个人储蓄贷款计划（an individual savings with credit scheme），即团体接受个人储蓄，再以个人储蓄为保障获得贷款，分配给其成员，并承担收回贷款的责任。

第二，小额信贷机构与银行关系密切。非洲小额信贷机构与商业银行关系日益密切，是当地小额信贷的一大特色。小额信贷机构与银行基于不同的客户端，彼此合作、互为补充，两者从这种紧密的关系中实现共赢。与商业银行合作，小额信贷机构可以增加其获得金融服务的有效性，促进资产流动性管理；而银行与小额信贷机构的合作可以扩张客户群。这在于非洲商业银行与小额信贷机构原有市场分离，商业银行贷款与吸储多数来源于正规私营部门和政府，而小额信贷机构则主要来源于非正式经济中的贫困人口、农村家庭和小型企业主。以几内亚和贝宁为例，小额信贷机构作为商业银行的客户，可以获得存款利息与贷款便利。商业银行管理小额信贷机构的存款账户，且常提供资产流动性管理，如提供紧急信贷额度以应付现金短缺，可以减少非正常现金流相关的风险。另外，商业银行信贷设施的扩展允许小额信贷机构扩大其服务，即商业银行可以对小额信贷机构扩大信贷额度，但鉴于风险管理的需要，商业银行相对比较审慎。再者，银行与小额信贷机构成功地扩张各自服务范围，并取得规模经济效应，在控制成本的同时，两者共享网络，更有效地服务于广阔的客户群。

第三，差异监管制度。非洲小额信贷机构实施分类监管，不同发展阶段、不同类别机构，具体的审慎监管要求均有所不同。总体而言，适用于小额信贷机构的监管要求与审慎标准要比商业银行宽松，而针对新成立的和规模较小的小额信贷机构的审慎监管要求更少。当然，各国小额信贷监管机构有所区别，有些国家由中央银行或者财政部独立负责，有些国家由政府部门对各自牵涉的合作社负责。例如，贝宁有专门的小额信贷法律，而几内亚则由中央银行的指令来规制。加纳的农村信用银行适用商业银行法的审慎监管要求，而储蓄和信贷合作社则适用非银行类金融机构法。坦桑尼亚对小额信贷准入采用阶梯式结构，非银行类金融机构的注册资本低于银行类机构，同时鼓励已经取得牌照和受监管的银行发展和扩展其小额信贷业务（表7-9）。

表7-9　贝宁、加纳、几内亚、坦桑尼亚四国小额信贷机构的监管要求

监管指标	贝宁	加纳	几内亚	坦桑尼亚
最低资本要求		√	√	√
存款准备金	√		√	
资本充足率	√	√		√
总风险限制	√			

续表

监管指标	贝宁	加纳	几内亚	坦桑尼亚
单一借款人贷款限制	√	√	√	√
内部人贷款限制	√			
大额贷款总额限制			√	
流动性比率限制	√	√	√	√
非短期覆盖限制	√			
无担保贷款的上限				√
固定资产上限				√
非小额信贷业务上限	√			
准备金提取要求	√	√	√	√

资料来源：汪丽丽. 撒哈拉以南非洲国家小额信贷机构的发展及其对中国的启示[J]. 经济法论丛，2014，（1）：304-333

4. 小额信贷业务操作

1）小额信贷业务操作流程

（1）确定目标客户。

目标客户，即小额信贷服务的对象。小额信贷具有扶贫和可持续发展的双重目标，这决定了小额信贷所服务对象的特殊性，即需要小额资金的低收入人群。当前，小额信贷提供信贷服务的对象主要有中小企业、微型企业和农户等。

（2）明确抵押担保方式。

小额信贷抵押担保方式主要包括小组联保、直接担保、小组联保和直接担保相结合、其他形式的担保贷款、逐步增加款项等。小组联保是建立小组并由小组承担本组成员还款责任的贷款方式，小组成员相互担保各自贷款。小组联保是小额信贷最传统的和有效的担保方式，一般针对核心贫困阶层，多采用强制储蓄和连带小组间的压力进行担保。直接担保对小额信贷业务的抵押品要求更高，如使用土地、存款、租赁合同进行担保或者使用上述担保与小组联保相结合。例如，印度尼西亚人民银行需要小额信贷资金使用者提供土地担保。也有兼而有之的，既使用小组联保，也使用直接担保。例如，泰国农业与农业合作社银行对于低于10 万泰铢的贷款采用小组联保，而对于超过的部分则采用有形资产担保。有些小额信贷机构要求使用固定资产担保，如房屋和设施等，一般该类贷款的对象是没有参加关联小组的个人。逐步增加款项是提高贷款人信用的有利手段。如果贷款人能够在第一期及时还款，那么在下一个贷款周期则可以获得更高金额的贷款。很多银行和小额信贷机构都采用该种方式，如国际社区资助基金会的"村银行"为确保贷款安全，第一期先贷款 50 美元贷款，按期偿还后，下一期贷款金额增加到 250~300 美元。

（3）申请和借贷程序。

小额信贷申请程序力求简单，便于授受双方操作，各种表格清晰、简洁，便于工作人员解释和填表者使用，整个流程时间需要也短。例如，印度的自我就业妇女协会的申请表在一个页面中完成，贷款审批时间一个星期；印度尼西亚人民银行的小额信贷申请最长两周，二次贷款者只需要 2~3 天。我国正规金融机构小额信贷的申请程序如下。

第一，客户接待与申请受理。信贷业务部负责客户接待工作，主要负责解答客户的咨询，向潜在客户简要介绍贷款条件和信贷流程；对潜在客户的信誉进行初步判断，对符合条件的客户发放《贷款申请表》（表 7-10 和表 7-11）。

表7-10　个人小额贷款申请表参考格式

致：　　　　　　　　　　　　（贷款人）　　　　　　　　　编号：第　号

借款人基本情况	姓名		年龄		配偶情况	姓名		年龄	
	身份证号码					身份证号码			
	户口所在地					工作单位			
	现居住地					联系电话			
	家庭号码		邮政编码			月收入			
	工作单位					单位地址			
	职务		月收入			联系电话			
申请借款金额	人民币（大写）								
借款用途					还款来源				
还款期限	自　年　月　日至　年　月　日								
还款方式	1.到期一次性还本付息；2.分期（到期）还本，利息按　　支付								
担保方式	1.保证　2.抵押　3.质押				抵（质）押物名称				
申请人声明	本人提供的所有资料真实、有效，并愿意按照信用社规定办理贷款手续，保证按时还本付息								
本人同意	贷款机构可以调查本人的收入、财产及就业经历								
申请人签字：　　　　　　　　　　　　　　配偶签字：									
年　月　日　　　　　　　　　　年　月　日									

表7-11　小微企业贷款申请表参考格式

<table>
<tr><td rowspan="8">借款人基本情况</td><td>姓名</td><td></td><td>年龄</td><td></td><td rowspan="4">配偶情况</td><td>姓名</td><td></td><td>年龄</td><td></td></tr>
<tr><td>身份证号码</td><td colspan="3"></td><td>身份证号码</td><td colspan="3"></td></tr>
<tr><td>户口所在地</td><td colspan="3"></td><td>工作单位</td><td colspan="3"></td></tr>
<tr><td>现居住地</td><td colspan="3"></td><td>联系电话</td><td colspan="3"></td></tr>
<tr><td>家庭号码</td><td></td><td>邮政编码</td><td></td><td>月收入</td><td colspan="3"></td></tr>
<tr><td>工作单位</td><td colspan="3"></td><td>单位地址</td><td colspan="3"></td></tr>
<tr><td>职务</td><td></td><td>月收入</td><td></td><td>联系电话</td><td colspan="3"></td></tr>
</table>

<table>
<tr><td>企业名称</td><td>盖章</td><td>成立时间</td><td></td></tr>
<tr><td>注册资本</td><td>万元</td><td>联系地址</td><td></td></tr>
<tr><td>法人代表</td><td></td><td>职称</td><td></td><td>电话</td><td></td></tr>
<tr><td>联系人</td><td></td><td>职务</td><td></td><td>电话</td><td></td></tr>
<tr><td>技术领域</td><td colspan="5"></td></tr>
<tr><td>主营产品</td><td colspan="5"></td></tr>
<tr><td>上年度销售收入</td><td>万元</td><td>利税</td><td></td><td>万元</td></tr>
<tr><td>职工总数</td><td></td><td>研发投入</td><td></td><td>万元</td></tr>
<tr><td>开户银行</td><td></td><td>信用级别</td><td></td></tr>
<tr><td>申请贷款额度</td><td>万元</td><td>贷款期限</td><td></td></tr>
</table>

贷款用途:（可附页，按照以下提纲进行说明）

借款单位概况

项目概要

项目前期准备情况

项目进度安排与实施期限

项目投资预算及资金来源

社会效益（贷款前后对比）

贷款偿还计划（贷款抵押、担保或反担保措施）

　　第二，客户信用评估，又细分为若干步骤，即信用评价、实地调查工作、《信贷报告》撰写与审查、审议。

　　其一，信用评价。小额信贷机构的信用评价环节要和传统贷款一样遵循"5C"原则，即借款人品德（character）、经营能力（capacity）、资本（capital）、资产抵押（collateral）、经济环境（condition）原则，但具体审查时小额信贷与传统信贷有一定的差别，主要体现为以下几点：①首先考虑申请人的品性，其次才是还款能力；②若申请人为个人，评估时要将整个家庭的所有活动作为一个"经济单位"来确定其现金流；③在可能的情况下要求提供担保。与传统的担保相比，小额信贷担保更多用来证明申请人的还款意愿而非作为真正的第二块来源，并且其担保的范围更加广泛。

其二，实地调查工作。对于小企业贷款，小额信贷要进入企业现场实地调查，调查内容具体包括客户的基本情况、资产与负债状况、经营状况、生产现场及担保措施等，并做好工作底稿。

其三，《信贷报告》撰写与审查。客户经理（信贷员）经过调查后，认为不能贷款的，经部门经理、必要时经小额贷款机构主要领导同意终止该项目；若同意放贷，则负责撰写《信贷报告》。《信贷报告》经信贷部经理审核签字后，提交机构风险管理部审查，风险管理部应就该贷款项目的风险大小、可能性、担保措施的合法合规性等方面提出审查意见。风险管理部门在审查过程中，可以向经办人员提出质询或要求其补充材料，补充调查。

其四，审议。审议过程是指风险管理部审查通过后，再由贷款审批委员会开会审议。

（4）贷款审批与合同签订。

在贷款客户信用评估环节通过风险管理部门的项目，提交给贷款审批委员会审批。委员会根据已掌握的项目信息做出审批决策：讨论未通过的项目，由信贷经办人员通知客户；要求补充审查的，退回信贷部门补充调查；审议通过的项目，报机构信贷主管审批。经过机构信贷主管审批的贷款项目，进入合同的签订环节，这是小额信贷机构和客户确立债权债务关系的必要法律程序。信贷业务相关合同要由机构的法律事务部门审查后，小额信贷机构才能与客户签订贷款。

（5）贷款支付。

合同签订后，信贷人员负责办理贷款投放手续，并办理支付手续。同时，信贷人员应及时整理项目资料，移交档案管理人员保管。贷款支付以后，还要做好贷后监督和清理工作。

（6）贷款回收。

根据借款合同约定的还款计划、还款日期，借款人在还款到期日时，及时足额偿还本息，到此小额贷款流程结束。

2）小额信贷的还款方式

一般而言，小额信贷还款方式灵活，可以是定期还款也可以是灵活还款，对应的还款周期也就分为固定周期和灵活周期。通常较为严格的固定周期一般适用于核心贫困阶层，如孟加拉格莱珉银行及其他效仿格莱珉模式的小额信贷。该类贷款周期为一年，一般不允许提前还款，必须每周偿还固定额度的本息。灵活还款一般适用于正规金融机构，如周期可以是按月、按年，也可以长于 1 年，如 3 年。偿还方式可以是一次性偿还，也可以是分次偿还，以中国小额贷款公司小额信贷为例说明。小额贷款公司小额信贷还款方式有三种，分别是等息本额、阶段性等息本额、一次性还本付息。

（1）等息本额。等息本额是贷款期限内每月以相等的金额偿还贷款本息，也就是通常所说的等额等息的还款方式，其中，等额是指本金，等息是指利息。例如，借款额为 10 000 元，借款时间为 1 年，则等额是指在这 12 个月里，每个月需要偿还的本金为借款额/借款时间（月）=10 000/12≈833 元，利息为借款额×月综合利率=10 000×2.3%=230 元，则每月需要偿还的总金额为本金+利息=833+230=1 063 元。

（2）阶段性等额本息。阶段性等额本息是在贷款宽限期内只偿还贷款利息，超过宽限期后按照等额本息还款法偿还贷款。这个还款方式也就是宽限期内只偿还贷款利息不用偿还本金，超过宽限期后则如同等额等息的还款方式一样，利息加本金一起偿还。仍用上例，借款额为 10 000 元，借款时间为 1 年，宽限期为 6 个月，则前 6 个月每月只需要还利息 230 元，6 个月后每个月要偿还的本金为借款额/（借款时间−宽限期）=10 000/6=1 667 元，每个月利息为 230 元，则宽限期后每个月要偿还的总金额为本金加利息，一共是 1 897 元。

（3）一次性还本付息。一次性还本付息是到期后本息一次性偿还，利息和本金都在合同约定的还款日一次性结清，是最简单、最易理解的方式。仍用上例，本金+利息=10 000+10 000×2.3%×12=12 760 元，即共计偿付 12 760 元。

一般情况下，小额贷款公司常采用等息本额的还款方式，以增加资金的流动性，减少呆账坏账的可能性。

3）小额信贷的存款服务

小额信贷为了保证资金安全或借款人及时还款，通常都要求借款人存款，一般有存贷结合和先存后贷两种。存款服务包括强制性储蓄和自愿储蓄两种，强制性储蓄一般发生在小额信贷发展的早期阶段，此时，项目的金融操作能力不足，无论从项目整体目标还是从项目信用等级来看，都不具备吸收自愿储蓄的能力。通常，以核心贫困阶层为授信对象的小额信贷项目更多地选择强制性储蓄，如孟加拉乡村发展促进会，要求首次贷款申请人在贷款前 3 个月存入初始贷款额的 10%，同时要求小组成员在整个贷款期间内每周需要 5~10 塔卡的储蓄入账。

4）小额信贷的中心会议

中心会议是小额信贷模式的核心内容之一，所有小额信贷借款人均要参加。中心会议第一个功能是保证小额信贷操作的透明性，一切信贷活动都是在公开的中心会议中进行，可以避免小额信贷偏离服务目标，出现违反信贷纪律的行为。通过中心会议，各个贷款人能够了解其他成员资金的使用，实现相互监督，也能够加强对信贷过程的了解。中心会议能够为借款人参与到扶贫活动中提供便利，并使之通过自我管理实现自身能力的提高，同时，借贷资金的偿付也可以在中心会议上完成，降低管理成本。小额信贷中心会议是通过小额信贷的组织机构得以完成的。小额信贷客户组织一般包括个人、连带小组和乡村银行三种形式。孟加拉格莱珉银行采用连带小组模式，小组由 5 名左右的借款人员自愿组成，强调成员间的连带责任和互助责任。乡村银行模式则是由国际社区资助基金会于 1985 年在拉丁美洲小额信贷项目中创立的，相当于社区管理的存贷协会。乡村银行建立社区自我管理小组并组织成员存款，再以存款为抵押向商业金融机构申请贷款，满足成员的资金需要。自我管理小组的建立可以将社区和正规金融链接起来，一定程度上降低了因地理分散和人口密度低造成的农村信贷管理的高成本。

7.2.2 中国农村小额信贷发展历程与类型

1. 中国农村小额信贷发展历程

中国小额信贷的发展经历了 30 余年的探索、成长到逐步发展的过程，大致经历了以下几个不同的阶段。

1）早期项目阶段：1981~1992 年

中国最早接触小额信贷是在 20 世纪 80 年代初，联合国妇女发展基金通过中华全国妇女联合会分别于 1981 年和 1982 年在山东省和北京市针对妇女就业提供小额信贷。1984 年，国际小母牛项目在中国西部贫困地区资助人均收入低于当地平均指标的农户。1989 年，联合国人口基金会在甘肃省、青海省和宁夏回族自治区等地以妇女和农村贫困人口为主要服务对象提供生产滚动资金。20 世纪 80 年代末，IFAD 向中国提供改善农村低收入农户的粮食供给和提高营养水平的用于排灌系统、林业和基础设施等的资金援助。1992 年，香港乐施会在贵州省、广西壮族自治区和云南省等地的若干贫困县向农户提供购买畜种、改良饲养技术和提供防疫兽药服务等方向的小额信贷。

2）初期试点阶段：1993~1995 年

1993 年，中国社会科学院农村发展研究所在美国福特基金会和孟加拉格莱珉银行的资金支持下，将孟加拉格莱珉模式引入中国，真正揭开中国小额信贷的帷幕。1993~1994 年是项目筹备阶段，1994 年 5 月正式开始在河北省易县成立"扶贫社"并发放贷款。同年，茅于轼和亚洲开发银行首席经济学家汤敏在山西省临县龙头水村设立"扶贫基金"，实现自我管理，以小额信贷的方式资助老百姓就医、求学、生产等。1995 年，联合国开发计划署（The United Nations Development Programme, UNDP）和中国国际经济技术交流中心在全国 17 个省的 48 个县（市）推行小额信贷项目，开始以下岗职工为对象的城市小额信贷试点。该阶段的小额信贷基本按照孟加拉格莱珉模式，以半官方或民间机构实施，具体操作规则包括金额小、小组联保分期还款和实行中心主任与信贷员制。小额信贷严格按照孟加拉格莱珉模式进行，强调小额，第一轮贷款金额为 1 000 元，重复贷款额度不超过

3 000 元。由 5 人组成联保小组，每个星期还款和强制储蓄，这一点处理实际上与中国信贷习惯不同。分期还款的最大好处是分散风险，且能够及时发现可能的潜在违约。"扶贫社"选择以村为中心，在村中安排一位较有威望的村民担任中心主任，协助信贷人员，负责本村贷款相关管理工作。小额信贷机构的交易在村庄内部完成，信贷人员也是从当地村庄产生，降低客户交易成本。

3）政府介入阶段：1996~1998 年

中国社会科学院"扶贫社"在小额信贷业务上的成功引起了政府的高度重视，在国务院开发领导小组扶贫办公室的大力推动下，各省市开始将小额信贷作为扶贫项目进行区域试点。该阶段的明显特征是政府从资金、人力和组织方面推动小额信贷的发展。该时期，政府在推进小额信贷的过程中，也将国际援助基金和部分正规金融机构资金拉入小额信贷项目中。该阶段小额信贷发展较快的省区有陕西省、四川省、云南省、河北省、广西壮族自治区和贵州省，均是在政府大力推广下进行的。当然，政府资金的介入在部分地区改变了小额信贷的授信规则，出现了与小额信贷扶贫相背离的现象，如陕西省丹凤县接管了"扶贫社"在当地的试点，认为小额信贷发展中存在"速度不快，步子不大，资金不足"等缺点，把利率从 8% 直接降到 3%，结果导致严重亏损。但该阶段政府的探索还是有着非常重要的积极作用，为下一阶段正规金融介入小额信贷做了有益的尝试。

4）正规金融阶段：1999~2004 年

1999 年以后，中国人民银行首先将小额信贷引入农村信用合作社（包括农村合作银行和农村商业银行），开展小额信用贷款和五户联保贷款，标志着中国正规金融机构开始介入小额信贷领域。正规金融机构介入小额信贷，在小额信贷管理上与原来的 NGO 小额信贷和政府小额信贷都有所区别。农村信用合作社农户小额信用贷款，以农户信誉为保证，使用一户一份的农户贷款证，按照"一次核定，随用随贷，余额控制，周转使用"的管理办法进行，贷款期限通常为 1 年。这与一般项目小额信用贷款通过中心会议处理贷款，强制储蓄存在明显差异。农村信用合作社为了保证资金安全，在基层进行信用村（镇）建设，依赖基层政府，通过村党支部、村委会和社员，根据小额信贷贷款户占全部农户的比例和农户守信程度，开展评定信用村（镇）活动，对信用程度不同的村镇农户贷款实行分类管理。农户联保贷款与小组联保相似，但也有改进。农村信用合作社对农户自愿组成的联保小组发放贷款，采用"多户联保，按期存款，分期还款"的原则进行，联保小组由 5~10 户组成，承担连带保证责任。同时要求借款人在贷款前先向农村信用合作社存入不低于贷款额 5% 的活期存款，且单次贷款额度原则上以不超过当地农户的年平均收入为限。

5）多元推进阶段：2005 年以后

2005 年以后，中国小额信贷进入一个新的阶段，出现了多种机构共同经营小额信贷的新局面。在农村金融总体改革框架下，中国人民银行为适应农村金融市场开放的政策取向，在四川省、贵州省、陕西省、山西省、内蒙古自治区五省区展开商业性小额信贷试点，推进私人资本投资的商业性机构经营小额信贷。截至2010年年底，中国小额信贷公司达3 027家，新型农村金融机构达395家，其中村镇银行349家，贷款公司9家，农村资金互助社37家。同时，在该阶段，升格为银行的中国邮政储蓄银行发放贷款选择的主要定位就是包括小额信贷在内的小额贷款。之后中国农业银行、中国农业发展银行也开始经营各具特色的小额信贷，中国小额信贷在该阶段逐步过渡到普惠金融架构。

2. 中国农村小额信贷的类型

中国农村小额信贷的类型从前文发展脉络中可以清晰看出，包括以下三种，即NGO小额信贷、政府小额信贷和正规机构小额信贷。NGO小额信贷又因出资人地域不同，分为国际组织小额信贷和国内组织小额信贷；政府小额信贷是由政府机关，如各地扶贫开发办公室组建、管理的小额信贷；正规机构小额信贷是由银行、非银行金融机构及小额贷款公司发放的小额信贷，主要金融机构具体包括国家开发银行、农村信用合作社、农村合作银行、农村商业银行、中国农业银行、中国农业发展银行、中国邮政储蓄银行、农村资金互助社、贷款公司、村镇银行和小额贷款公司等。中国农村小额信贷类型架构如图7-7所示。

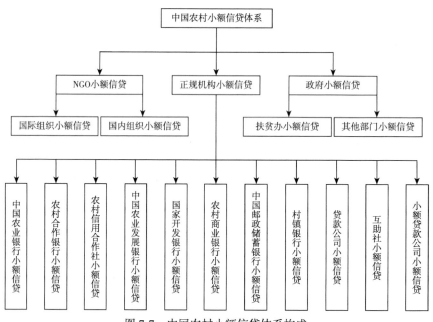

图7-7　中国农村小额信贷体系构成

1）NGO小额信贷

NGO小额信贷有两种业务处理方式，一类是专业小额信贷，一类是包括小额信贷在内的综合项目。项目小额信贷开始最早，在 1981 年就已进入中国，主要通过四种方式产生：其一，在国际国内机构组织支持下产生，如中国社会科学院的扶贫合作社就属于此种类型；其二，由小额信贷扶贫项目直接组建，如四川省仪陇县乡村发展协会和内蒙古自治区赤峰市乡村发展协会；其三，从小额信贷项目基础上派生出的非政府组织专业化小额信贷，如中国扶贫基金会的农户自立能力建设支持性服务社；其四，民间自发组织的小额信贷机构，如山西临县湍水头镇扶贫基金会。该类小额信贷是中国小额信贷中非常重要的一支力量，这些机构的服务遍布全国各地的贫困地区。目前，该类小额信贷机构接近 200 个，各机构资产质量和可持续性差异较大，基本属于公益性制度主义小额信贷机构。民间组织小额信贷的资金来源主要是国际多边和双边机构的援助和捐赠、世界银行等机构的软贷款等。

2）政府小额信贷

政府小额信贷基本操作与 NGO 小额信贷相似，基本是对 NGO 小额信贷操作的简化与调整，如基本保留小组联保、中心会议或中心主任制、分期还款和小额连续贷款的原则，适当调整贷款偿还期限，将自愿组合改为贫困人口组合，等等。政府小额信贷资金来源主要是扶贫专项贷款，早期操作是由扶贫机构自行组织完成，1999 年以后发生一定程度的改变。政府通过制定《中国农业银行"小额信贷"扶贫到户贷款管理办法（试行）》规定：小额信贷扶贫到户贷款，由贫困户与农业银行直接签订贷款合同，不得由任何中介组织承贷或转贷。此后，政府小额信贷更多的是通过金融机构完成。

3）正规机构小额信贷

开办小额信贷的正规机构很多，包括正规金融机构和小额贷款公司。但中国农业银行、中国农业发展银行的部分小额信贷业务属于政府扶贫资金性质，应归入政府小额信贷部分。正规机构小额信贷的典型构成如下。

第一，农村信用合作社贷款。农村信用合作社开展的小额信用贷款、联保贷款和抵押担保贷款属于正规金融机构小额信贷的典型，贷款年利率按中国人民银行要求在基准利率的 0.9~2.3 倍浮动，各个农村信用合作社的还贷率和可持续性存在差别。其资金来源主要包括中国人民银行再贷款、存款、财政补贴，含利息和运营经费。

第二，商业银行与中国邮政储蓄银行小额信贷。商业银行为小企业和弱势群体提供的小额信贷，额度每笔几千元到几万元不等，一般采用无抵押或灵活抵押贷款方式，资产质量良好，不良率在 1%以下。2006 年中国邮政储蓄银行成立，开始开展小额信贷试点业务。其开始为借款人存单质押，后期逐步发展成为小额信用贷款、联保贷款等多种形式。

第三，政策性银行小额信贷。国家开发银行和中国农业发展银行开展的小额信贷主要为批发性小额信贷。上述政策性金融机构把信贷资金批发给农村信用合作社、中国邮政储蓄银行及其他小额信贷机构。国家开发银行还通过向中安信业创业投资有限公司提供债券资金，使后者成为微小额贷款业务的助贷机构，建立共同的风险控制机制。国家开发银行 2007 年参与 7 家村镇银行的组建，2008 年参与组建鄂尔多斯市达拉特国开村镇银行，开展小额信贷业务。国家开发银行还创造了一种"国家开发银行+协会+企业（农户）"的贷款新模式，在海南省澄迈县和三亚市开展试点，效果良好。

第四，新型农村金融机构小额信贷。新型农村金融机构小额信贷主要是指村镇银行、贷款公司和农村资金互助社开办的小额信贷业务。其小额信贷业务在具体操作规程上与商业银行小额信贷相似。三类新型农村金融机构中，农村资金互助社的资金实力最弱，业务开展能力也弱于其他机构。

第五，小额贷款公司的业务。2005 年，只贷不存商业性质小额贷款公司正式出现，起初在中西部 5 省的 5 县建 7 个公司，后在全国推广。小额贷款公司不是金融企业，属于普通商业企业，但经营金融业务，因此，其开办的小额信贷业务属于非金融类正规机构小额信贷，与前 4 类金融机构小额信贷不同。但从目前的业务实践来看，其部分业务贷款额度较高，平均贷款额约 10 万元每笔，贷款利率也较高，贷款年利率平均大于 20%。

7.2.3　农户商业投融资制度的一般安排

当前，各主要金融机构提供的农户商业投融资服务名称各不相同，但业务同质化明显，均为小额信贷，主要以短期、小额为主要特征，期限 1 年居多，一般不超过 3 年，金额主要在 10 000 元以内，通常不超过 50 000 元。下面以中国农业银行小额信贷为代表，说明当前农户商业投融资的主要规定。

1）贷款用途和准入条件

农户小额贷款用于农户生产、生活的融资需求，包括农业、工业、建筑业、运输业、商业、服务业等生产经营活动以及子女教育、职业培训、医疗、下乡产品等生活消费。申请农户小额贷款的借款人还需要同时满足：①年龄 18 周岁以上，借款时年龄和借款期限总和小于 65；②有固定住所和劳动能力，农户的信用等级评级结果[①]为一般级及以上，有稳定的收入，且办理金穗惠农卡，具有按期偿还本息的能力。另外，对农户所从事的生产经营活动也有规定，项目要符合国家产业政策，申请人品行良好，过去贷款无逾期未还记录。在对农户准入条件限定中，中国农业银行还强调禁止授信的对象，包括有刑事犯罪记录的，有骗（套）取银行信用的，有信用卡恶意透支和恶意逃废银行债务的，有吸毒、嗜赌等不良习惯的均无法获得贷款。

---

① 根据《中国农业银行"三农"客户信用等级评定管理办法》评定。

2）贷款额度、期限、利率与偿还

农户小额贷款对额度有明确规定，授信额度在 3 000~50 000 元。期限因用款方式不同而存在差异，分为一般方式和自助可循环方式。前者指一次性放款，到期收回本息；后者指在规定的最高额度及期限内，农户随借随还。相对于一次性放款，自助放款还款更加灵活，对满足农户临时性、短期周转资金需要更有意义。具体期限规定为：一次性放款一般贷款期限不超过 3 年，回收周期较长的林业等生产经营活动最长可达到 5 年。自助可循环放款期限不得超过 3 年，额度内的部分期限最长为 2 年，且到期日不得超过额度有效期后 6 个月。贷款的偿还也与用款方式有关，1 年以内（含 1 年）的一次性贷款和自助可循环贷款，采取利随本清、按季（月）结息，到期后还本还款。期限在 1 年以上的一次性贷款，采取等额本息、等本递减等分期还款方式，分期还款最长期限为 6 个月。

3）担保方式

农户小额贷款的担保分为信用、保证、抵押和质押四类，其中，信用贷款额度不得超过 10 000 元。农户办理信用贷款需要满足：①信用等级评级结果为优秀级且在金融机构有良好信用记录，衡量标准为 3 次以上完整还清贷款；②信用村村民和建立风险基金的农民专业合作社社员，在使用过一次信用贷款后，如具有良好还款记录，信用贷款额度可提高至 3 万元。保证贷款、抵押贷款和质押贷款统称为担保贷款，其中保证贷款是农户担保贷款的主要形式。保证方式具体还包括单人或多人保证、联保小组保证、法人保证和信用担保机构保证等，借款人可按照"自愿组合、诚实守信、风险共担"的原则组成联保小组，其成员不得来自同一家庭。采用联保小组担保方式申请贷款的，每个借款人仅能参加一个联保小组，如果小组成员中有一人出现逾期贷款，则在该逾期贷款清偿前，联保小组所有成员无法获得新的贷款。

4）贷款申请与受理

农户申请贷款，填写农户小额贷款业务申请表，如符合信用贷款条件，农户需要合法有效的身份证明和金穗惠农卡；如果需要担保贷款，则除上述资料外，还需要提供抵（质）押物、保证人相关资料及贷款人认为有必要的其他材料。

7.2.4　农户商业投融资发展现状

从全国整体发展来看，2008 年以来，中国农户商业投融资整体处于增长态势，各主要金融机构都通过一定的制度设计为农户融通提供便利。2012 年年末，各金融机构农户贷款额达到 36 193 亿元，相对于 2011 年和 2010 年分别增长 15.90%和 38.97%。农户贷款主要以生产性贷款为主，2012 年的 36 193 亿元贷款中仅有 6 576 亿元属于消费贷款，占 18.17%，即 81.83%属于生产性贷款，但 2012 年新增消费贷款增长速度快于新增生产性贷款速度（表 7-12）。

表7-12　2012年金融机构农户贷款结构

贷款类型	余额		新增额		同比增长/%
	金额/亿元	结构[1)]/%	金额/亿元	结构/%	
生产性贷款	29 617	4.4	3 702	4.1	14.3
消费性贷款	6 576	1.0	1 297	1.4	27.0
合计	36 193	5.4	4 999	5.5	15.9

1) 为农户贷款占各项贷款的比重

资料来源：根据《中国农村金融服务报告2012》相关数据计算

　　主要涉农金融机构各有侧重地选择安排农户商业授信业务，整理农户通过各金融机构获得的投融资便利如下：第一，中国农业银行。中国农业银行主要依托惠农卡向农户生产生活提供资金支持，截至2012年年底，累计发放惠农卡1.28亿张，覆盖全国8 700万户农户，覆盖率约为40%。中国农业银行为840万户农户提供贷款，贷款余额达到3 938亿元，比2007年增长4倍。第二，农村信用合作社。在全部正规金融机构中，农村信用合作社依然是农户商业投融资的主要融资对象，截至2012年年底，农村信用合作社发放的农户贷款余额为2.64万亿元，占农村信用合作社全部贷款余额的33.7%，占全部金融机构农户贷款余额的72.96%。全国持有农村信用合作社贷款的户数约为4 209万户，平均每户贷款余额6.27万元。农村信用合作社农户贷款从2002年4 218.70亿元增加到2012年的26 407.43亿元，增长5倍有余（图7-8）。从农村信用合作社获得贷款的农户占所有农户的比平均为33.54%，其中，2002年占比最低，为29.68%，2006年占比最高，为37.19%（图7-9）。第三，中国邮政储蓄银行。中国邮政储蓄银行主要开办小额信贷业务，2012年年底，共有312家二级分行、2 224家一级支行和5 546家二级支行开办小额贷款业务，其中，3 623家在县和县以下农村地区。中国邮政储蓄银行农户小额信贷业务比例仍较低，但其尝试性地针对小额信贷的"无手续费提前还款"和"老客户利率优惠"有一定特色。另外，中国邮政储蓄银行试点中的房产抵押、土地抵押、商铺使用权抵押、渔船抵押、林权抵押、集体土地性质房产抵押和动产抵押等多种抵押贷款对农户商业投融资的探索也是很有意义的。第四，国家开发银行。国家开发银行对农户的授信主要体现在农房建设贷款和助学贷款两个部分，截至2012年年底，累计发放农村中低收入家庭住房建设贷款1 282亿元，农村助学贷款336.2亿元。其中，学生助学贷款支持贫困学生及其所在家庭774万人次，覆盖全国25个省（自治区、直辖市）、1 767个区县和2 693所高校。第五，其他金融机构。2010年，中国银行推出"中国银行·益农贷"业务，至2012年年底，累计发放贷款180亿元，贷款余额超过65亿元。针对农户抵押品缺乏的实际情况，中国建设银行开发水稻、大豆动产质押和林权抵押等，如2010~2012年，中国建设银行黑龙江分行累计投放水稻动产抵押贷款11亿余元；2011年年底，福建林业贷款余额达到29.96亿元，不良贷款率仅为

0.41%。包括村镇银行、贷款公司等在内的新型农村金融机构对农户授信也有所增加，农户贷款余额为 860 亿元，占全部贷款余额 2 347 亿元的 36.64%。

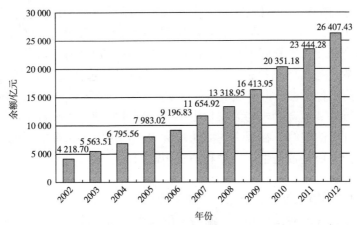

图 7-8　2002~2012 年农村信用社农户贷款增长趋势

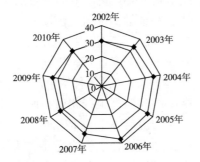

图 7-9　2002~2012 年从农村信用合作社获得贷款的农户占全部农户的比例（单位：%）

7.2.5　农户商业投融资制度的评价

农户商业投融资制度是农户投融资制度体系中非常重要的制度构成，但主要服务于具有一定经营能力以上的农户。当前的农户商业投融资制度安排中，主要是以小范围试点的方式在推进，如"两权一房"抵押贷款、农户汽车贷款、船舶抵押贷款、商铺经营权抵押贷款、个人农用机械生产经营贷款等。大面积开展的农户商业授信的主要形式是机构小额信贷，是为了适应中国农户没有足额抵押而产生的一类介乎商业信贷与合作信贷之间的准商业投融资制度安排。其在资金价格上实现商业化，利率随行就市，额度以小额为主，尽量减少风险损失，这就导致农户即使以较高的资金成本作为支付条件，也无法获得所需的大额资金，而真正的商业投融资本质上是可以满足农户上述要求的。该部分仅讨论小额信贷业务开展中存在的问题，而农户商业投融资制度真正构建必须借助农户最具有稳定价值的物权——农地使用权的金融制度安排来实现。

1）农户商业信贷的积极作用

农户商业信贷作为正规商业投融资方式，其发展规模和速度直接影响农村金融市场的活跃度，自 2007 年以来，各主要正规金融机构开始增加在农村的授信后，农村非正规金融在一定程度上有被挤出的现象。在农户对贷款对象的选择中，如果能够从正规金融机构获得需要的资金，农户不愿意选择民间借贷。2007~2012年，从农村信用合作社获得小额信贷的农户平均占到全部农户的 32.34%，再加上中国农业银行等其他金融机构为农户提供的小额度授信，农户资金需求的饥渴程度得到一定程度的缓解。在现有的商业信贷中，可供农户选择的形式虽然较少，但在大类划分上还是覆盖生产用途和消费用途两大类别，有利于农户基于不同目的进行融资规划。

2）农户商业信贷存在的问题

农户商业融资产品差异性小，新型金融机构产品设计与传统金融机构区别不大。农户商业信贷的期限通常是 1 年以内，金额一般低于 50 000 元，需要多户联保，相似性非常明显。虽然有些金融机构努力创新，如中国邮政储蓄银行开始尝试各式各样的抵押，但业务量很少，甚至有些业务仅处于条文状态，实际并未开展。中国农业银行依托"三农"金融事业部，推出"金益农"产品，在部分区域针对不同农户，如种养大户、经营户开发多种特色产品（图 7-10），但由于处于试点阶段，业务量构成上与中国邮政储蓄银行相似，所占份额也相对较小，还需要在试点中不断改进、更新，才能最后确定为常态产品。农户商业投融资的主要障碍是，在当前农村土地管理制度下，金融机构主要在法律未明确规定禁止和产权相对清晰的部分农户权利中寻找担保物，无法改变农户"融资难、投资难"的问题。新型农村金融机构，如村镇银行和贷款公司，也没有针对农户创新出更具特色的产品，均以小额商业贷款为主。特别是贷款公司，截至 2012 年 12 月，全国已成立贷款公司 14 家，其基本上成为金融机构在农村的分理处。

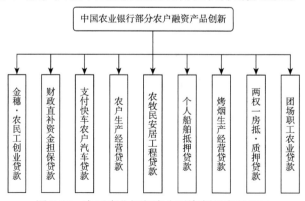

图 7-10　中国农业银行农户融资创新产品展示

7.2.6　农户商业投融资特别机构——小额贷款公司

1. 小额贷款公司的产生

项目小额信贷在试点过程中存在的可持续发展问题一直困扰着理论界和实践部门，2004 年之后，中央政府连续多年出台中央一号文件试图对该问题进行诠释。例如，"鼓励有条件的地方，在严格监管、有效防范金融风险的前提下，通过吸引社会资本和外资，积极兴办直接为'三农'服务的多种所有制的金融组织"（2004 年）；"在有效防范金融风险的前提下，尽快启动试点工作。有条件的地方，可以探索建立更加贴近农民和农村需要、由自然人或企业发起的小额信贷组织"（2005 年）。2005年 8 月，在中国人民银行举行的小额贷款组织试点政策论坛上，中国银监会同有关部门决定率先在山西、陕西、四川、贵州、内蒙古五个省（自治区）启动小额贷款公司的试点工作。各试点省区先后在 2005~2006 年注册成立了 7 家小额贷款公司（表7-13）。2008 年 5 月 4 日，中国银监会和中国人民银行联合出台《关于小额贷款公司试点的指导意见》（银监发〔2008〕23 号），明确规定中国小额贷款公司是自主经营，自负盈亏，自我约束，自担风险的营利性企业法人，并对公司注册资本的来源、监督管理和终止等做出规定。该指导意见的出台标志着小额贷款公司设立工作的全面展开，为小额信贷的发展开辟一条全新的道路。2008 年以后，小额贷款公司进入快速发展阶段，2008 年年底达到 497 家，而到 2013 年 6 月迅速增加到 7 086家，贷款余额也从 2008 年年底的 85 亿元增加到 2013 年 6 月底的 7 043.49 亿元。

表7-13　第一批试点小额贷款公司

名称	时间	省区	注册资本/万元
山西平遥晋源泰小额贷款有限公司	2005 年 12 月 27 日	山西	1 600
山西平遥日升隆小额贷款有限公司	2005 年 12 月 27 日	山西	1 700
四川广元全力小额贷款有限公司	2006 年 4 月 10 日	四川	2 100
陕西户县西安大洋汇鑫小额贷款有限公司	2006 年 9 月 18 日	陕西	2 200
陕西户县西安信昌小额贷款有限公司	2006 年 9 月 18 日	陕西	2 200
贵州江口华地小额贷款有限公司	2006 年 8 月 15 日	贵州	3 000
内蒙古融丰小额贷款有限公司	2006 年 10 月 12 日	内蒙古	5 000

2. 小额贷款公司的特征

小额贷款公司是指由自然人、企业法人与其他社会组织投资设立，不吸收公众存款，经营小额贷款业务，自主经营、自负盈亏、自我约束、自担风险的有限责任公司或股份有限公司。小额贷款公司是企业法人，有独立的法人财产，享有法人财产权，以全部财产对其债务承担民事责任。小额贷款公司股东依法享有资产收益、参与重大决策和选择管理者等权利，以其认缴的出资额或认购的股份为限对公司承担责任。小额贷款公司应执行国家金融方针和政策，在法律、法规规定的范围内开展业务，其合法的经营活动受法律保护，不受任何单位和个人的干涉。小额贷款公司具有以下特征。

1）资金来源渠道确定

按照中国人民银行的制度要求，小额贷款公司由 3~5 个发起人构成，包括自然人和法人。小额贷款公司的资金来源主要是发起人的自有资金。当小额贷款公司经营一段时期以后进入稳定状态，经发起人同意，非发起人或法人可以投资入股，但明确规定小额贷款公司只能向一个债务人负债或者只能把来自一个委托人的转贷资金以及自然人或法人的委托资金作为后续资金。故与其他正规机构相比较，小额贷款公司具有资金来源渠道确定的特征。

2）贷款利率变动幅度大

小额贷款公司利率灵活，变动幅度大，许多地方金融管理部门规定：小额贷款公司按照市场化原则进行经营，贷款利率上限放开，但不得超过中国人民银行公布的贷款基准利率的 4 倍。下限为贷款基准利率的 0.9 倍，具体浮动幅度随行就市，根据市场规则自主确定。小额贷款公司的利率一般可以高于正规金融机构的贷款利率，但低于民间贷款利率的平均水平。从试点的小额贷款公司的利率来看，其贷款利率根据不同客户的风险情况、资金状况、贷款期限、抵押品或信用等级实行差别利率，以中国人民银行基准利率为基础，参照本地区农村信用合作社利率水平综合确定。

3）贷款业务处理灵活

小额贷款公司贷款业务处理较正规金融机构灵活，主要体现在贷款对象、方式和期限上。其一，在贷款对象上，小额贷款公司发放贷款坚持"小额、分散"的原则，金融管理部门鼓励小额贷款公司向小企业和农户提供信贷服务，尽量扩大客户数量和拓展服务面。小额贷款公司对同一借款人的贷款余额不得超过公司资本净额的 5%，对单一集团企业客户的授信余额不得超过资本净额的 15%。其二，小额贷款公司贷款方式灵活，《关于小额贷款公司试点的指导意见》中规定：有关贷款期限和贷款偿还条款等合同内容，均由借贷双方在公平自愿的原则下依法协商确定。小额贷款公司在贷款方式上可以采用信用贷款、担保贷款、抵押贷款和质押贷款。其三，贷款期限由借贷双方公平自愿协商确定。从目前小额贷款公司的主要贷款来看，以 3 月期和 6 月期的短期贷款居多，约占 70%以上。

3. 小额贷款公司的资金来源与运用

1）资金来源

小额贷款公司的主要资金来源为股东缴纳的资本金、捐赠资金，以及来自不超过两个银行业金融机构的融入资金。在法律、法规规定的范围内，小额贷款公司从银行业金融机构获得融入资金的余额不得超过资本净额的 50%。融入资金的利率、期限由小额贷款公司与相应银行业金融机构自主协商确定，利率以同期"上海银行间同业拆放利率"为基准加点确定。小额贷款公司应向注册地中国人民银行分支机构申领贷款卡。向小额贷款公司提供融资的银行业金融机构，应将融资信息及时报送所在地中国人民银行分支机构和中国银监会派出机构，并应跟踪监督小额贷款公司融资的使用情况。

2）资金运用

小额贷款公司在坚持为农民、农业和农村经济发展服务的原则下自主选择贷款对象。小额贷款公司发放贷款，应坚持"小额、分散"的原则，鼓励小额贷款公司面向农户和微型企业提供信贷服务，着力扩大客户数量和服务覆盖面。同一借款人的贷款余额不得超过小额贷款公司资本净额的 5%。在此标准内，可以参考小额贷款公司所在地经济状况和人均国内生产总值水平，制定最高贷款额度限制。小额贷款公司按照市场化原则进行经营，贷款利率上限放开，但不得超过司法部门规定的上限，下限为中国人民银行公布的贷款基准利率的 0.9 倍，具体浮动幅度按照市场原则自主确定。有关贷款期限和贷款偿还条款等合同内容，均由借贷双方在公平自愿的原则下依法协商确定。

4. 小额贷款公司农户服务职能弱化

小额贷款公司最初成立的目的是为了服务于农村经济的发展，但从实际运行来看，即使是名称中明确标有农村小额贷款公司字样的小额贷款公司，其实际授信农业对象的资金额度也是非常有限的。在利益驱使下，小额贷款公司的更多资金流向城市短期资金拆借，或者投入涉农产业，但真正服务于农户的部分无法达到最初制度设计的要求。由于小额贷款公司业务操作灵活，与商业银行等金融机构存在一定的差异，且在商务部下注册，本书将其纳入非正规金融部分进行考察。

7.3　农户非正规投融资制度分析

7.3.1　农户非正规投融资理论分析

1. 农户非正规投融资的含义

农户非正规投融资是指农户参与非正规金融的活动，以获得投资的资金来源，是通过未经中国银监会批准注册的机构、组织或者个人融通资金的活动。农户非正规投融资是相对于正规投融资而言的，同样可以分为商业性质投融资和合作性质投融资。由于合作性质投融资已经在前文做了分析，该部分农户非正规投融资仅分析商业性质投融资活动。农户非正规投融资活动是农户金融市场不健全的产物，是农户通过商业银行、合作银行和政策性银行无法融入充足的资金而内生的投融资形式。农户非正规融资机构或组织按照资金供方是否注册又分为已注册公司和未注册组织及个人两种形式。其中，已注册公司如典当行和小额贷款公司；未注册组织及个人如私人钱庄、民间借贷与民间集资。

2. 农户非正规投融资的特征

1）区域性

农户非正规投融资具有一定的区域性特征，特别是未经注册的组织与个人向农户提供融资服务，该特征更为明显。即学界达成共识的，非正规投融资具有依赖于地缘、血缘关系建立起来的行为特征。例如，民间借贷和集资行为来往于以熟人为中介的圈子内，不同的圈子均有各自不同的，但都能为圈内成员所接受的风俗习惯、特定信仰，反映到业务操作上就有了各具特色的规则。研究表明，在一定的时期和一定的发展阶段，区域性是非正规投融资的内在必然选择。原因如下：一是降低成本的需要。中国农村长期以来采用的是分散居住的方式，交通不便，非正规投融资活动突破一定区域向外扩展必然要求支付更高的经营成本。二是规避道德风险的需要。民间资金的供给者无论在资金占有量、业务操作能力还是获取公共信息的能力上都无法和正规金融相比，为规避客户潜在的逆向选择与道德风险，非正规投融资必须依赖于熟人，依赖于地缘和血缘所形成的亲朋邻里关系，通俗地说就是要和知根知底的人打交道。即使是已注册的典当行和小额贷款公司，为了防范风险，有一部分也是在本区域范围内经营，如平遥小额贷款公司和广元全力小额贷款公司均不允许跨县（区），业务范围仅限于县（区）内部。

2）灵活性

灵活性是民间投融资的重要特征，农民资金需要额度、用途的多样性和高频率决定农户融资供给的灵活性。农户民间投融资的灵活性主要表现为：一是期限灵活。农村资金的使用时间差异较大，大田作业资金通常需要占用 1 年时间，部分作物生产期限较短，如蔬菜，一个生产周期最短为 40 天；果木、森林和养殖业资金需要时间长；消费性资金使用时间短。因此，非正规融资可以短则几日，长则几年，主要以短期为主。二是利率灵活。农村民间融资利率是市场机制作用的结果，是随行就市的，是可以讨价还价的，充分体现了灵活性的特征。现有研究表明，民间借贷利率不同时点、不同用途的利率差异可以达到 5 倍甚至更高。通常的规律是生产性利率低，消费性利率高；业绩好利率低，业绩差利率高；富裕地区利率低，贫困地区利率高。以小额贷款公司为例，其利率下限为中国人民银行公布的贷款基准利率的 0.9 倍，上限不得超过司法部门规定的上限，即中国人民银行规定的基准利率 4 倍的范围。只要在该范围内，小额贷款公司的利率就是合法的。

　　3）低额性

　　非正规金融机构和组织提供给农户的融资服务表现为低额特征，主要原因在于农户资产的弱抵押性。也就是说，农户有大额投融资需要，但在当期非正规金融所能够提供的融资产品中无法得以体现，其仅能够满足农户低额度的资金融通需要。小额贷款公司从名称上直接体现业务特点，民间借贷也主要以小额为主，这是供需双方理性选择的结果。对于资金的需方农户而言，非正规融通资金的利率水平整体高于正规金融，因此，无法满足农户大额长期融资的需要；对于资金的供方非正规机构或组织而言，由于本身资金实力小，大额长期资金供给成本高、风险大，在农户没有有效抵押物的情况下，必然选择流动性好、风险低的短期授信。

7.3.2　农户非正规投融资的规模

　　农户非正规投融资规模统计难度非常大，由于大部分投融资形式处于合法与违法的灰色地带，无法获得其准确数据，仅能通过抽样数据进行推算。现将已纳入统计范畴的包括小额贷款公司与典当行两类注册型的非正规投融资机构及其他未注册型组织和个人分别进行考察。

　　1）小额贷款公司发展规模

　　2008 年，中国银监会和中国人民银行联合发布《关于小额贷款公司试点的指导意见》后，中国人民银行将小额贷款公司纳入金融统计范畴，对其注册资本、负债和利润等进行记录并分析。小额贷款公司，是经政府批准后在工商行政管理部门注册并颁发营业执照，只经营贷款，不得吸收存款的企业。截至 2012 年年底，全国共有小额贷款公司 6 080 家，其中，当年新增 1 798 家，从业人员 7.03 万人，当年新增 2.33 万人；实收资本 5 146.97 亿元，新增利润 385.03 亿元，同比增长 52.3%；贷款余额 5 921 亿元，同比增长 51.3%，高出人民币各项贷款增速 36.3 百分点。在全国 6 080 家小额贷款公司中，有 53% 的小额贷款公司分布在江苏、安徽、内蒙古、辽宁、河北、云南、吉林和山东八省区。机构数量排位前三的分别是江苏 485 家、内蒙古 452 家和安徽 454 家；注册资本最高的仍为江苏，864.28 亿元，排位前三的分别是江苏、浙江和内蒙古；本年利润排位前三的是江苏、浙江和山东，依次为 98.35 亿元、46.95 亿元和 25.11 亿元；贷款余额排位前三的是江苏、浙江和内蒙古，分别为 1 036.62 亿元、731.60 亿元和 356.12 亿元。在上述指标中，排位第一的全部为江苏，分别占全国指标的 7.98%、17.05%、25.54% 和 17.51%。所有指标排位最后的是西藏，分别为 1 家、0.50 亿元、0.00 亿元和 0.65 亿元（表 7-14）。小额贷款公司增长迅速，主要得益于其贷款对象的灵活性。虽然《关于小额贷款公司试点的指导意见》中有"小额贷款公司在坚持为农民、农业和农村经济发展服务的原则下自主选择贷款对象"的资金运用的指南，但对于小额贷款公司的农业授信主要多见于各小额贷款公司的招股说明书中，如 2010 年，贵州铜仁江口小额贷款公司"三农"业务比例下限为 30%，内蒙古鄂尔多斯东胜区融丰小额贷款公司"三农"业务比例下限为 25%，也有规定超过 50% 的，如广元全力小额贷款公司"三农"业务比例不得低于 60%，《平遥县开展小额信贷试点实施方案》的规定更高，为不得低于 70%。

表7-14　　2012年我国小额贷款公司分布统计

地区	机构数量/家	从业人员数/人	注册资本/亿元	实收资本/亿元	本年利润/亿元	贷款余额/亿元
北京	41	458	45.95	49.95	6.05	49.85
天津	63	741	72.31	72.31	3.19	69.47
河北	325	3 766	193.78	194.76	10.79	205.43
山西	243	2 390	139.50	153.60	3.75	151.24
内蒙古	452	4 341	344.58	345.40	15.55	356.12
辽宁	434	4 116	245.81	245.81	10.69	222.81
吉林	265	2 231	69.84	69.84	1.57	55.85
黑龙江	229	2.30	71.98	73.23	2.65	66.36
上海	80	695	97.15	98.15	13.52	136.95
江苏	485	4 614	864.28	798.38	98.35	1 036.62
浙江	250	2 805	489.01	518.83	76.95	731.60
安徽	454	5 409	293.51	301.96	15.35	325.00
福建	58	743	125.97	127.97	11.02	160.80
江西	175	1 940	148.09	167.44	10.50	191.25
山东	257	2 934	277.17	278.17	25.11	331.38
河南	241	3 375	102.77	102.77	3.89	112.33
湖北	154	1 712	129.83	130.74	5.84	150.12
湖南	77	921	43.69	50.19	3.29	56.63
广东	234	6 569	260.00	262.45	15.32	284.44
广西	159	2 192	89.66	90.06	2.20	112.85
海南	21	230	21.40	21.90	1.84	24.41
重庆	157	3 500	235.72	247.11	13.83	302.05
四川	177	2 828	241.18	246.88	12.80	186.49
贵州	204	2 168	60.71	60.71	1.58	286.49
云南	276	2 443	113.21	126.41	5.40	129.75
西藏	1	9	0.50	0.50	0.00	0.65
陕西	187	1 555	131.90	131.90	5.97	128.86
甘肃	171	1 510	51.30	56.94	0.75	44.95
青海	19	225	14.44	14.44	2.46	21.98
宁夏	90	1 088	43.08	45.49	2.25	43.46
新疆	101	805	50.29	62.67	2.57	71.89
合计	6 080	70 343	5 068.61	5 146.97	385.03	5 921.03

注：不包括港澳台

资料来源：中国人民银行农村金融服务研究小组. 中国农村金融服务报告 2012[M]. 北京：中国金融出版社，2013

2）典当行发展规模

典当行是以专业经营质押贷款为根本业务的非正规金融机构，由于质物可能因为质押人放弃赎回从而产生商品销售行为，准确地讲，典当行是经营货币借贷与商品销售的市场中介组织。之所以将典当行归入农户非正规投融资类别，是因为部分典当行在经营质押贷款的同时也经营信用贷款，且隐蔽性好。与银行信用不同，典当的特点在于小额性、短期性、高利性、安全性、便捷性和不等价性。截至 2010 年年底，全国共有 4 433 家典当行，总注册资本 584 亿元，从业人员 3.9 万人。与"十一五"初期相比，企业总数增长 2.3 倍，注册资本总额增长 5.1 倍，从业人员增加 1.2 倍。"十一五"期间，全行业累计发放当金近 6 000 亿元，2010 年典当总额达 1 801 亿元，中小微企业的融资占典当业务总额的 80%以上[①]，典当业在缓解中小微企业融资难、促进中小微企业发展等方面发挥了积极作用。典当行由于本身具有的安全性，经营风险小，经营实力不断增强，不良贷款率长期保持在 1%以下。整个"十二五"期间，商务部要求典当行继续树立为中小微企业和居民融资服务的宗旨，并计划进一步加强制度建设，健全行业监管机制和建立科学完善的准入退出机制。笔者在问卷调查走访中，发现有个别农户通过典当行获取消费融资的案例，但从典当行融资主要服务对象为中小微企业的特点来看，农户通过典当行进行融资的部分应该仅占非常少的份额，农户更多的非正规融资是通过地下金融部分获得。

3）其他非正规融资规模

农户更多的非正规融资规模是无法直接观测的，主要在于其投融资行为的地下性，对于该部分规模到底有多大，仅能通过间接方法进行估测。其一，为抽样调查，其二为推算。国内学者（何广文，1999；唐仁健，2003；李建军，2006）的抽样数据显示，中国农村普遍存在非正规金融活动，但由于此类抽样均存在小样本、大总体的问题，可靠性不好。再者，各地非正规融资的形式、规模乃至文化差异也较大，相关的研究仅能够在大方向上作为参考。由于非正规与正规投融资间存在互补性关系，农户正规融资能够满足需要，非正规融资的比例自然下降。因此，不同时期，农村非正规金融的规模差异很大。随着研究的推进，开始有学者尝试采用间接方法测算其规模，李建军（2010）使用未观测金融定义金融监管部门和金融统计体系难以准确检测统计的金融活动，并利用贷款与经济发展间存在相对稳定的对应关系，用各非正规融资主体经济发展指标倒算其融资总量，扣除正规金融授信量，大体反映非正规融资规模。该方法与其他学者，如李卓琳（2009）等的方法基本原理相同，后者是采用不同地区进行比较，假定如北京、上海等地区不存在非正规金融，依据相同的金融经济相关系数 θ 值，来推算不同

---

① 商务部. 商务部关于"十二五"期间促进典当业发展的指导意见[Z]，2011.

地区融资量。该类推断主要适合于对整体非正规融资的推算，参考性差。要充分认识农户非正规投融资规模，更为可靠的途径依然是先了解其不同的发展阶段，在不同发展阶段中，由于正规金融供给不同，农户非正规投融资规模差异明显。

（1）起步阶段（1978~1984年）。1978年，家庭联产承包责任制开始在农村推广和实施，迅速释放出农业被压抑了千百年的生产力，农户生产积极性空前高涨，农业生产总值快速攀升，农村户均收入和人均收入同步快速增加，农村居民手持现金增多。紧随其后的是乡镇企业如雨后春笋般在全国范围内兴起，揭开了农村发展第二、第三产业的序幕。农户和乡镇企业的扩大再生产都需要资金的依托，企业间、私人间零星拆借资金的民间投融资现象从无到有，重新登上历史的舞台。

（2）成长阶段（1985~1994年）。1985年以后，乡镇企业发展速度加快，1995年以前，乡镇企业增加值以平均每年29.55%的速度增长（图7-11）。而此时体制内金融供给由于严格的信贷供给指标和信贷制度而无法满足农村经营体的资金需要，乡镇企业和农户无奈之下增加次优选择——非正规投融资的服务比例。该阶段，各式各样的非正规投融资模式在全国多个地区开始出现并呈增加态势。

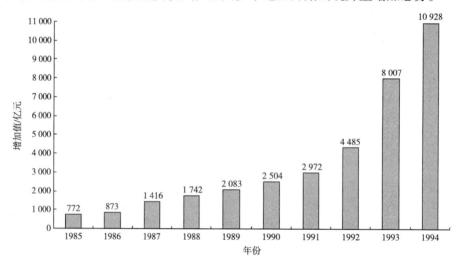

图7-11　1985~1994年乡镇企业增加值增长情况

资料来源：《中国乡镇企业年鉴2005》

（3）发展阶段（1995~2007年）。1995年是农户非正规融资成长阶段和发展阶段的分水岭，原因来源于资金供需双方。就供方而言，1995年，专业银行商业化改革开始，为了占领优势市场和降低交易成本，专业银行，特别是中国农业银行迅速撤离农村。1997年，当时的四大国有商业银行及国家开发银行的农村贷款总额为3 063.4亿元，占全部贷款总额的5.16%，而6年后的2003年，农村贷款总额为2 952.3亿元，占全部贷款的比例也下降到2.78%。2004年农村贷款总量为3 083.47亿元，虽然总量超过1997年，但仍然低于1998年和1999年的3 536.50亿元和3 650.00

亿元。而且农村贷款占贷款总额的比例为 2.66%，不仅低于 1997 年的指标，而且低于 2003 年的指标（表 7-15）。1999 年政府又关闭了农村合作基金会，使农村中的授信金融机构只剩下农村信用合作社。当时的农村信用合作社，由于内在制度缺陷和多年经营未理顺，同样无法满足农村资金需要。更为严重的问题是正规金融不仅没有为农村经营体提供足够的资金支持，还持续不断地吸纳农村资金，进一步加剧农村资金供需的矛盾，导致资金供给更为短缺。就需方而言，该时期不仅是农户生产资金需求增加较快的时期，同时也是农户消费资金需求不断攀高的阶段。生产方面，农户经营依然处于成长阶段，在政府倡导下，新兴的农业生产方式和模式不断为农户所接受和试生产，如特色农业产品生产、庭院经济等，都需要启动资金。消费方面，以教育为例，1995 年的高等教育收费改革在全国范围内大面积推进，收费标准在一个大学周期——4 年的时间里，翻了 5 番。

表7-15　1997~2005年农村贷款情况　　　　　　　　　单位：亿元

年份	农业贷款	乡镇企业贷款	农村贷款	贷款总量
1997	1 536.30	1 527.10	3 063.40	59 317.50
1998	1 781.60	1 754.90	3 536.50	68 442.10
1999	1 744.60	1 905.40	3 650.00	73 695.80
2000	1 289.40	1 415.30	2 704.70	76 393.80
2001	1 272.30	1 450.50	2 722.80	80 077.60
2002	1 286.04	1 542.61	2 828.65	90 892.63
2003	1 271.81	1 680.49	2 952.30	106 155.93
2004	1 296.59	1 786.88	3 083.47	116 050.92
2005	1 384.22	1 726.53	3 110.75	183 956.10

资料来源：《中国金融年鉴 1998》《中国金融年鉴 2006》

该时期，由于正规金融机构相继退出，农村非正规金融发展迅速，大量学者开始关注、关心和研究农户非正规融资。学者的测算数据偏差较大，比较具有代表性的是中央财经大学课题组的调研数据，其认为 2003 年全国地下信贷的绝对规模在 7 405 亿~8 164 亿元，之后，也有学者认为更高。2004 年，中国农村"高利贷"高达 8 000 亿~1.4 万亿元，仅浙东南地区就有 3 000 多亿元。对农户借款结构的研究，也表明农村非正规融资的比例非常高，农民人均每年从银行和农村信用合作社借入资金为 65 元，从民间借贷借入资金 190 元，分别占借入资金总量的25% 和 75%。该时期，还有学者对不同地区的农户非正规投融资进行研究，如江西发生民间借贷的农户占比为 23.4%；安徽户均借款中，来自民间借贷的占 83.5%；广东非正规金融活动占有超过 65% 的比重。此外，还有机构和学者在更早阶段也做过分析和研究，何广文（1999）对浙江、江苏、河北、河南、陕西的 21 个县的365 个农户的调研显示，农户借款行为的 60.96% 发生在民间借贷主体间。IFAD 在

2001 年的研究报告中指出，中国农民来自非正规金融市场的贷款超过正规金融市场的 4 倍。国家统计局农村社会经济调查队对农户固定调查点的抽样也显示，非正规投融资在该阶段扮演非常重要的角色（表 7-16）。

表7-16　　1995~1999年农户借贷资金来源构成　　　　　单位：%

借贷资金类型	1995 年	1996 年	1997 年	1998 年	1999 年
银行、农村信用合作社贷款	24.23	25.42	23.94	20.65	24.43
合作基金会借款	5.52	3.45	2.91	3.42	3.47
私人借款	67.75	69.27	70.38	74.29	69.41
其他	2.50	1.86	2.78	1.64	2.68

资料来源：冯兴元.中国农村民间金融发展报告 [EB/OL]. http://www.cipacn.org/Article/ShowArticle.asp? ArticleID=294, 2005-02-08

（4）结构变化阶段（2008~2013 年）。2008 年，随着农村新型金融机构在各地的增设，中国农业银行和农村信用合作社对农户授信量的迅速增加，农户民间融资的结构发生很大的变化，特别是在中国农业银行"三农"金融事业部试点区域。结构变化的基本表现如下。

第一，资金用途的变化。1995~2007 年的发展阶段是农户非正规投融资发展最为迅速的阶段，在 2008 年正规金融加大对农村和农户的授信额度和范围后，农村非正规金融表现出非常明显的用途变化。2007 年以前，农村民间金融在农户的农业生产、其他经营、教育、医疗、日常开销、住房等各个方面都有涉及，农户在对非正规资金的使用上并未明显区别用途，而仅是从可得性角度考虑的。2013 年1 月，笔者在对黑龙江省兰西县 2010 年问卷调查过的林盛村、跃进村回访时，特别就农户非正规融资进行了补充调查，并同时对邻县青冈县芦河镇的拥军村和平原村进行了调研，共发出问卷 400 份，收回有效问卷 347 份，被调查农户基本信息如表 7-17 所示。从问卷反映的总信息来看，农户使用非正规资金的总量依然很高，借贷总金额达到 219 万元，平均为 60 833.33 元，但主要用途发生明显变化。全部 347 份问卷中，只有 1 份是用于农业生产，借贷金额为 20 000 元，仅占非正规投融资农户频数的 2.78%，总金额的 9.13‰，其余均为其他用途。农户非正规融资投向最多的为各种商业行为，问卷设计为"做生意"，该类用途频数占比最高，为 66.67%，金额所占比例为 64.61%。该地区农户的非正规融资除了用于商业经营外，还有还有很大一部用于工程建设，排位第二，频数比例为 8.33%，金额比例为 27.40%。主要原因是当地农民在县城、城市分包工程的人数近年来呈增长趋势，主要是木工和瓦工，拆借资金主要的用途是周转使用，如支付工人工资等，拆款资金的主要特点是单笔资金额度高、期限短，平均金额为 30 万元。农户的传统农业投资和主要日常开销部分基本都是通过自有资金及正规融资筹集，除了 1 户用于农业生产外，也仅有 1 户用于日常生活开销。非正规投融资在医疗、教育及住房建造中还有投入，频次比例分别为 2.78%、2.78% 和 5.56%，但相对于几年前已明显减少，这得益于新型农村合作医疗、教育贷款和政府的住房建设补贴制度，将该部分非正规投融资挤出。受访农户非正规融资金额基本统计性描述如表 7-18 所示。值得注意的问题是黑龙江省以及其他部分北方省份共有的，多年以来的积弊和陋习——婚娶的费用，俗称彩礼。当地调研中，农户反映，结一次婚，男方需要准备 20 万元，这只是一个非常平常的数据，如果女方要求在县城购买商品房，则费用更高。试想一下，一个普通的农民，如果仅靠农业生产，需要多少年才能够凑足这笔资金？因此，才有通过非正规金融筹备婚姻大事的惯例。本次调查中，有两户就是为了结婚，非正规融资 4 万元和 2 万元，期限为 10 个月，利率为 1 分五厘。养一个女儿就可以依靠最原始的方式获得一笔资金收入，这似乎与现代社会发展格格不入，但这种格格不入却在中国部分地区普遍存在，从而滋生出拐卖妇女的次生产业，值得深思。

表7-17　被调查农户基本信息

平均值与极值	年龄/岁	人口数/人	耕地面积/亩	年纯收入/元
平均值	41.97	3.06	25.37	53 636.89
最大值	73	5	200	300 000
最小值	22	1	8	10 000

表7-18　受访农户非正规融资金额基本统计性描述

变量	数值	变量	数值
观测数	36	最小值/元	10 000
总额/元	2 190 000	标准差	93 001.54
平均额/元	60 833.33	标准误差	15 500.26
众数/元	20 000	峰度	15.27
中位数/元	35 000	偏度	3.76
最大值/元	500 000	置信度（95%）	31 467.19

　　第二，借贷期限发生变化。发生民间借贷的全部农户仅有 4 户有临时拆借应急而选择 10 日以内的高利贷，另有 3 户选择的是 3 个月以内的贷款，其他的均为期限为 10 个月的 1 分 5 厘的借贷，其中，10 个月的期限是兰西县、青冈县及其周边的多个县市采用的最普通的民间借贷期限。连续多年，已有文献反映的民间借贷期限多样化：几天、1~2 个月、半年、1 年及 1 年以上，但在本书的调研中体现不充分。访谈中，笔者也向农户进行求证，得出的结论与判断一致，当地农户可以通过农村信用合作社和中国农业银行，主要是农村信用合作社，获得生产性和消费性资金融通，求助于民间金融的主要原因在于应急。受访的 347 户农户中，其

中有农村信用合作社、中国农业银行等正规金融机构贷款的有 230 户，占到全部农户的 66.28%，户均贷款额度为 29 086.96 元，如表 7-19 所示。当然，如此高的比例也存在一定的水分，主要是乡邻间互相拆借"贷款机会"造成的。例如，某张姓农户需要大额资金，请朋友和亲戚共 8 户，向农村信用合作社融入资金 20 万元。这是存在于当地的一类小额贷款大额化的问题。

表7-19　受访农户正规金融机构融资金额统计描述

变量	数值	变量	数值
观测数	230	最小值/元	10 000
总额/元	6 690 000	标准差	17 646.24
平均额/元	29 086.96	标准误差	1 163.56
众数/元	20 000	峰度	9.95
中位数/元	20 000	偏度	2.16
最大值/元	150 000	置信度（95%）	2 292.65

7.3.3　农户非正规投融资的利率

1）农户非正规投融资利率总体表现——高

农户非正规投融资的利率水平整体高于正规投融资。1999 年，我国 5 省 21个县的 365 个农户的调查显示，一年期平均月利率为 9.54‰，最高月利率达 30‰，是同时期正规金融渠道贷款利率的 3 倍。2001 年的调研数据与此非常接近，一年期放款的平均月利率为 8.28‰。2001~2006 年，有学者和各地中国人民银行调研组在不同地域多次调研，结果差异不大，基本特点为东部及东南沿海生产性融资所占比例较高，利率整体较低，西部特别是偏远地区利率较高。浙江温州利率为 9%~12%，所占比例最高，为抽样总数的 30%。辽宁盘锦利率在 10%以下的占15.38%，利率在 10%~20%的占 76.92%（王贵彬，2006）。2013 年 1 月，黑龙江绥化的多个县市的非正规利率水平为月息 15‰，但主要限于融资期在 10 个月的部分，如果融资期较短，利率还要高些，如日息 1%。全国而言，在正规投融资供给增加和中国人民银行调低基准利率的大背景下，农村非正规投融资利率整体下行。据中国人民银行调查统计司的数据显示，2012 年年末，浙江民间借贷利率比年初下降 1.03 百分点，山东、河北、江西、云南、黑龙江等省份民间借贷利率也不同程度下降，但少数中西部省份民间借贷利率水平有所上升。当然，非正规金融的高利率是世界各国和地区共有的特征，如泰国、印度及中国台湾。台湾地区 1961~1981 年的 20 年里，民间利率与官方利率最大差额为 16.2 百分点，最低也在 7.68 百分点（图 7-12）；泰国的民间贷款利率通常是正规贷款利率的 2~4 倍，部分时期、部分地区的指标高达 7 倍有余；印度 1981 年的数据显示，非正规利率为正规利率的 2 倍；巴基斯坦部分地区的数据表明非正规利率为正规利率的 6 倍（表 7-20）。

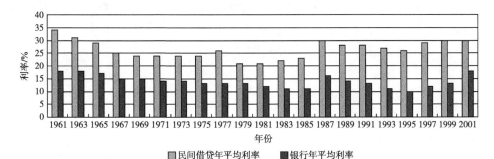

图 7-12　台湾地区民间借贷利率与银行利率比较

资料来源：黄家骅，谢瑞巧. 台湾民间金融的发展与演变[J]. 财贸经济，2003，（3）: 91-94

表7-20　发展中国家民间利率与官方利率的比较表　　　　　单位：%

国家	泰国		印度		巴基斯坦
	1984~1985 年	1986~1987 年	1951 年	1981 年	1980~1981 年
官方利率	12~14 [1]	12.5 [2]	3.5~12.5	10~12	12
民间利率	90 [1]	26~56 [3]	7~35	22	79

1）表示泰国纳克斯拉差西玛省数据；2）表示泰国农业与农业合作社银行数据；3）表示泰国农业经济办公室统计数据

资料来源：郑震龙. 我国民间融资利率的决定与绩效[J]. 金融教学与研究，2001，（5）: 6-10；东畴·翁占，苑鹏. 泰国农村的民间金融[J]. 国际经济评论，1994，（1）: 60-56. 转引自王贵彬. 农村民间金融规范化发展的制度研究[R]. 重庆哲学社会科学规划项目研究报告，2006

2）农户非正规投融资高利率的根源

对农户非正规高利率的生成原理，国内的很多专家和学者都做了大量的研究，传统主流的解释通常是从农户投融资利率的市场性和垄断性着手分析，认为其是非正规金融市场中供需和一定程度上的垄断共同作用的结果。张军（1999）认为农村信贷市场的分割导致农户的信息不对称必然产生高利率。郑震龙（2001）从农村民间金融进化的博弈和官方金融的低效率对农村民间金融利率的生成机理做了补充。江曙霞和秦国楼（2003）从信贷配给理论出发，认为非正规金融资金成本高，风险高和信息不对称的存在共同决定高利率，对张军的界定进行修正。综合前人的研究成果，本书认为非正规资金价格的决定因素主要包括以下几个方面。

（1）政府对利率的管制。中国长期以来对金融的管理都是相当严格的，是一个典型的金融抑制国家。政府对利率的直接管制导致当前公布的官方利率不是市场中供求变化的真实反应，而是远低于市场利率。用 s 表示信贷供给，d 表示信贷需求，则供需的平衡点为（i_e，Q_e），表示均衡利率 i_e 和均衡的供给量 Q_e。当政府管制存在，人为地将利率固定在 i_1 的位置上，则供给量为 Q_s，需求量为 Q_d，缺口为 Q_d-Q_s。在金融需求无法得到全额供给的情况下，政府又通过经济和行政手段将稀缺的资源按计划、有步骤地配置给了城市中的国有大中型企事业单位，农户等借款者只能通过细分的非正规市场以高于市场利率的价格购买金融产品，从而形成了非正规融资价格——民间利率 i_2（图 7-13）。

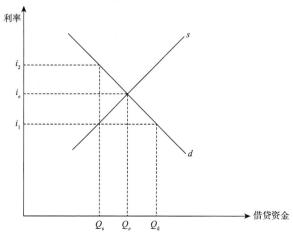

图 7-13　非正规金融利率政府管制决定模型

（2）垄断的客观存在。当正规金融供给不足时，农村中一些完成原始资本积累的个人和组织以及城市中的游资便充当资金供给的角色，填补正规金融供给的市场空缺。但相对于旺盛的需求，非正规金融的供给又是有限的，有限的供给和相对无限的需求必然产生供给的垄断，从而形成垄断利润，表现为农村非正规利率中包含有高于市场利率的垄断成分。

7.3.4　农户非正规投融资的评价

农户非正规投融资对农户资金融通起到非常好的补充功能，特别是在正规融资供给不足的情况下。农户非正规融资需求旺盛，供给充分，该市场处于供需两旺的状态。农户非正规融资市场活跃，除了可以从前文问卷数据中得到印证外，小额贷款公司数量的迅速增加也是一个非常好的证明。2013 年一季度末，共有小额贷款公司 6 555 家，较 2012 年年底的 6 080 家新增 475 家，平均每月新增 158 家。贷款余额 6 357 亿元，较 2012 年年底的 5 921.03 亿元新增贷款约 436 亿元[①]。

---

① 根据中国人民银行调查统计司的数据计算。

当然，非正规投融资也存在固有缺陷，需要不断的引导和规范化。

1）农户非正规投融资不规范的表现

（1）信用不规范。信用不规范主要表现为信用欺诈长期存在，成为制约非正规融资功能充分发挥的主要障碍之一，典型代表为非法集资。信用欺诈者往往抓住人们投资需求旺盛的机会，通过形式多样的诈骗手段，骗取巨额资金，特别是对于手中有富余，文化水平低，没有能力进行股票、证券投资的包括农户在内的社会底层公众。从 1985 年岳阳姚林辉案件开始，30 余年屡禁不止，可见非正规投融资更需要疏导，而非禁止。在全国范围内较有影响的案件包括北京长城机电公司案、无锡邓斌集资案、山西璞真公司案、湖南富民公司案、辽宁新源公司案、山东江大荃馨案、吉林纳士塔案、沈阳万象生物养殖公司案、新疆德隆案、安徽蚌埠私立中学案、云南丽水杜益敏案、辽宁亿霖木业案、内蒙古万里大造林案、浙江吴英案、江苏润在公司案等。发生时间较近、影响较大的是吴英案，因为被告吴英被判处死刑而广为人知。非法集资案虽然处罚很严，但由于集资者资金需要的紧迫，投资者受到高额回报的诱惑，非法集资事件此起彼伏，持续不断。完全由农户发起并在农村内部运行的非法集资案相对较少，通常是与城市相关联的，而农户最容易上当的是以开展种植、养殖和农民较熟悉的农产品开发为幌子的非法集资行为。

（2）经营不规范。农村非正规投融资组织在组建之初，主要是为了服务于农户生产与消费中的资金短缺，但随着发展，在全国各地都发现有与生产完全脱节的形式，如仅服务于赌场的钱庄和演变成非法集资的合会，如山西的地下钱庄。一些依靠资源发财后的山西农民，再也不愿意耕种地里的庄稼，越来越多的人加入赌博的行列，进而就有了赌资的需求市场，农村中的个人银行和地下钱庄便开始向赌场和赌徒放贷，这种没有实体经济作依托的金融行为，尤其是对于资金实力并不强的农村非正规融资组织，很容易出现金融风险。合会的情况则更为严重，在未倒会前，几乎出现人人参会的盛况，一旦问题出现，造成的后果非常严重。历史上较为著名的倒会包括 1986 年的浙江乐清案和 2004 年的福建福安案，每次事件发生后，都会涉及十几亿元、几十亿元的资金蒸发和大量人员的非正常死亡。2009 年以来，合会倒会的事件又开始在东南沿海各地多次发生。该类事件损失的减少必须依靠政府加大金融改革力度，降低金融机构准入门槛。

（3）管理不规范。非正规投融资管理中常常采用口头约定的方式，特别是在亲属、朋友和乡邻间的友情借贷和低息借贷，几乎没有任何手续。虽然这种简单化管理在一定程度上得益于地缘、血缘厚重的积累和无法用货币衡量的高昂违约成本的约束，是一定意义上的无为而治，但一旦金融组织扩大，这种制约就变得微不足道了。合会雪崩、基金会和地下钱庄被迫清算都是在规模扩大之后而又没有规范管理造成的后果。随着农民文化素质的不断提高和风险防范意识的不断增强，农村民间借贷、金融业务往来越来越多地开始采用书面形式，担保和抵押也开始出现并逐步增加。这种趋势是农村民间融资规范化的一个表现，但其所占比例较少，多数业务处理仍然是延续原有的简单化模式。依据"台湾民法典"第709条第3款的第1、2项规定，会单应具备的要件包括：会首的姓名、住址及电话号码；全体会员的姓名、住址及电话号码；每一次会的会款累计基本数额；起会日期；标会日期；标会方法；出标金额，出标限制额（出标金额有限制的）；会首及全体会脚的签名；时间；会单由会首保存并制作缮本，签名后，每一会员各执一份。对比以上规定，从大陆能够获得的少量的合会会单的信息看，一般都不完善，甚至相差甚远。一是会单中明示的内容很少；二是基本没有签名，而且会单一般只有一份，由会首保存。

2）农户非正规投融资的规范化引导

（1）加强法制建设。规范农户非正规投融资，首先，需要在法律的层面上确立非正规金融的地位，改变非正规金融长期以来遭受的差别性待遇。非正规金融秩序是一种自组织的金融秩序，在总体上表现出强的流动性、安全性和广义上的收益性，其不良贷款率远低于正式金融，需要为其发展营造良好的环境。其次是增补规范农户非正规投融资的新条款。例如，将合会的操作规程写入民法，可效仿台湾的处理，实现合会契约法典化。最后，修改部分现有法律条文，如重新界定高利贷和非法集资。现有法律对高利贷的规定随着金融市场化的推进，已表现出越来越明显的不匹配性。中国人民银行已放开商业银行的利率上下限，再以超过银行贷款利率的4倍作为衡量高利贷的标准，显然已不合时宜。本书认为，可以考虑以超过一定区域范围内同时期的农村平均收益率的4倍为衡量指标，更为妥当。在写入法律之前，可以选择试点地区，以地方条例试运行，而后正式修改法律。目前关于非法集资的规定主要是根据1998年7月国务院颁布的第247号令《非法金融机构和非法金融业务活动取缔办法》。该办法规定，"非法吸收公众存款，是指未经中国人民银行批准，向社会不特定对象吸收资金，出具凭证，承诺在一定期限内还本付息的活动"。但"孙大午式"集资是许多民营企业在创业过程中共同经历的两难选择，而这种"非法集资"与欺诈性集资是存在本质差别的，因此应重新界定非法集资。将非法集资定义为采用欺诈手段，以高于同时期集资企业行业平均收益率的资金价格，向社会非特定对象的集资行为，更能体现其特点。

（2）降低金融机构组建门槛。出台"商业银行设立标准"，允许成立真正意义的民营银行。可以效仿台湾在1990年4月公布的法律性文件，接受民营资本设立银行的申请，并对其经营银行业务的操作规程、业务范围、存款准备金率做出规定，纳入中国人民银行和中国银监会的监管。台湾的此类法案对规范农村处于地下、半地下状态经营的钱庄及其经营与管理中的不规范问题的治理可以起到标本兼治的作用。当前政府允许民营资本组建小额贷款公司就是正确规范非正规投融资的非常重要的一步，但小额贷款公司不是银行，不能吸收存款，也不能进入金融体系，这就使小额贷款公司在发展过程中同样面临很多的问题。大与小是相对的，2013 年 6 月，发生在各巨型商业银行资金流短缺的问题很值得深思，我们的金融市场需要更多的中、小、微型银行，不是大型、巨型银行。更多的小微银行进入金融领域，不仅有利于增加更为丰富的金融产品，一定程度上改善金融市场环境，更有利于充分利用巨量的民有资金，且在民间资金阳光化后增加政府的财政收入。政府还可以利用新增的财政收入发展政策性金融或者提高对农户的补贴，进一步理顺农户投融资制度，最终实现农户投融资从量到质的跃迁。

7.4　分化农户投融资信用担保制度分析

农村信用担保制度是各类农户投融资中非常重要的辅助制度安排，是克服农户作为生产经营主体与各融资对象，主要是商业银行间信息不对称的重要制度安排，同时，也是防范和化解金融机构信贷风险的有效手段。

7.4.1　农村信用担保制度一般原理

1. 担保与担保合同

1）担保及其性质

担保是非常重要的经济、法律行为，常指在借贷、买卖、货物运输、加工承揽等经济活动中，债权人为保障其债权实现而要求债务人向债权人提供一定形式保障的合同行为。担保具有从属性，依附于主债务，随着主债务的消灭而消灭。担保必须遵守国家法律，不得违背公序良俗和损害社会利益，需要遵循平等、自愿、公平和诚信的原则。一般而言，担保具有附属性、选择性和保障性。附属性即指担保的从属性，担保行为从属于主债务行为，进而担保合同成为附属合同。选择性指担保行为不是必须进行的，即《中华人民共和国合同法》设立了担保制度，但并未规定当事人必须通过担保方式完成主经济行为。保障性指的是担保行为的根本目的是保障主合同的履行，是一项保障措施。

2）担保的标的与方式

担保的标的物范围广泛，可以是动产、不动产、无形资产、有价证券等，即财产和经济权利均可以作为担保的标的，但绝对禁止以人身担保，但可以是他人的经济能力和责任，如保证。担保方式分为保证、抵押、质押、留置和定金五种。

保证是指保证人和债权人约定，当债务人不履行债务时，保证人按照约定履行债务或者承担责任的行为；抵押是指债务人或者第三人不转移对财产的占有，将该财产作为债权的保障；质押是指债务人或者第三人将其动产或权利移交债权人占有，将该财产或者权利作为债权的保障；留置是指债权人按照合同约定占有债务人的动产，债务人未能按照合同约定的期限履行债务的，债权人有权依照《中华人民共和国担保法》规定以该财产折价或者拍卖、变卖该财产以优先受偿；定金是指当事人约定一定的金额作为经济行为的保障，但不得超过主合同标的额的20%。上述五种担保方式所产生的法律效果存在区别：保证和定金产生的权利为债权，不具有优先受偿性，而抵押、留置、质押取得的是担保物权，对担保物及其变现所得的价款具有优先受偿的权利。

3）担保合同的类别与特征

所谓担保合同，是指为促使债务人履行其债务，保障债权人的债权得以实现，而在债权人和债务人之间，或在债权人、债务人和第三人之间协商形成的，当债务人不履行或无法履行债务时，以一定方式保证债权人债权得以实现的协议。担保合同旨在明确担保权人和担保人之间的权利、义务关系，保障债权人的债权得以实现。担保合同因担保方式的不同分为四类，即保证合同、抵押合同、质押合同和定金合同。留置也是重要的担保方式，但行使留置权无须签订合同，因而没有留置合同。担保合同可以是单独订立的书面合同，也包括当事人之间具有担保性质的信函、传真等，也可以是主合同的担保条款。各类担保合同生效的时间有所差异。抵押合同的生效因抵押登记物的登记存在差异，必须办理抵押物登记的，自抵押物登记之日起生效，自愿办理抵押物登记的自合同签订之日起生效；质押合同自质物移交于质权人占有时生效；定金合同自实际交付定金之日起生效。担保合同的特征通常包括从属性、补充性和相对独立性。担保合同规范的是担保行为，担保行为具有从属性，从而担保合同也就具有了从属性特征。担保合同的从属性主要表现在以下四个方面：一是成立上的从属性，即担保合同的成立应以相应的合同关系的发生和存在为前提，且担保合同所担保的债务范围不得超过主合同债权的范围。二是处分上的从属性，即担保合同应随主合同债权的移转而移转。三是消灭上的从属性，即主合同关系消灭，为其所设定的担保合同关系也随之消灭。四是效力上的从属性，担保合同的效力依主合同而定。担保合同的订立时间，可以与主合同同时进行，也可以在主合同之后订立。担保合同的补充性特征主要体现在以下两个方面：一是责任财产的补充性，即担保合同一经有效成立，就在主合同关系的基础上补充了某种权利义务关系，从而使保障债权实现的责任财产得以扩张，或使债权人就特定财产享有了优先权，增强了债权人的债权得以实现的可能性。二是效力的补充性，即在主合同关系因适当履行而正常终止时，担保合同中担保人的义务并不实际履行。只有在主债务不履行时，担保合同中担保人的义务才履行，使主债权得以实现。担保合同尽管属于从合同，但也具有相对独立的地位，即担保合同能够相对独立于被担保的债权合同而存在。担保合同的相对独立性主要表现在以下两个方面：一是发生或存在的相对独立性，即担保合同也是一种独立的法律关系，担保合同的成立，和其他合同的成立一样，须有当事人的合意，或者依照法律的规定而发生，与被担保的合同债权的成立或者发生分属于两个不同的法律关系，受不同的法律调整。二是效力的相对独立性。担保合同有自身的成立、生效要件和消灭条件，且担保合同不成立、无效或者消灭，对其所担保的合同债权不发生影响。

2. 反担保

1）反担保及其条件

反担保又可称为求偿担保、偿还约定书或反保证书，是指为保障债务人之外的担保人将来承担担保责任后对债务人的追偿权的实现而设定的担保。在债务清偿期届满，债务人未履行债务时，由担保人承担担保责任后，担保人即成为债务人的债权人，担保人对其代债权人清偿的债务，有向债务人追偿的权利。反担保一般需要具备以下条件才能够成立：一是第三人先向债权人提供了担保，才能有权要求债务人提供反担保；二是债务人或债务人之外的其他人向第三人提供担保；三是只有在第三人为债务人提供保证、抵押或质押担保时，才能要求债务人向其提供反担保；四是须符合法定形式，即反担保应采用书面形式，依法需办理登记或移交占有的，应办理登记或移交占有手续。担保适用的原则、方法、标的物、担保物种类适用于反担保，但反担保的担保方式只有保证、抵押、质押。反担保是担保人转移担保风险的一种措施，其本质和担保并无差别。

2）反担保的作用

反担保是维护担保人的利益、实现追偿权的有效措施。反担保最直接和首要的作用就是保障担保人利益。反担保有助于担保关系确立，谨慎的第三人在为债务人向债权人提供担保时，尤其是在担保人与债务并无紧密的利益关系或隶属关系，且对其承担担保责任后追偿权能否实现持有疑虑的情况下，往往会要求债务人提供反担保。如果没有反担保，第三人可能因虑及自身利益而拒绝为债务人提供担保。银行、担保公司等金融机构为债务人提供保证和担保时，通常都要求有反担保，以保证担保人的利益。反担保常常以迂回手段出现在经济行为中，起到非常有意义的润滑作用。在债权债务关系发生后，债权人可能出于多种原因不愿意接受债务人的可供抵押、质押的有效财产，如希望在债务人不能清偿债务时能够便捷地从保证人处获得金钱偿付；避免抵押物登记或质押物运输、保管等方面的麻烦；担忧担保物日后处理不便，而折价后无使用价值等。在这种情况下，即需要由第三人向债权人提供其满意的保证担保，再由债务人向保证人提供反担保，反担保与本担保搭配、联结以满足当事人的各种需要，维系交易安全并一定程度上避免担保风险。

3. 再担保

1）再担保的含义

再担保是一种特殊的担保形式，是担保人的担保，具体指担保人将其担保的债务向另一担保人分出以减轻自身担保风险的行为。当担保人不能独立承担担保责任时，再担保人将按合同约定比例向债权人继续剩余的清偿，以保障债权的实现。双方按约承担相应责任，享有相应权利。再担保人享有担保人享有的一切抗辩权，同时也享有专属于再担保人的抗辩权。再担保人在承担再担保责任之后享有向债务人和担保人的追偿权。

2）再担保的方式

再担保通常包括固定比例再担保、溢额再担保和联合再担保三种方式。固定比例再担保是由担保人和再担保人约定，对在一定担保责任限额内的业务，担保人将全部同类担保业务都按约定的同一比例向再担保人进行再担保，每项业务的担保费和发生的损失，也按双方约定的比例进行分配和分摊。溢额再担保是由担保人将其超过预定限额的担保责任向再担保人进行再担保，或由担保人和再担保人共同对被担保人担保，由再担保人承担超过担保人预定限额的担保责任，对每一项业务的担保费和发生的损失也按双方承担的比例进行分配和分摊。联合再担保是指对于数额较大的或超过担保人规定担保能力较多的单项担保业务，经协商一致，可由省市担保机构共同与被担保人签订委托保证协议，共同与银行签定保证合同，双方按各自承担责任的比例承担相应的权利和义务。

3）再担保的条件

再担保作为一种特殊的担保方式，其设定必须符合以下三个条件：其一，再担保以担保存在为前提。再担保的设定必须以主债权之上已设定担保为前提，这是再担保设立的对象条件，即再担保以担保的存在为存在。其二，再担保人必须是担保人之外的人。其三，再担保的设立需要当事人明确约定。

4. 农村信用担保的功能

1）缓解信息不对称

中国农村金融市场属于典型的供方市场，金融机构相对于农户和农村小微企业具有绝对的主动性，在农户和农村小微企业无法提供有效抵押品，信贷管理成本偏高的情况下，金融机构必然选择信贷配给的歧视性政策。信息成本很高的情况下，经济主体之间的双边交易将变得极其困难。引入农村信用担保之后，该种状况能够得到一定程度的缓解。信用担保机构具有能够在资金供应者和需求者之间发挥降低信息成本、增进双方信任的功能，降低信息不对称的程度。通过信用担保机构的润滑，资金供需双方的行为得以顺利进行，农村金融风险控制在有效的范围内。

2）有效替代抵押

农村抵押品不足是普遍存在的问题，即使部分抵押品能够满足金融机构的需要，但在相对落后的发展中国家市场中，担保品变现的时间和成本都高于发达国家。特别是在中国农村，由于农村的土地和房屋产权的不完整性，农户和农村中小企业几乎没有满足金融机构需要的抵押品，必然遭受信贷配给。信用担保能够替代抵押品，实现农户和农业企业从正规金融机构获得贷款的需要。

3）降低金融机构成本

农村金融机构在对农村资金需要者授信过程中必然涉及信息收集、资信评估、签约和贷款管理等成本支出。但由于农户居住分散、生产项目随意性大，以及农村小微企业财务不规范、经营规模小，导致金融机构以相同金额贷款给农户和农村小企业较之贷款给城市大中型企业，必然支付更高的成本。引入信用担保机构后，成本降低主要体现在两个方面：其一，直接降低业务费用。信用担保机构为资金需要者担保，信息收集、资信评估和项目评估的工作直接由担保机构完成。且其常常参考银行需要资料和文本收集客户信息，也为银行贷款签约节约了成本。其二，降低风险管理成本。由于担保具有分散风险的功能，银行贷后的风险管理成本大大降低，风险主要转移给了担保机构。

7.4.2　日本信用担保制度

日本农业生产方式以小规模自耕农为主，与我国农业发展模式相似，其农村信用担保在农户融资中发挥重要作用，非常值得我国借鉴。日本农村信用担保发展较早，1961 年即通过《农业信用担保保险法》，由农业信用基金协会创立信用担保制度，解决农业生产者融资担保不足的问题。

1. 农业信用基金协会

日本农业信用基金协会是为农户提供担保的主要组织机构，其资金主要来源于会员的入会资金、储备金、都道府县的补助金及保险金等。农业信用基金协会服务对象广泛，包括所属区域的农业生产者、农协、信农联、都道府县的公共团体机构及市、町、村部分公共团体。农业信用基金协会对农林渔业金融公库信贷资金、现代化资金、畜牧特别资金等国家制度资金也提供担保和保险。农协是日本农户获得资金的重要金融组织，农协贷款资金中的 25%是通过农业信用基金协会担保的。日本农户需要贷款时，通常先向农业信用基金协会提交委托担保申请，在获取该协会担保承诺后向农协等贷款机构进行贷款申请，并向农业信用基金协会缴纳担保费。农业信用基金协会为农户提供担保资金因贷款类别不同有所差异。农户申请的贷款若为农业现代化资金项目和农林渔业金融公库转贷款项目，农业信用基金协会提供的最高担保限额为：个人农业经营者 3 000 万日元；非个人农业经营者 5 000 万日元；农协等机构所需资金，经理事会特别批准，最高担保限额为 15 000 万日元。农业信用基金协会对于现代化资金、农林渔业金融公库信贷资金和畜牧特别资金的债务担保征收 0.29%~1.60% 的年担保费，使用低担保费的目的在于降低农户贷款成本。当被担保农户及其他农业生产者出现违约，逾期 3 个月尚未偿还贷款，则由农业信用基金协会代偿，该协会再向被担保贷款人追偿。日本农业信用担保制度的主要业务内容是损失补偿和债务保证。损失补偿指由第三方对融资机构与贷款人之间的债权、债务契约做出保证，当贷款人不履行债务时，由第三方对债权人的损失进行赔偿。债务保证是指设立专门的保证机构，受贷款人的委托，对其债务做出保证，当贷款人不履行债务时，由保证机构代其偿还金融机构的债务，即代位赔偿。

2. 农业信用担保保险

日本农业信用担保还有与之配套的保险制度，这一点也是非常有意义的。日本政府为了减少农业信用基金协会的经营风险，增强该协会的担保能力，在 1966 年创立信用保险制度，由农林渔业信用基金为农业信用基金协会提供保险。

1）农林渔业信用基金

1987 年，根据《农林渔业信用基金法》，农业信用保险协会、林业信用基金和渔业信用基金合并，成立农林渔业信用基金。该基金的资金来源包括政府、47 个信用基金协会和农林中央金库。农林渔业信用基金主要经营保险业务和贷款业务。农林渔业信用基金提供的保险业务主要包括两类，其一，为该基金协会所提供的农业现代化资金担保业务办理保险，为农业生产者其他与农业经营相关资金借贷的担保办理保险业务；其二，对农业生产者直接向农林中央金库、信农联等借入的农业现代化资金提供贷款保险。农业现代化资金 5 年以下的保险责率为 0.25%，5~10 年的为 0.15%，15 年以上的为 0.12%。2005 年 3 月的数据显示，农协贷款 193 660 亿日元中，有 60 010 亿日元是通过农业信用基金协会担保的，占总贷款的 31%，其中的 38 783 亿日元参加农林渔业信用基金保险，约占担保贷款的 65%。农林渔业信用基金的贷款不是针对一般农业生产者的，属于中间贷款性质，主要贷款内容有两个，一个是对农业信用基金协会融资，另一个是为农业经营改善促进资金提供融资。

2）农业信用担保保险的作用

日本农业信用担保保险制度在日本农村金融体系中具有重要的地位，对日本农村金融发展意义重大，特别是对政策性信贷资金的运行起到保障和促进作用，如对农林渔业金融公库信贷资金、现代化资金、畜牧特别资金等国家制度资金提供担保和保险，同时，农协贷出的资金有很大比例要通过信用担保保险。研究表明，农林渔业信用基金为政策性贷款担保提供的保险，每年亏损 10 亿日元左右。但因为制度设计中，该基金还可以对一般贷款资金进行保险从而获得盈利，基本能够实现基金本身的保本微利。日本农业信用担保保险制度有效地分担了金融机构对农户贷款和农业信用基金协会信用担保的风险比例，降低金融机构及担保机构的经营风险，为农村金融的稳健发展及农业资金的稳定注入提供有力的制度保障。

3. 不动产抵押贷款

日本农业生产者的不动产可以抵押给金融机构，作为贷款的担保。日本《民法》规定不动产包括土地及其附着物，农户及林业户在拥有产业所有权的前提下，均可以向金融机构申请抵押贷款，也可以在主管部门办理抵押登记。在日本，土地虽然属于私产，但实际流动性差、变现能力弱，主要原因在于存在明显的限制性规定。《农地法》对农林地专用性严格保护，通过权利管制和转用管制限制农地使用，导致变现非常困难，主要体现在两个方面：其一，处置手续烦琐。农林地抵押，除了要进行抵押登记外，还需要得到所在地县知事及农业委员会的批准。其二，拍卖困难。拍卖中投标人范围实际非常有限，通常只限于当地的农业生产法人或农户，且竞标人在拍卖前需到当地政府接受严格的资格审核。因此，日本农地抵押贷款基本均为农协办理，都市银行以及地方银行等金融机构基本不接受以农地为抵押的贷款。而农协较之银行能克服处置实务中的困难，主要在于农协作为当地农业互助机构，熟悉所在地区的地价及农户信息，一方面可以完全掌握借款农户经营情况，另一方面凭借信息优势也可以找到资质合格且愿意接手的农地受让方，使拍卖处置可以顺利完成。农地抵押贷款在日本仅占 1% 左右，基本由农协办理。

4. 动产债权担保融资

为了扩大农业生产者担保融资能力，日本农林水产省引入动产债权担保融资制度。该融资制度着眼于借款人的经营活动内容，是以农畜产品动产或应收账款为担保手段融通资金的方式。动产债权担保融资流程如下：农业渔业从业者提供产品牛、猪、蔬菜等作为担保，金融机构委托评估机构对担保物进行评估，设定贷款额度，资金需要者在贷款额度内融资。但因为是动产，可能存在动态变化，借款人根据贷款合同，定期向金融机构汇报经营情况、担保物等的情况，如果担保标的价值量存在较大幅度的降低，金融机构需要根据借款人的报告动态评估，调整贷款额度。动产债权担保融资制度属于日本农业担保的创新产品，如伊予银行开展柚子和银杏为担保品的融资，商工中金与福井银行海带担保的最高额可达 2.5 亿日元融资额度。日本农林水产省 2006 年的农业金融调查显示，被调查的 69 家银行和信用金库与 361 家农协中，有 45 家农协、6 家银行和信用金库开展此类融资。

日本政府对农村信用担保体系投入巨额资金，极大地降低了农村信用担保制度运行中的交易成本，为农村信用担保体系的发展提供了巨大支持，是非常值得学习和借鉴的。中国未来的农村担保体系建设应考虑借鉴日本的农业信用担保保险体系，最大程度分散农业信用担保风险。同时，可以考虑出台相关法律推进适合中国农业发展需要的动产债权担保融资制度，在不动产抵押存在较多障碍的情况下，优先发展动产抵押担保是非常有意义的。

7.4.3　中国现有农村信用担保机构类型

中国农村资金供给长期不足，主要在于作为资金供方的金融机构对农村资金需求主体高风险的判断，如果农村金融体系构成中引入完善的信用担保体系，农村金融整体发展态势会出现跃迁式变更。但农村信用担保体系本身的构建、资金来源和制度设计也是一个比较复杂的问题。中国农村信用担保机构主要包括两种类型，即政府主导型信用担保机构和互助型信用担保机构。专门的商业担保公司在农村金融市场开展担保业务需要政府专项资金补贴。

1. 政府主导型信用担保机构

政府主导型信用担保机构的组建是中国当前农村金融发展的必然要求，原因在于农村金融市场的高风险特征。商业担保公司与正规金融机构的风险选择一致，在逐利性目标的导引下，必然选择城市市场而非农村市场。政府主导型信用担保机构还可以细分为两类，即政府运营信用担保机构和政府推动商业担保机构。

1）政府运营信用担保机构

政府运营信用担保机构是政府出全部资金办理担保业务的担保机构，主要特征包括：①政府出资，采用企业或者事业法人方式经营，享有独立的经营权；担保公司管理人员由政府派出，或者由政府工作人员兼任；②服务"三农"，即以农业产业政策为导向，以新型农业经营主体的农村种养大户和农业企业为主要服务对象，通过担保基金对农业经营大户、农业加工企业等提供农业贷款信用担保；③政策性，即以"保本经营、控制风险、平等自愿、公平守信"为经营原则，不以营利为目的，通过规范运作，在保本的基础上，实现增大资产、扩大担保数额的目的。政府出资设立担保机构，是财政支农的有效手段，有利于提高财政资金利用效率，也是财政实现资源配置、资金分配和产业结构调整等宏观调控功能途径之一。

2）政府推动商业担保机构

政府推动商业担保机构与政府运营信用担保机构不同，后者是政府直接经营担保机构，前者则是政府通过出资、参股的方式，引导商业性质的担保机构为农村金融市场提供担保服务。该类担保机构的主要特征如下：①政府出资或参股，对担保公司进行风险补偿，市场化运作；②政府规定担保公司对农户、农村中小企业提供担保，扶持农业相关产业发展和鼓励农民自主创业；③担保公司自主决定担保对象、反担保方式、合作银行及合作方式，自行控制风险，实现盈利。

2. 互助型信用担保机构

互助型信用担保机构一般包括两类，一类是资金需要者的互助合作担保，一类是担保机构的合作。前者是基于农户、农村中小企业等资金需要者本身普遍缺乏抵押和担保品，商业担保机构又不愿意提供担保服务而产生的自助担保形式。需要资金的农业生产者或农村其他成员，共同出资组建担保公司或者担保基金，为组织内部成员的信贷行为提供集体担保，增强成员信贷获得能力。后者则是担保协会，协会成员可以是资金需要者、一些规模较小的合作担保机构、商业担保机构及其他机构部门，通过组建新的担保公司或者担保基金，起到扩大担保能力的作用。此类农村互助型信用担保机构也常有政府注资，种养大户、合作社及农村企业等资金需要者以入股方式加入，形成封闭式或者半封闭式的担保组织。封闭式担保组织成员固定，担保机构对其股东提供出资上限 5~8 倍的担保。半封闭式合作担保组织采用会员制，担保公司或者担保组织规定入会条件，依据进出会自由的原则，采用动态管理。担保机构一般根据会员的财产、资信、经营者素质及项目前景提供相应额度的担保。

7.4.4　中国农村信用担保运行模式

中国农村信用担保体系尚处于初期构建阶段，需要探索运行模式、机构体系构成及其他配套制度。目前可以借鉴的主要是各地区采用的各具特色的针对中小企业的担保模式，具体包括财政共同资金模式、互助基金模式、分层再担保模式和投资担保综合模式四类。

1. 财政共同资金模式

财政共同资金模式是采取各级财政出资建立财政预算安排的共同担保基金，再集中委托专业机构管理的担保模式，典型地区是上海市，其基本操作机制包括以下三点。

1）委托专业担保机构运作

政府与专业担保公司签订委托管理协议，明确专业担保公司的主要职责，由其管理和运作共同担保基金。例如，上海市财政局委托中国经济技术投资担保有限公司上海分公司（简称中投保上海分公司）管理共同资金为中小企业提供担保。实际操作中，区县政府负责提供被担保企业的资信证明，具有担保项目的推荐权和否决权，中投保上海分公司最终决定是否担保。市财政部门基本不参与担保项目的决策过程，主要负责制定担保基金管理和运作规则，与受托担保机构签订合同，规范共同担保基金的运作机制，实现对中小企业的扶持。当出现担保代偿时，对一般中小企业，市财政和区财政各承担 50%的责任，如果是高新技术企业，市财政承担 60%的责任，区县财政承担 40%的责任。担保收入按照相同的风险比例分配，盈余部分提取坏账准备。

2）担保审批程序规范透明

该模式担保审批程序规范透明，能有效防控政府行政性干预。担保基本流程为：第一步，企业向银行申请贷款。第二步，银行审查贷款申请，对于有发放贷款意向者，报担保公司。第三步，企业所在区县财政局推荐。企业所在财政局审核企业的信誉，审核内容主要包括企业的纳税和财务情况，而后根据审查结果签署出具同意推荐或不推荐意见。第四步，担保公司综合考察，决定是否给予担保。第五步，担保公司与贷款银行签订保证合同。

3）建立贷款担保协作网络

上海市财政局、中投保上海分公司与多家商业银行建立贷款担保合作关系，联合开展授权贷款信用担保和专项贷款信用担保，较之早期的担保项目审查由财政局、担保公司和银行分别进行，节约成本且简化流程。另外，在全市共设立 200个贷款担保受理点，方便中小企业就近办理，简化信用担保的操作程序。该模式的主要优点在于集中分散资金，扩大担保基金能力；有利于政企分开，减少政府干预，充分发挥专业担保人员技能，提高担保质量。另外，政府委托的担保机构是通过竞争招标的方式选择的，有效地引入了竞争机制。

2. 互助基金模式

互助基金模式是各分散的小额担保基金采用互助合作方式汇集成一笔较大金额的合作资金，委托专业机构代理担保，扩大担保能力的运作模式，典型地区是深圳市。2001 年，深圳市两个区建立企业互助担保基金，金额约 1 亿元，互助担保基金再委托民营专业担保机构代理，为会员企业提供担保，实现了互助担保基金与商业担保公司的合作。该模式的主要操作机制包括以下三个内容。

1）实行理事会管理制度

互助担保基金首先建立理事会，专门负责管理基金并制定一套规范的管理办法和约束机制。理事会由互助企业代表、担保公司代表、经济和管理专家组成。

2）委托商业担保机构代理担保

互助担保基金理事会委托商业担保公司代理担保业务，如深圳互助担保基金委托中科智科技投资担保有限公司（简称中科智担保公司）代理。理事会是基金决策者，负责是否提供担保，担保公司主要提供专业担保服务。该模式的担保审查和决策程序为：互助基金成员推荐担保项目，担保机构负责项目初审和文件准备，最终由理事会给出是否担保的决策。

3）建立利益风险分担机制

担保费的 1/3 由担保公司收取，其余的 2/3 为互助担保基金所有。当担保风险事件发生时，先由互助担保基金代偿，不足部分由中科智担保公司代偿。该模式的主要优点是把分散的小额互助担保基金集中起来，且互助担保基金可以选择信誉高、业绩好的专业担保公司进行代理，实现互助担保基金与担保机构的结合，提高互助担保基金的信誉。

3. 分层再担保模式

分层再担保模式也是中小企业担保非常成功的模式之一，指的是担保公司通过再担保方式将担保风险向外转出，整个信贷活动涉及金融机构、被担保对象、担保公司和再担保公司，该类模式的典型地区是安徽省。安徽省中小企业信用担保中心以再担保业务为主，除了直接从事少量担保业务以外，主要是与地市一级担保机构签订再担保协议，从事再担保操作。当地市担保机构出现破产，在债务清偿后，仍不足以支付贷款银行的部分由省担保中心代偿。再担保收费为被担保机构在担保期内全部应收担保费的 5%~10%。该类模式的主要优点在于风险的风散，通过再担保机构，可以降低担保机构从事担保业务的风险，提高其抗风险的能力。

2014 年，安徽省分层再担保模式与财政风险补偿试点政策及银行担保公司风险分担机制进行了整合和创新，建立政策性融资担保风险分担和代偿补偿机制。具体操作是将单户在保余额 2 000 万元（含）以下的非融资服务类小微企业和农户融资担保业务定位为政策性担保业务，政府、银行、再担保机构提供风险补偿。当政策性融资担保业务出现代偿，承保的担保机构承担 40%的代偿，省担保集团（含中央和省财政代偿补偿专项资金）分担 30%，合作银行分担 20%，所在地财政分担 10%，追偿所得按代偿分担比例返还各方。该模式创新的关键点是将贷款银行纳入风险担保体系，可以在一定程度上增强担保公司与银行的谈判能力，同时增强银行的风险责任意识。

4. 投资担保综合模式

投资担保综合模式是担保公司实现扩大资本、防范担保风险和提高担保能力的重要手段，在全国各地都有广泛采用，主要是民营担保公司。具体的，投资担保综合模式还存在三种不同的形式，典型的投资担保综合模式是担保与股权要求相结合，即担保公司在进行担保时，通常要求被担保企业签订延迟还款合同，当被担保方不能如期偿还银行债务导致担保公司代偿后，如果被担保公司不能在宽限期内偿还担保公司债务，担保公司可以将代偿的债权转换成对担保对象的股权。此外，投资担保综合模式还有两种形式，其一是担保公司同时从事两类业务，投资和担保，如深圳高新技术产业投资服务有限公司业务额的 80% 来自担保，另 20%来自小企业投资；其二是担保公司成立专门的投资公司进行资本金运作，以保证担保基金的保值和增值。

7.4.5　中国农村信用担保政策

农户与农村小微企业可以因地制宜地选择适合的担保模式，但无论哪一种模式都需要政府资金的扶持。相对于一般的中小企业，农户和农村小微企业的信用担保需要各级财政更多资金注入和补贴。中国信用担保从 1998 年开始试点，逐步推广，整个发展过程中，出台的相关政策逐步规范，财政支持力度逐年增强。政府的扶持方式从开始的一次性资金注入变更为建立补偿机制，积极引导和推进担保体系市场化。

2005 年出台的《国务院关于鼓励支持和引导个体私营等非公有制经济发展的若干意见》将大量民间资金投入担保业，使担保的市场化程度更高。2008 年 8 月 28日，财政部、中国人民银行、人力资源和社会保障部下发《小额担保贷款财政贴息资金管理办法》，对担保基金规模年度增长达到一定比例的省区，中央财政将按年度新增担保基金总额的一定比例，从中央贴息资金预算中安排拨付一部分作为风险补偿资金。风险补偿资金由地方财政管理，全部补充地方担保基金，用于鼓励担保机构降低反担保门槛或取消反担保。同时根据各省（自治区、直辖市）小额担保贷款年度决算情况，经审核确认后，按照年度新发放小额担保贷款的一定比例给予奖励性补助资金，由中央和省级财政各承担一半，其中，中央财政承担部分从中央贴息资金预算中安排拨付。奖励性补助资金由地方财政管理，用于小额担保贷款工作突出的经办银行、担保机构和信用社区等单位的工作经费补助。

2012 年，财政部、工业和信息化部印发《中小企业信用担保资金管理办法》，对中央财政的担保资金的支持方式进行明确规定。第一，业务补助。"鼓励担保机构和再担保机构为中小企业特别是小型微型企业提供担保（再担保）服务。对符合本办法条件的担保机构开展的中型、小型、微型企业担保业务，分别按照不超过年平均在保余额的 1%、2%、3%给予补助。对符合本办法条件的再担保机构开展的中型和小型微型企业再担保业务，分别按照不超过年平均在保余额的 0.5%和

1%给予补助"。第二，保费补助。"鼓励担保机构为中小企业提供低费率担保服务。在不提高其他费用标准的前提下，对担保机构开展的担保费率低于银行同期贷款基准利率 50%的中小企业担保业务给予补助，补助比例不超过银行同期贷款基准利率 50%与实际担保费率之差，并重点补助小型微型企业低费率担保业务"。第三，资本金投入。"鼓励担保机构扩大资本规模，提高信用水平，增强业务能力。特殊情况下，对符合本办法条件的担保机构、再担保机构，按照不超过新增出资额的30%给予注资支持"。

2014 年 4 月 11 日，财政部、工业和信息化部、科学技术部、商务部联合印发《中小企业发展专项资金管理暂行办法》，进一步加大对担保的支持。主要资助项目包括：第一，业务补助。专项资金对担保机构开展的中小企业特别是小微企业融资担保业务，按照不超过年平均在保余额 2%的比例给予补助；对再担保机构开展的中小企业融资再担保业务，按照不超过年平均在保余额 0.5%的比例给予补助。第二，增量业务奖励。专项资金对担保机构，按照不超过当年小微企业融资担保业务增长额 3%的比例给予奖励；对再担保机构，按照不超过当年小微企业融资再担保业务增长额 1%的比例给予奖励。第三，资本投入。专项资金对中西部地区省级财政直接或间接出资新设或增资的担保机构、再担保机构，按照不超过省级财政出资额 30%的比例给予资本投入支持，并委托地方出资单位代为履行出资人职责。第四，代偿补偿。中央和地方共同出资，设立代偿补偿资金账户，委托省级再担保机构实行专户管理，专项资金出资比例不超过 60%。当省级再担保机构对担保机构开展的小微企业融资担保业务按照代偿额 50%以上（含）的比例给予补偿时，代偿补偿资金按照不超过代偿额 30%的比例对担保机构给予补偿。该代偿业务的追偿所得，按照代偿补偿比例缴回代偿补偿资金账户。第五，创新奖励。专项资金对积极探索创新小微企业融资担保业务且推广效用显著的担保机构，给予最高不超过 100 万元的奖励。

2015 年 7 月，财政部等三部委印发的《关于财政支持建立农业信贷担保体系的指导意见》，明确提出大力支持建立完善农业信贷担保体系。

7.4.6　中国农村信用担保体系存在的问题

1）信用担保机构规模小

现有农村信用担保机构规模小是信用担保体系中的第一个明显短板，特别是有限的资金导致担保公司业务范围及担保对象狭窄，滞后于农业现代化和产业化发展的需要。特别是 2010 年以后，随着农村经济发展的逐步加快，农业资金需求量呈现逐年增加态势，但担保远远无法满足经济发展的需要。2013 年，重庆市某县成立的某担保公司注册资本仅 50 万元，通过几次财政增资，达到 300 万元，以撬动 5 倍资本计算,担保额度可以达到 1 500 万元,这与当地的担保需求差距很大。相对于县级担保公司,地市农业担保公司注册资本较高,一般在 1 亿元左右,可以满足多数农业企业发展的需要,但由于存在对于单个企业,企业最大担保金额不得超过 1 000 万元的规定,对于已经建立较高品牌效应的规模农业企业也无法很好地满足其信用担保的需要。

2)担保风险损失补偿不力

农业信用担保风险目前主要由担保机构承担,担保机构一般通过担保费和风险准备金两个部分来控制风险。担保费按照日均余额的 6‰收取,再按费用的 10% 提取周转保障基金。由于没有多机构参与的风险防范体系,一旦贷款发生代偿,风险几乎全部由担保机构承担,非常不利于担保公司的稳健经营和整个担保体系的稳定。部分地区开始尝试银行与担保公司的合作机制,如重庆市某县农村商业银行与当地某担保机构按照 5%和 95%的比例承担风险责任,但多数地区依然是担保机构承担 100%的风险责任。其原因主要在于银行对担保机构认同度低,且处于对自身风险的防范,银行对于风险共同防范的合作机制认同率低。

3)地方政府干预过当

财政支持是农业担保公司的主要资金来源,使地方政府与担保公司间关系非常紧密,导致在实际业务办理中,有地方政府干涉担保项目审批以及指令担保和人情担保等现象,最终导致项目无法规范化操作。全国各地情况有所不同,调研显示,一个省市的区县也存在差异。例如,有的地市直接由主管市长、财政局长等政府官员兼任担保机构负责人,有些则另外聘请。但由于担保机构的主要资金来源于地方政府,担保过程中,不同程度地存在行政干预的问题,增加了担保业务的风险。

4)农村征信体系不健全

农村征信体系不健全也是导致信用担保功能弱化的一个重要方面。目前农村征信工作仍处于初始阶段,农户的信用记录非常有限,担保公司能够直接调取的内容不多,需要专门调查。农户普遍缺乏信用知识和信用意识,个人信用保护不力。农户更多的是通过征信知识宣传了解信用,但缺乏系统全面性,加上整体文化水平较低,留守农村进行农业生产的主要劳动力年纪偏大,理解力也低于年轻人。农户在个人信用保护方面存在明显问题,普遍缺乏警惕性,很容易为了蝇头小利,泄露个人信息,导致被他人冒名办理信用卡等金融产品。部分农民为他人担保,当被担保人不能履约还款时,担保人因事先不了解担保责任,在根本不具备偿付能力的情况下随意担保,结果又因无力履行担保人义务而导致出现不良个人信用记录的严重后果。因此,农村征信体系需要相关部门制定政策措施,也需要征信体系的各方使用人通力配合,以尽早地全面记录农户的信用状况,在降低信用担保成本的同时,净化农村金融生态环境。

第8章　农户投融资制度创新设计

通过对不同类别农户的投融资需求及现有制度供给的分析，本书认为农户投融资制度是一个大的体系，需要在系统论思想的指导下，有重点地创新，以适应新农村建设和城乡统筹的需要。农户投融资制度创新涉及创新主体、创新内容和创新路径，明确农户投融资制度创新的主体、内容和路径，也是本书的最终目的。

8.1　农户投融资制度创新主体变化

在2000余年的封建社会中，农户投融资制度供给主要来自于民间，以内生供给体现，主要制度形式为封建经济发展催生的农户间民间拆借和高利贷信用。虽然在整个供给过程中，政府在经济形势、金融形势恶化时或者为了巩固政权的需要，也会出台相关制度规范农户投融资行为，但系统性地铺设制度安排并不多见。但自辛亥革命爆发，推翻帝制，开创民国以来，农户投融资制度供给便交替出现内生与外生两大主体，有时是以外生主体——政府主导农户投融资制度，有时又是以内生主体——农户、金融组织主导农户投融资制度。20世纪30年代的合作投融资制度创新就是在当时的国民政府的倡导和大力推动下开始的，然而不幸的是，制度设计流于形式，农户并未从制度创新中获得实质性投融资便利，制度红利更多地为特权阶级和军阀所窃取。新中国成立以后，农户投融资制度供给也是由政府主导的，农村商业金融和合作金融都是由政府以外生供给主体的身份铺设的。家庭联产承包责任制实行以前，农业生产由乡村政府统一安排，农户不需要做投资决策，自然没有融资需要，农户投融资没有启动。包产到户后，农户作为基本生产单位的主体地位得到不断强化，农户自主安排生产，农户投融资市场在沉寂多年以后开始复苏。20世纪90年代中后期以后，随着专业银行商业化，中国农业银行网点大量从农村撤出，农村市场资金供给出现短缺问题。与此同时，中国农户在经历10余年的自主生产过后，投融资能力逐步提高，加之部分农户参与乡镇企业的开办，融资需求越发强烈，这就出现农村金融市场供需的不匹配的现象。

有需求必然产生供给，于是农村中的部分存在资金剩余的农户、组织和城市居民就成为资金的供给者，形成细分的民间金融市场。此时，农户投融资制度供给主体由外生的政府转换为内生的农户、民间金融组织。在内生主体主导农户投融资制度的阶段里，各地区开始尝试各式各样的农户投融资制度安排，如合作投融资、农地投融资、商业投融资等都纷纷进入农村金融市场。2006 年，随着中国银监会改革农村金融市场和金融机构的多个文件的出台，政府主导的类型繁多的新型农村金融机构开始在全国范围内试点和推广，政府再次成为农户投融资制度供给的主体。

8.1.1 外生主体

中国农户投融资制度以外生供给为主，自 1949 年新中国成立至 1995 年中国农业银行商业化的 45 年时间里，农户投融资制度的供给主体一直都是政府。以农村商业金融为主导、农村合作金融为主体，农村政策性金融为补充的农村投融资体系是由政府设计的。这期间，政府曾经对农户长期投融资制度——农地金融制度安排做过尝试，但以失败告终。1988 年，国务院在贵州省湄潭县组建土地金融公司，但由于当时的制度创新没有完善的金融市场和金融监管，导致严重亏损。

8.1.2 内生主体

1995 年，随着中国农业银行的商业化的开始，中国农业银行全面撤离农村，外生制度供给下的资金量迅速缩水，农户融资难度加大，农户投融资的制度供给的内生阶段开始。在该阶段，农户商业投融资和合作投融资制度开始内生主体创新，农村中的富余资金、城市游资通过资金互助会、典当行、地下钱庄、银背等实现对农户的投融资，资金的所有人和中介成为农户投融资制度的内生供给主体。值得注意的是，农村土地投融资在该时期也开始了内生供给，各地农民自发组织了形式各异的农地金融，但规模很小。

8.1.3 再次外生主体

2006 年，随着中国银监会出台一系列法案，创新农村金融机构，村镇银行、贷款公司、资金互助社相继在全国各地组建和运行，开始农户投融资制度的二次外生主体供给。该阶段，政府再次成为农户投融资制度供给的主体，特别是 2009 年后开始小额贷款公司的试点，政府特别是地方政府直接介入融资机构的管理，为农户投融资供给更多的、更适宜的制度。该时期，政府供给的农户投融资制度不仅包括商业性质的、合作性质的，还包括财政投融资制度和农地投融资制度。以财政资金组建针对贫困人口的扶贫协会在各试点地为贫困农户融通资金提供便利，投融资示范效应非常好。该时期的农地投融资制度创新主要以农地抵押贷款为主，试点也在不断拓展，由最初的中部六省和东北三省逐步推进到更大范围。

8.2 农户投融资制度创新的内容

8.2.1 农户土地投融资制度

1）农地使用权抵押登记制度

农地使用权抵押登记是农户土地投融资制度的首要安排，农地使用权人需要在专门机构确认土地使用权。《中华人民共和国农业法》规定，农地为村民集体所有。如果要将物权分离，需要通过登记、公证以明确，保障物权人及抵押权人的利益。现有制度规定，以农业用地、牧业用地使用权办理抵押的，在县级以上土地管理部门登记；以林业用地使用权办理抵押的，在县级以上林业部门登记。在农地使用权办理抵押登记之后，还需要进一步界定物权延伸收益形成的权利，包括地上定着物、种植物和孳息。具体的，需要把桥梁、涵洞、管道、索道等附属设施，农作物、林木作物和草场等种植物以及两类对象的孳息纳入登记范围之内。

2）抵押当事人权利义务

（1）抵押人的权利义务规定。土地承包经营权人作为抵押人，其抵押权利与义务可以参照其他所有权或物权抵押操作执行。抵押人享有对土地承包经营权的继续使用、收益和处分的权利，但在上述权利行使过程中，必须遵行已设定的抵押权。在抵押期间，如果抵押人需要将土地流转他人时，必须经抵押权人同意，流转所得的价款需要优先清偿抵押权的债务。如果流转价款超过抵押权数额，超过部分归还抵押人；如果尚未达到抵押权数额，不足部分则由抵押人清偿。土地承包经营权抵押人享有出租权，抵押前办理出租手续的，原租赁关系不受抵押权的影响，抵押权设立后办理出租手续的，租赁关系不得对抗抵押权。土地承包经营权抵押人的义务则相对简单，主要是妥善保管和使用抵押物，维持物权所属土地的正常生产能力，防止其经济价值的减少。

（2）抵押权人的权利义务规定。土地承包经营权的抵押权人的权利与义务同样可以参照其他抵押制度安排。土地承包经营权抵押权人具有的基本权利包括优先受偿权、处分权和保全权。优先受偿权是土地承包经营权抵押权人首要的权利，当抵押人不能按规定履行债务时，抵押权人有权优先受偿抵押物的价值。抵押权人的处分权是对抵押标的的处分，包括抵押物的转让和抛弃。抵押权人的保全权是指由于抵押人的行为已经引起抵押财产价值的减少，抵押权人有要求抵押人停止其侵害行为的权利。抵押财产价值减少的部分，需要抵押人提供其他匹配价值的担保。抵押人拒不恢复和提供担保的，抵押权人有权要求对方清偿债务。抵押权人的义务是在实现抵押权的同时，不得损害抵押人和第三人的利益。

8.2.2　农户合作投融资制度

1）农户资金互助制度

农户资金互助制度能够实现农户低成本融通资金，是农户合作投融资的重要制度设计。农户资金互助制度安排需要强调农户自愿，在自愿的基础上实现农户资金合作。农户资金互助制度设计还需要特别关注资金互助社的监管和规范，在制度设计中要明确其监管部门。本书认为，资金互助社属于合作金融组织，其监督和管理同样应该纳入中国银监会的范畴，改变当前由地方政府部门充当监管执行者的制度设计，根本原因在于地方政府缺乏管理资金互助社的手段和能力。农户资金互助社的管理需要规范化，资金投放数额、方向和风险评估都需要专业运作，并实施有效监管和引入行业自律。农户资金互助要以短期、小额为重点，坚持合作组织的非营利性质，当农户需要资金量超过一定标准后，应转而选择其他投融资方式，如通过商业银行或者农地金融机构获得资金支持。同时，农户资金互助制度设计需要动态考量，在农户初期资金合作时期，农户应全部以资金互助社内部合作资金为投融资来源。随着资金互助社的逐步完善，农户经营能力增强，资金互助社管理层次提高，当总合作资金量达到一定标准以上，可以考虑增加其政策性和财政性的资金来源，后两者通过资金互助社辅助农户投融资。

2）农户合作社投融资制度

相对于农户资金互助制度安排而言，农户合作社投融资制度设计并非仅仅依靠内部合作，而是在合作基础上实现农户整体融资能力的抬升，从而获得政策性金融和商业金融的资金注入。农户合作社投融资制度首先需要按照《中华人民共和国农民专业合作社法》组建农民专业合作社，而后根据其规模及社员的融资能力选择不同的合作社融资功能定位。可以考量的制度创新有两类，其一为直接融资制度，其二为融资与融物结合制度。直接融资制度与资金互助制度相似，是专业合作社获得政策性银行和商业银行的贷款后再转贷给社员的合作投融资制度安排，本书更强调政策性金融与合作金融的结合。融资与融物结合制度相对于直接投融资制度更为复杂，专业合作社在整个制度安排中的角色定位更为重要，该制度是农户投融资的创新模式。制度在具体执行过程中，还可以根据合作农户的差异有不同的投融资安排，但共同特征为专业合作社对融入资金的支出，即投资安排统一进行管理。专业合作社与银行签订合同，由银行根据社员的生产需要向其贷放资金，后者集中使用贷款，向市场中购入生产资料，提供给各社员，实现融资向融物的转化。农户完成一个生产周期后，向合作社提供劳动产品，再由合作社向市场中统一销售，如借助订单实现一次性整体销售。合作社直接使用销售款偿还银行贷款，剩余部分扣除合作社管理费用后支付给合作人。不同地区、不同农户可以有不同的制度设计，对于资信状况好的农户，合作社也可以不直接参与贷款的申请与偿还，而由银行对接农户，在贷款申请环节，合作社为农户提供担保，在贷款回收环节，合作社协助银行保证顺利收回资金。

8.2.3　农户财政投融资制度

农户财政投融资制度创新重点在于财政直接投融资规则、方式、模式及资金安全保障的设计，即财政扶贫投融资制度，该制度设计的根本目的在于实现财政支持贫困农户提高生产能力。财政直接投融资制度设计需要细化，具体包括投融资对象、投融资资金来源、实施投融资的运作机构等内容。在农户财政投融资制度创新中，也需要将农户补贴和政策性银行等间接投融资制度纳入改革的范畴，实现财政全方位、多层次和多渠道地服务农户投融资。

1）财政直接投融资制度

财政直接投融资是贫困农户的主要融资来源。能够通过财政途径获得投融资的农户严格界定为贫困农户，该类农户因为没有能力获得商业性质资金而无力生产，需要财政支持，而维持型与市场型农户则应选择合作投融资和商业投融资实现收益增长。财政投融资的筹资来源需要明确的制度界定，为了扩大资金来源，财政投融资应充分考虑动用邮政储蓄存款、社会保障基金的剩余金和政府担保债券，实现对各类资金的整合。财政直接投融资的方式选择有二，一为财政资金组建扶贫互助社，二为扶贫项目贷款。无论是借助扶贫互助社还是借助项目，财政直接投融资都需要一系列制度安排，如财政投融资资金使用的审批制度、监督检查制度、资金回收和效益考核制度、预决算制度、财政投融资内部财务核算制度及其配套管理方法。

2）财政间接投融资制度

财政间接投融资制度包括农户财政补贴制度和政策性银行制度，两类制度性质存在差异。农户财政补贴制度作为无偿使用的资金，不符合融资的概念，通过直接增加农户收入和间接减少农户成本支出，可以扩大农户可运用资金来源，减少农户融资比例，故本书称其为农户间接财政投融资制度。政策性银行制度则属于典型的财政间接投融资，财政资金通过银行机构按照市场规则直接或者间接贷放给农户，实现农户的资金融通。政策性银行的资金主要投向农业流通领域和农村经济建设，未来对农户的资金支持，应主要考虑选择间接方式。其具体运作为政策性银行通过向农地金融机构、农户合作金融组织等提供资金来源，再由后者向农户提供。在该系统设计中，农户获得的最终资金的性质就可能出现不同的构成，如合作性质、政策性质、商业性质及半政策半商业性质等，实现各级各类资金对农户的综合支助与支持。

8.2.4 农村金融监管制度

农村合作投融资、非正规投融资、商业投融资都需要系统的、审慎的监管，农村金融监管制度是保障农村金融市场有序运行和农户投融资顺畅的必备制度安排，是农户投融资制度创新的重要内容。农村金融监管制度本着增加透明度的公开监管原则，明确适用法规、政策和监管要求，制定监管条例。具体监管方式应涵盖公告监管、准则监管和实体监管三种。公告监管是中国人民银行通过制定相关规章，要求开办农村金融业务的金融组织和机构按照规定的时间间隔，如按月、按季或者按年将经营成果呈报政府规定的相关主管机关并予以公告。准则监管相对于公告监管更为严格，本书认为，农户长期投融资专业机构——土地银行适用此类监管模式。例如，对土地银行的资本金来源与运用、资产负债表的审核、违规的处罚等，均使用明确的准则进行规范。实体监管最为严格，鉴于农户投融资制度直接关系到农户的生产安全，特别是可能引发贫困农户、维持型农户的生存风险，故农户投融资制度创新的一个重要内容是，当前试点及以后相当长的发展时期内，重点采用实体监管方式设计农村金融监管制度。

8.3 农户投融资制度创新的组织体系

农户投融资制度创新需要按照一定的路径依次推进。具体的，农户合作投融资制度和财政投融资制度的路径较短，需要的先期制度准备较少，只要保障资金供给到位，制度设计、业务安排即可顺利运行和推进。而农地投融资制度需要相对严格的路径安排，需要社会保障制度、农地整理制度、农地流转制度、农业保险制度和农地金融风险控制制度作为制度供给的先导，而后才能够顺利铺设组织架构。

8.3.1 农地投融资制度创新的组织体系

中国农地投融资组织架构是农户投融资制度中比较新的一个内容，从目前各主要传统农村金融机构来看，在资产规模和信贷能力上，中国农业银行、中国农业发展银行和农村信用合作社均具备农地抵押融资的要求。但从国外各主要发达国家和发展中国家来看，如德国、美国、印度、南非等，都成立有专门的土地银行等农地金融机构，故中国未来也需要设立专门的土地银行进行专业操作。

1. 土地银行的含义

土地银行是指主要以经营土地开发、利用、经营过程中的贷款为主要资金运用业务，以发行土地债券为主要资金来源业务的政策性专业银行。土地银行的中心业务是办理土地抵押，除了提供城市房地产开发融资、经营管理融资、住房融资外，国外土地银行的主要业务是农村土地的改良、经营和农业生产融资。因此，土地银行在国外经常被看做农业专业银行，享受国家相关农业优惠政策。法国土地信贷银行承担实现法国政府住房政策和发放长期优惠贷款的业务。美国联邦土地银行由政府财政通过购买土地银行股票的形式扶持建立，利用农户拥有的土地融通资金，为农业生产和与农业生产有关的活动提供长期信贷资金和服务。德国土地银行主要通过贷款协助农民兴建水利、道路、耕地平整和造林等。

2. 台湾土地银行

台湾土地银行成立于 1945 年，当时，台湾地方政府为配合在台推行平均地权、耕者有其田等土地政策，收回日本的劝业银行在台北、新竹、台中、台南、高雄五个支行，建立台湾土地银行。该行于 1984 年取得法人资格，1997 年，民营化改造后成为股份有限公司，2003 年上市，公开发行股票。台湾土地银行是台湾省唯一一家办理不动产和农业信用的专业银行，主要开办的土地金融业务包括土地贷款、土地信托、建筑融资、房地产企业融资、不动产证券化及房屋贷款、个人理财等业务。台湾土地银行的土地融资、建筑融资及房屋贷款居全省首位，具有发展不动产信托、不动产证券化和金融资产证券化的优势，除贯彻推动住宅、农业及土地政策，发展国民经济建设等专业银行的基本政策外，不断进行业务创新，积极转型，现已成为办理存款、企业金融、个人金融、外汇、信托及其他理财业务的综合金融机构。

3. 大陆新时期的农村土地银行

1）农村土地银行业务操作

中国目前组建的土地银行与上述的传统土地银行不同，实际上是土地开发合作社，属于土地流转机构。中国当前农村土地银行主要有两种操作模式，其一为信托形式；其二为合作形式。在信托形式下，土地银行根据地理位置、土地肥沃程度、升值潜力等，对农户的土地确定一个合理的储存价格。农户在自愿的基础上，将该土地定期存入银行，银行将各农户的土地进行打包、整合或适度改造，在维持基本农业用途不变的情况下，贷给其他土地需求者，如新型农业经营主体的农业企业和种养大户等。土地需求者向银行支付土地的储存价值、整理开发价值及前两者之和的同期贷款利息，银行再把储存价值兑现给农户。合作形式的操作是农民以土地承包经营权作为股本，与合作社签订入股合同，按股权实行保底分配，合作社再把土地承包给经营公司，年终视经营状况按股权再次给农民分红。

2）农村土地银行建立原则

中国新时期土地银行的建立，要体现以下三项基本原则。其一，以惠农利民为前提。为切实保障农民的土地权益，必须坚持确保所有权、稳定承包权、搞活使用权的原则；坚持依法、自愿、有偿的原则；坚持不改变土地的农业用途，确保耕地复耕能力的原则。其二以服务新农村建设为宗旨。土地银行作为政策性银行，其宗旨是通过土地存贷调剂土地余缺，推进适度规模经营，同时通过发放土地抵押贷款，有效解决农业发展资金问题，以建立新农村发展长效机制。其三是以创新农地金融制度为重点。土地银行的主要任务是创新农村土地集体所有制的有效实现形式，以农地的物权流转获得收益为表现形式，属于农地使用权租赁的范畴。

3）农村土地银行案例——四川省彭州市磁峰镇皇城农业资源经营专业合作社

为推进土地规模经营、实现农业资本化、促进农业生产方式转变，2008年12月，四川省成都市彭州组建成立"土地银行"——农业资源经营专业合作社。该土地银行基于农村土地承包地经营权，将农户零散、小块、界线明晰的承包地经营权流转入，按照一定的价格给付农民租金，也称存地利息，再根据产业规划和种植大户对土地经营规模的需要，将土地成片划块转包给种植大户，种植大户付给合作社土地租金，即贷地利息，合作社通过利息差获得收益。在合作社授牌仪式上，土地存入户代表与"土地银行"签订了承包经营权存入合同，领取了存地凭证，龙头企业和种植大户代表与"土地银行"签订了合作协议，完成土地的存取。共有246户村民存地900亩，成为"土地银行"第一批储户。合作社存地农户也可以在农业企业工作，如某存地农户共存地13亩，每年可以从"土地银行"获得3 000余元的利息收益，同时一年在合作公司可以获得6 000余元的工资收入，较之独立耕作的收益高出几倍。皇城农业资源经营专业合作社采取村民自治、政府扶持、市场运作、合作经营的方式运行。该合作社是村集体经济组织下属的一个专门机构，农民通过民主选举产生农业资源经营专业合作社管理委员会和监督委员会，对合作社进行管理和监督。

4. 农地投融资制度组织架构

中国当前还没有专业的土地银行，农地投融资制度第一阶段只能建立在现有农村金融机构基础之上。可以考虑由中国农业发展银行作为农地投融资的主要组织机构，这在于中国农业发展银行是政策性金融，与国外主要土地银行性质相同，有利于直接借鉴后者成熟的农地金融业务，也可以同时由中国农业发展银行、中国农业银行、农村商业银行、农村合作银行和农村信用合作社共同完成。中国农业发展银行在农地融资业务安排上应着力于创新期限较长的中长期融资，而中国农业银行、农村商业银行、农村合作银行和农村信用合作社等则应以中短期土地融资为主。第二阶段则为土地银行建立后的组织安排，建议参考国外成熟土地金融的国家构建农地投融资制度。可以考虑实行三级法人制，基层由合作性质的土地信用合作社构成，中层则由公司性质的土地银行承担，高层为兼具监管和经营功能的土地银行总行。从目前中国农地金融发展来看，基层的土地信用合作社已经逐步在各地组建完成，虽然在各地统称为土地银行，实际是土地信用合作社。未来农地投融资基本操作为：农户通过缴纳会费，参加土地信用合作社，后者对其土地使用权进行确权、评估、上报并按贷款金额的 5%~10%缴纳保证金给土地银行。土地信用合作社可以通过持有土地银行的股份而成为土地银行的所有人，土地银行在同等条件下向所有人优先提供抵押贷款。土地银行成立前后的农地组织框架体系如图 8-1 和图 8-2 所示。

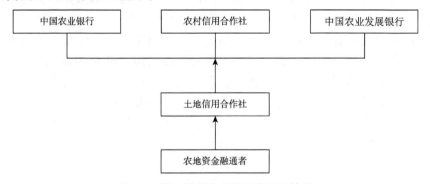

图 8-1 第一阶段农地投融资组织体系

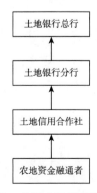

图 8-2 第二阶段农地投融资组织体系

8.3.2　农户合作投融资制度组织体系

农户合作投融资制度主要以服务于农户短期资金需要为主要目的，是农户弱弱联合的重要制度体现，在其制度框架创新中，与农地投融资制度相似，也需要分阶段变迁。目前，中国农村资金互助社与合作社尚处于起步阶段，应以内部合作资金融通的规则制定作为主要研究对象。随着资金互助社和合作社，特别是业务范围更宽泛的合作社的发展壮大，合作社具有为农户提供担保的能力，能够协助或者统一安排农户生产投资和收益获得，农户合作投融资就可以更多地考虑外源融资，如借助政策性金融机构，如中国农业银行、国家开发银行及未来组建成立的新型的农村政策性金融机构。随着改革的推进，本书认为农村资金互助社最终必然将纳入中国银监会的统一监管，成为金融同业，即可以参与到同业拆借市场，从其他金融机构处获得资金融通，如中国农业银行等商业银行、村镇银行等新兴金融机构等。专业合作社与资金互助社不同，不能以金融机构的身份直接进入金融市场，但同样可以获得外部融资。当合作社有了一定的发展规模，其性质与企业集团具有诸多相似性，后者是企业的联合体，合作社是农户的联合体，其发展规范后，可以获得中国农业银行、农村信用合作社等的资金支持。如此，农户合作投融资制度的组织框架体系具有维继性和可持续性，成为相对稳定的组织构成。资金互助社内部也可以有纵向的层次划分，如各个基层资金互助社可以通过参股的方式组建地区联社，如有需要，还可以组建更高层次的，如全国联社，构成多层次、多构成的完整的合作投融资体系，其组织框架如图 8-3 和图 8-4 所示。

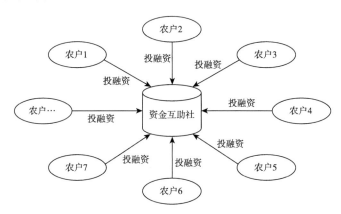

图 8-3　农户合作投融资初期组织结构

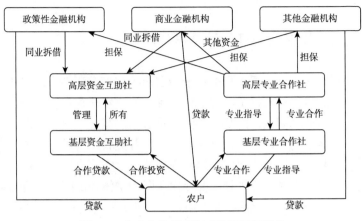

图 8-4　农户合作投融资成熟期组织结构

8.3.3　农户财政投融资制度组织体系

农户财政投融资相对于农地投融资、合作投融资等金融性质的制度而言，其组织框架结构单一，制度构想的重点在于农户获得财政资金的性质和途径，即是直接获得的补贴资金、间接获得的补贴资金，还是需要偿付的低成本借贷资金。具体的财政资金运用管理机构各地区目前尚未统一，有些由财政局下设的金融处负责，有些则由市农业委员会下设的扶贫开发办公室负责，本书认为各地资金操作部门可以不同，但对财政资金的管理应该统一，如统一在财政局下设立资金管理处，有利于各地政策的统一与协调。本书统一使用财政部门代替各地不同的财政资金执行机构，将农户财政直接投融资与间接投融资制度安排整体设计为财政投融资体系，如图 8-5 所示。

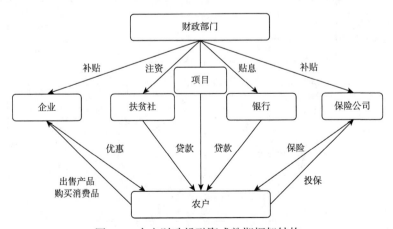

图 8-5　农户财政投融资成熟期框架结构

8.3.4　农户投融资制度创新总框架设计

农户投融资制度创新的根本目的在于为农户构建投融资平台，实现农户短期、中期和长期融资的可得性及投资的收益性。鉴于当前农户存在明显分化，而农户融资来源单一、金额低和期限短的特征无法满足农户的需要，故本书设计一整套普惠的、多性质、多期限的农户投融资制度，进而为各类农户提供有效的、全方位的投融资服务。该套制度立足于当前农户投融资现状，以农户合作投融资为基础、土地投融资为重点、财政投融资为主导、商业投融资为主体和民间投融资为补充作为设计思路，以农户合作投融资制度和农地投融资制度为创新重点，总体框架结构如图 8-6 所示。农户投融资制度设计强调普惠、合作与发展，各制度围绕该基本思想形成有机体系。需要强调的是，财政投融资制度是该体系中一个非常有意义的部分。财政投融资制度是"先富带动后富"，实现共同富裕的安排，经济发展追求公平与效率，贫困农户，特别是赤贫农户无法通过市场规则获得足额启动投入，需要低成本资金和无偿援助资金的注入。同时，农户的分化使部分农户生产开始专业化和非农化，专业化农户和非农化农户需要的大额、长期投资也无法通过当前的小额信贷获得足额资金，必须进行投融资制度创新，故选择能够适应商业金融需要的农地投融资制度。对于依然占农户多数的兼业农户，可以通过现有的农村小额信贷制度及非正规金融制度获得部分资金维持生产。但鉴于无论是正规的小额信贷，还是非正规民间信贷，农户的融资均具有高成本特点，不利于农户生产能力的快速提升，故设计遵循自愿、民主和互助的原则，在农户间形成人的联合，不以营利为目的，降低资金使用成本的合作投融资制度是非常必要的。

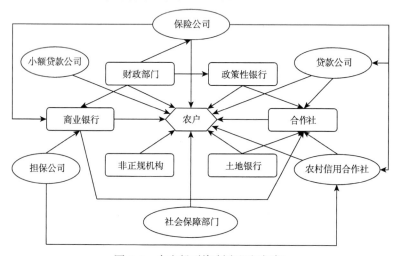

图 8-6　农户投融资制度组织框架

第9章 研究结论与政策运用

9.1 研 究 结 论

本书从制度创新的视角研究城乡统筹背景下农户投融资问题。中国农村在过去30余年的发展中，经历了迅速腾飞、缓慢跟进和几近停滞三个阶段，通过对其深入剖析，可以发现农村资金供给短缺、农户融资难度大，特别是农业的中长期资金供给严重不足是制约农村发展的重要原因。基于此，提出农户投融资制度创新的框架和策略选择，主要研究结论如下。

第一，农户投融资制度创新需要充分考量农户分化。农户分化符合社会分层理论，是社会经济发展的必然。经过改革开放后30余年的分化，中国农户收入差距增大出现多种农业生产模式，集中体现为非农化和专业化两大趋势。农户非农化具体是指农户由过去完全从事农业生产经营逐步转向从事部分农业生产和部分非农业生产，直至完全从事非农业生产。农户专业化，即从同质的农户中分化出专业农户。专业农户主要指以市场为导向，实现生产规模化、技术化和商业化的农户。专业农户常被称为生产大户，其家庭的主要收入也来源于农业，但与传统农户不同，其经济行为的动机更多是追求利润最大化，而非家庭基本需要。专业农户对农业科技投入较高，积极采用新技术，农业生产中投入的人力资本也较传统农户高，生产成员已不仅仅局限于家庭内部，存在劳动力的雇用。经过非农化与专业化，农户投融资特征也发生巨大变化，同样由一元向多元转化。农户投融资的差异决定农户投融资制度创新也必须遵循多元化的思路，针对不同农户的投融资需求，现有的农户小额信贷和联保贷款等非抵押、小额度、短期贷款已经无法适应农户的需要，必须供给不同类型的制度设计。农户投融资制度按照期限长短的不同分为长期投融资与中短期投融资制度；按照融资额度的不同分为小额投融资制度与大额投融资制度；按照融资来源性质不同分为商业投融资、合作投融资和财政投融资等。农户分化后，农户长期投融资需求无法通过信用和保证等方式获取资金来源，必须通过创新抵押品得以实现。同时，农户在生产投融资中可以通过融物代替融资，产生农地信托和租赁的需要。农户的短期投融资需求可以通过小额信贷制度得到一定程度的满足，但由于商业小额信贷成本较高，需要创新合作投融资制度，降低农户融资成本。而对于农户分化后的贫困农户，特别是赤贫农户，无法通过市场规则获得足额启动投入，需要低成本资金和无偿援助资金的注入，因而产生财政投融资需求，故农户投融资制度创新是基于农户分化后的多元制度供给过程，需要系统的制度设计。

第二，农户投融资制度创新的重点在于供给农地投融资制度。农户长期投资不足根源于农户长期融资不足，需要对应设计金融制度，即农户基于农地使用权的投融资制度。农地投融资制度阶段性重点是农村土地承包经营权抵押贷款制度，未来还要发展农地信托、农地租赁和农地证券交易等。农地投融资在中国至少有着 3000 余年的历史，总体启示是：①贫困农户不适合采用农地投融资获取资金和收益；②农户的生活保障用地使用权不能够直接抵押；③农地抵押贷款利率需要政府补贴。当前，中国农地投融资制度构建和业务操作面临的主要困境是农村土地承包经营权价值确定难、抵押难和处置难；农地投融资上述困境的主要原因包括法律障碍、风险障碍和市场障碍。因此，本书认为，农户投融资制度创新的关键部分是农地投融资制度构建，特别是农地长期投融资制度设计。

第三，农户投融资制度创新必须充分尊重农户的意愿与选择。从农户投融资制度发展历史和地区试点反映的现实问题来看，成功的农户投融资制度创新需要建立在农户充分参与，并尊重农户意愿的基础之上，而完全将农户投融资服务对象和农村经济的主要生产主体排除在制度设计之外，供给的制度一定具有明显的不适应性。20 世纪 30 年代，国民政府的外生合作金融设计最终效果与初始设计存在较大偏差，主要在于未充分尊重农户的选择，参与合作的农户仅是在政府倡导下组建合作社，由于整体剩余资金少，农户间的资金合作制度效果不好。目前在各地试点中的农地投融资、合作投融资也存在类似的问题，如有的地区强行流转农户的土地，有的地区为了完成上级任务，要求农户都要参加合作社，成为合作人等。外生制度供给是自上而下的制度铺设过程，但在该过程中，需要充分关注制度需求者、制度服务者的意愿，最终的制度创新才是有的放矢的。

9.2　政　策　运　用

9.2.1　健全农户投融资相关法律

1）健全农地投融资法律

针对农地抵押贷款制度无直接明确法律规定的实际问题，修改现行的部门法律，在《中华人民共和国土地管理法》或《中华人民共和国物权法》中采用增补条款或者直接修改条文的方式给出农村土地承包经营权可以抵押的表述，为农村土地承包经营权抵押全面推进做法律准备。修订《中华人民共和国证券法》或出台 "资产证券法"，明确农村土地承包经营权可以证券化。另外，尽快出台保护债权人的法律，如 "金融组织权益保护法" "债权人权益保护法" 等。

2）健全合作投融资法律

针对农户合作投融资法律依据效力较低的问题，应专门设立 "合作金融法"，规范合作金融机构的经营范围、市场准入与退出、治理结构、资金运用、财务管理及监管事项与权限，明确合作投融资参与各方的权利与义务。针对农户非正规投融资不规范问题，出台《商业银行设立标准》，降低民营银行准入标准，对经营银行业务的操作规程、业务范围、存款准备金率做出规定，纳入中国人民银行和中国银监会的监管。

9.2.2　加大财政资金注入

1）优化财政补贴及扶贫机制

农户作为弱势经济主体，其整体投融资能力低于企业。经过改革开放后多年的农户分化，部分专业农户具有一定的市场投融资能力，可以根据市场规则融通资金和选择投资项目，但大部分的农户依然需要大量低成本资金投入生产，故优化财政补贴及扶贫机制是非常重要的。一是严格执行当前补贴政策。财政部门继续执行当前的粮食补贴、农机补贴、机构补贴等直接和间接补贴政策，严格审查农户接受补贴的资格，减少和杜绝弄虚作假、侵占补贴款的现象。二是增加农户生产项目补贴及融资支出。改革目前财政主要通过扶贫合作社向农户提供融资的方式，增加以生产项目为媒介的资金支出，不仅可以提高农户融资能力，且有利于增加农户的投资收益。这在于项目投资往往需要农户在信息、技术等方面进行合作，提高农户的组织化程度和市场判断能力，改变凭经验做生产决策的落后模式。

2）提高政策性金融服务农户投融资的比例

农户投融资机制的优化需要政策性金融的长期和持续性发展，农户土地投融资、农户合作投融资都需要政策性金融的外部资金注入，特别是土地投融资，各国政府都是通过动用全部或者部分财政资金组建最初的土地金融机构，随着发展的推进，才逐步退出，让位于市场。本书反复强调农户合作投融资是弱弱联合，但非赤贫联合，参与合作的农户均没有供其他合作人使用的剩余资金，合作是不可维继的。而中国当前农户整体处于资金不足的状态，资金合作中的缺口需要政策性资金填补。提高政策性金融服务农户投融资的比例，可以通过两个途径实现，其一，增加政策性银行贷款。增加中国农业发展银行对农户的贷款时，为了降低成本和提高效率，可以通过中国农业发展银行向农村资金互助社授信，再由资金互助社向农户授信的间接方式完成。其二，补贴农户贷款。通过贴息贷款、补贴涉农金融机构等方式，提高商业金融对农户资金融通的比例。在补贴金融机构和贴息贷款的选择中，重点应放在后者，其支持农户投融资的制度效应更直接，更有利于提高财政资金的使用效率。

9.2.3　引入低碳设计思路

1）设计农户生产性碳交易品

农户投融资项目安排中引入低碳思路，创新环境友好型投融资业务，具体可以设计为：　①森林碳交易品。森林碳市场的投资是国际碳金融的本源业务，《京都议定书》生效后，森林固碳项目和碳信用贸易增加较快。政府可以通过少部分出售清洁发展机制（clean development mechanism，CDM）下的造林、再造林碳汇项目获取资金，为农户林业发展提供融资服务。②有机碳交易品。有机碳交易品着力点在于有机农业的技术性和固碳效应，即有机农业不同于化学农业，能够优化可再生资源和农业生态系统中的养分和能流，无须人工合成肥料提高土壤肥力，避免耕地或干泥炭地中氧化亚氮和沼气的排放，且有助于减少森林砍伐。有机农业除了大田农业外，还包括有机畜牧业和有机肥。有机碳交易品可参照森林碳交易品的操作方法，选择国际成熟的有机技术，通过与其进行碳交换获得资金来源，再将该类资金投向农户的有机农业项目，既完成与国际市场的碳交易，改善国内土壤环境，又增加农户收入，实现多项利得。③循环碳交易品。循环碳交易品是针对循环经济设计的碳交易，中国农村正在探索和实施中的循环农业品主要包括清洁能源、种植业养殖业废弃物再利用和农产品加工业废脚料的回收等，如风力发电、秸秆气化、太阳能、秸秆生产复合板材、修剪枝条种植食用菌、畜禽粪有机肥及发电、稻壳燃料、米浆淀粉等。循环碳交易品的设计不同于森林碳交易和有机碳交易，该产品除了具有后两者的共有功能，即从国际市场中融通碳资金，创新农户增收途径外，还能够减少国内总体碳排放量，为工业企业碳排放提供一定的调剂空间。

2）发行农业碳债券

发行农业碳债券有利于缓解农户投融资总量不足的现状，创新农村金融形式。可以依托碳金融平台，制定政策，在国际国内市场发行农业碳债券，募集农村、农户发展需要的与日俱增的资金量。农业碳债券不同于历史上的欧美资本市场和后来的巴西等国发行的农业债券，该债券的发行人可以是政府、农业企业和农村金融机构，但其筹集的资金必须通过项目方式投入低碳农业——节约型环境友好农业，具体可以涵盖农林牧副渔大农业框架内的节能农业、节水农业、立体农业、清洁能源农业、循环农业和部分都市农业等的生产流通各个环节及科技投入。一般农业债券的期限较长，常见的有 15 年和 30 年。农业碳债券主要目的在于服务低碳经济，发行期限可以低于一般农业债券，5~10 年比较合适。初期可以选择柜台市场和银行间市场，随着交易主体和交易产品数量的增加，逐步过渡到场内交易。

9.2.4　提高金融监管水平

1）扩大金融监管范围

农户投融资制度创新需要提高金融监管能力，将所有的农户资金融通行为均纳入中国人民银行与中国银监会的监管范畴。现有的金融监管制度仅将由中国银监会批准设立的正规金融机构纳入监管范畴，而对于小额贷款公司、地方政府批准设立的资金合作社则由工商管理部门和地方政府负责业务指导与管理。银行不同于企业，无论是工商管理部门，还是地方政府机关，均不具有管理资金运作的知识储备与能力，该部分金融机构需要尽早纳入中国银监会的监管范畴，实行严格的审慎监管。

2）增强非正规金融监管

农户间的非正规投融资的风险积聚效应和破坏力较大，需要分类别专门管理。首先是出台专门的民间金融监管法规，这也是非审慎性监管的需要，如拟定并出台"合作金融法"、"民间金融管理条例"、"民间金融监管适用办法"和"民间金融法"等法律、法规，为监管提供依据。其次是实施差别化监管政策。一是对监管对象进行分类，把当前农户非正规投融资活动分为三类。第一类为非法或违规金融活动，如摊派集资、非法集资、高利贷、抬会等；第二类为使用自有资金的民间借贷、商业信用、银背、典当行、NGO 的小额信贷业务；第三类为使用会员资金的合会。二是对每个类别采用不同的监管政策。对于第一类金融活动，主要通过政府和司法部门，利用《中华人民共和国刑法》等非金融法规进行规范，追究相关人员的违法和犯罪责任。对于第二类，主要采用非审慎监管策略，通过一般规则规制其经营行为，真正的监管实际上是通过非正规金融组织的自我约束完成的。对于第三类的合会，由于其存在策略性倒会的可能，对其监管宜采用非审慎性监管和司法监管相结合的方式。

9.2.5　完善其他配套制度

1）建立农村征信体系

农户投融资制度创新需要完整系统的农村征信体系，但是农户信息分散于工商、银行、邮政、公安和通信等部门，没有完整的信息记录。农村信息征集成本高，需要建立数据共享平台，在信息采集中需要强调指标设计和信息来源的真实性。农户信息应在一定时期内保持固定不变，便于信息的共享使用。农村电脑和网络也在逐步普及之中，信息采集人员应主要采用电子化方式处理农户数据，鼓励农户自主报送信息，再由专人审核，保证数据的真实和可靠。农户信用等级可以参考国际信用评级行业习惯，分出不同级别，如将农户信用状况细分为5级或者6级。5级分类如特级、优级、良级、一般、较差；6级分类如AA、A、BB、B、CC、C。

2）创新农业保险制度

最近几年，农业保险有了一定程度上的发展，农业共保体、专业农业保险公司等都能够在一定范围内辐射保险业务，且财政补贴也在逐年增加。但针对中国当前农户面临的自然风险、经济风险和社会风险等系统性农业风险，市面上可供选择的农业保险业务种类还是无法满足风险防范的需要。中国保险监督管理委员会及各涉农保险公司应根据自身技术优势，加强创新力度，开发满足农户多种需求的险种，提高农业保险参保率，实现真正意义上的防范农业风险于未然。相对于其他行业，农业灾害损失确定难、理赔纠纷多，保险公司需要借助当地政府、农技、畜牧、园艺等部门的信息和专业知识进行联合定损，保证保险公司尽可能客观赔付，同时实现农业保险业务保本经营。保险公司在业务创新的同时，还要提高管理能力，具体包括经营规范性和提高风险管理水平。各保险公司要严格遵守保险规章和程序，严格执行保险监管部门保险条款与费率，防患于未然。各保险机构严格按照承保前、中、后全过程，进行风险防控，针对可能发生的道德风险和逆向选择，采取专门的防范手段。比较有效的手段包括集体连片投保、牲畜死亡后统一管理等。

3）改革农地流转与评估制度

农地投融资制度作为农户长期投融资制度构成，是农户投融资制度创新的重点，但该制度受制于土地流转的完善，因此，需要农地流转与价值评估制度的跟进。具体包括以下几个方面：第一，加快推进农村土地承包经营权"两权"分离的登记和颁证。特别需要注意的是对于通过转包、出租、入股流转方式取得土地经营权的，应提交原承包方同意抵押和发包方同意抵押的证明材料等。加快推进承包权和经营权"两权"分离的登记发证工作，确保新型农业经营主体有土地经营权证。第二，建立农村土地承包经营权的价值评估制度。为顺应农村土地承包经营权抵押市场的趋势，国家有关部门应建立相应的价值评估制度，设置专业资质人员资格的准入标准。引导抵押当事人协商确定具有资质的评估机构，待条件成熟后，再增加专项业务或者建立独立的农村土地承包经营权评估机构。第三，健全农村产权交易监管平台。完善农村土地承包经营权确权、抵押登记制度，并依托农村集体资产交易监管服务平台，将土地承包经营权流转、抵押等业务纳入其中，建立统一的操作规程，加强对相关从业人员的业务培训，规范办理农地流转、抵押权交易等行为，提高交易监管平台的公信力。

4）完善农村社会保障制度

土地承包经营权抵押融资在盘活农村资产，为农业现代化注入金融血液的同时，也触及了农民生活的根本。全面推广土地承包经营权抵押融资，需要完善相关配套制度，将农村社会发展纳入国家公共财政支持体系，健全医疗、失业、养老等社会保障体系，建立农民失业保险制度和最低生活保障制度，解决失地农民的基本生活问题。农村社会保障制度的完善是包括农户通过农地投融资制度构建获取资金融通在内的各种社会改革创新措施全面推广的必要条件。

参 考 文 献

白钦先. 2001. 金融可持续发展导论[M]. 北京：中国金融出版社.

卜凯 J L. 1936. 中国农家经济[M]. 张履鸾译. 上海：商务印书馆.

卜凯 J L. 1937. 中国土地利用[M]. 乔启明, 邵德馨, 黄席群, 等译. 上海：商务印书馆.

曾文革, 吴宏丽. 2007. 国外农村合作金融法制建设的经验启示[J]. 重庆大学学报（社会科学版），13（6）：82-84.

陈春生. 2007. 中国农户的演化逻辑与分类[J]. 农业经济问题，（11）：79-84.

陈翰笙. 1934. 广东农村生产关系与生产力[M]. 广州：中山文化教育馆.

陈璐. 2004. 政府扶持农业保险发展的经济学分析[J]. 财经研究，（6）：69-76.

陈希敏. 2011. 制度变迁中农户合作行为研究[M]. 北京：人民出版社.

诚 M, 拉帕维查斯 C. 2001. 货币金融政治经济学[M]. 孙刚, 戴淑艳译. 北京：经济科学出版社.

崇明县统计局. 2013-04-03. 农户种植意向显示：今年绿肥种植面积大幅增加[EB/OL]. http://www.stats-sh.gov.cn/fxbg/201304/254943.html.

丁日初, 沈祖炜. 1986. 论抗日战争时期的国家资本[J]. 民国档案，（4）：81-95, 109.

董孟雄. 2000. 中国近代财政史·金融史（上卷）[M]. 昆明：云南大学出版社.

冯和法. 1935. 中国农村经济资料续编[M]. 上海：黎明书局.

冯兴元. 2005-02-08. 中国农村民间金融发展报告[EB/OL]. http://www.cipacn.org/Article/ShowArticle.asp?ArticleID=294.

冯紫岗. 1935. 兰溪农村调查[R]. 杭州：浙江大学农学院.

傅宏. 2000. 民国时期农村合作运动述评[J]. 徐州师范大学学报（哲学社会科学版），26（4）：81-85.

傅贤治, 侯明利. 2008. 我国现行粮食补贴政策研究[J]. 学术交流，（9）：68-72.

何广文. 1999. 从农村居民资金借贷行为看农村金融抑制与金融深化[J]. 中国农村经济，（10）：42-48.

何广文. 2001a. 中国农村金融供求特征及均衡供求的路径选择[J]. 中国农村经济，（10）：40-45.

何广文. 2001b. 合作金融发展模式及运行机制研究[M]. 北京：中国金融出版社.

何广文, 李树生. 2008. 农村金融学[M]. 北京：中国金融出版社.

何廉, 郑林庄. 1935. 战后中国农业金融[M]. 成都：西南印书局.

侯建新. 2001. 20世纪上半叶冀中农业生产条件考察[J]. 历史教学，（2）：23-25.

侯玲玲, 穆月英. 2010. 农业保险补贴政策及其对农户购买保险影响的实证分析[J]. 农业经济问题，（4）：19-26.

胡建中. 2008. 我国农户家庭农业长期投资行为研究[D]. 西南交通大学博士学位论文.

黄爱光. 2002. 近代中国对农业私人投资的供给和需求分析[J]. 史学月刊，（7）：43-49, 58.

黄家骅, 谢瑞巧. 2003. 台湾民间金融的发展与演变[J]. 财贸经济，（3）：91-94.

江曙霞，秦国楼. 2003. 信贷配给理论与民间金融中的利率[J]. 农村金融研究，（5）：13-19.

姜长云. 1995. 农村非农化过程中的农户、农民分化研究——以安徽省天长市为例[J]. 农业现代化研究，（6）：365-367.

孔祥毅. 2003. 金融理论教程[M]. 北京：中国金融出版社.

黎以宁. 1943. 延安县姚店子一带"请会"零星调查材料[R].

李建军. 2006. 中国地下金融调查[M]. 上海：上海人民出版社.

李建军. 2010. 中国未观测信贷规模的变化：1978~2008年[J]. 金融研究，（4）：40-49.

李金铮. 2002. 近代长江中下游地区农家的收支对比及其相关因素——以20世纪20—40年代为中心[J]. 学海，（4）：128-136.

李琴英，郭金龙. 2012. 农业保险发展中的财政补贴问题及建议[J]. 中国农村金融，（8）：13-15.

李延敏. 2010. 中国农户借贷行为研究[M]. 北京：人民出版社.

李一芝，李艳芳. 2004. 农村财政金融[M]. 北京：中国金融出版社.

李卓琳. 2009. 我国民间金融规模、影响及政策建议[J]. 世界经济情况，（11）：42-46.

刘佛丁，王玉茹，于建玮. 1997. 近代中国的经济发展[M]. 济南：山东人民出版社.

刘世定. 2005. 低层政府干预下的软风险约束与"农村合作基金会"[J]. 社会学研究，（5）：26-52.

卢汉林. 2003. 试论投融资概念的理论创新与现实意义[J]. 武汉大学学报（社会科学版），54（4）：468-473.

马戎，刘世定，邱泽奇. 2000. 中国乡镇组织调查[M]. 北京：华夏出版社.

恰亚诺夫 A. 1996. 农民经济组织[M]. 萧正洪译. 北京：中央编译出版社.

阮锋儿. 2006. 中国农户投融资机制研究[D]. 西北农林科技大学博士学位论文.

实业部中央农业实验所农业经济科. 1937. 各县合作事业表[J]. 农情报告，5（2）.

斯科特 J C. 2001. 农民的道义经济学——东南亚的反叛与生存[M]. 程立显，刘健，等译. 南京：译林出版社.

斯密 A. 2003. 国民财富的性质和起因的研究[M]. 谢祖钧，孟晋，盛之译. 长沙：中南大学出版社.

唐仁健. 2003-11-20. 重构农村金融体制[N]. 中国经济时报.

庹国柱，王国军. 2002. 中国农业保险与农村社会保障制度研究[M]. 北京：首都经济贸易大学出版社.

庹国柱，朱俊生. 2004-09-29. 农业险如何财政补贴[N]. 国际金融报.

万劲松. 2003. 中美粮食生产成本和价格比较[J]. 宏观经济研究，（7）：54-58.

汪丽丽. 2014. 撒哈拉以南非洲国家小额信贷机构的发展及其对中国的启示[J]. 经济法论丛，（1）：304-333.

王比一. 2012. 统筹城乡下农户投资行为及转型调查——以四川省宜宾市农户投资为例[J]. 西南金融，（1）：44-47.

王贵彬. 2006. 农村民间金融规范化发展的制度研究[R]. 重庆哲学社会科学规划项目研究报告.

王曙光，乔郁. 2008. 农村金融学[M]. 北京：北京大学出版社.

王秀芬，王春艳，李茂松. 2012. 我国农业保险财政补贴机制存在的问题及相关建议[J]. 农村经济，（11）：60-64.

王选庆. 2004. 中国农地金融制度研究[D]. 西北农林科技大学博士学位论文.

温信祥. 2013. 日本农村信用担保体系及启示[J]. 中国金融，（1）：85-87.

吴承明. 1996. 中国近代农业生产力的考察[M]. 昆明：云南大学出版社.

肖建乐. 2007. 唐代农业的发展与城乡关系的演化[J]. 上海城市管理职业技术学院学报，（5）：

50-53.

肖长浩. 1945-07-07. 介绍边区信用合作社[N]. 解放日报.

徐元明. 2008. 发达国家粮食补贴政策及其对我国的启示[J]. 世界经济与政治论,（6）: 112-116.

杨红旗, 汪秀锋, 孙福海, 等. 2009. 我国农作物良种补贴的实践与思考[J]. 中国种业,（10）: 11-14.

杨金强, 杨招军, 石峰. 2011. 企业家的最优投资消费与定价[J]. 经济经纬,（3）: 92-96.

杨振保. 2006-10-09. 新农村建设需要农村金融服务多元化[N]. 学习时报.

余欣. 1997. 唐代民间信用借贷之利率问题[J]. 敦煌研究,（4）: 141-159.

俞刚. 2012-03-21. 开县: "草根银行"为农户发放贷款促农增收[EB/OL]. http://cq.people.com.cn/ews /12320/20123201016271735914. htm.

张东刚. 1997. 总需求的变动趋势与近代中国的经济发展[M]. 北京: 高等教育出版社.

张东刚, 关永强. 2009. 1930 年前后中国农家收支状况的实证分析[J]. 华中师范大学学报（人文社会科学版）, 48（2）: 87-91.

张军. 1997. "双轨制"经济学: 中国的经济改革（1978-1992）[M]. 上海: 上海三联书店, 上海人民出版社.

张军. 1999. 改革后中国农村的非正规金融部门: 温州案例[A]//张曙光. 中国制度变迁的案例研究第二集[C]. 北京: 中国财政经济出版社.

张中华, 谢进诚. 1995. 投资学[M]. 北京: 中国统计出版社.

章有义. 1997. 明清及近代农业史论集[M]. 北京: 中国农业出版社.

郑长德. 2011. 发展金融学[M]. 北京: 中国经济出版社.

郑震龙. 2001. 我国民间金融利率的决定与绩效[J]. 金融教学与研究,（5）: 6-10.

中国第二历史档案馆. 1991. 中华民国史档案资料汇编·第 5 辑第 1 编, 财政经济（七）[M]. 南京: 江苏古籍出版社.

中国人民银行农村金融服务研究小组. 2013. 中国农村金融服务报告 2012[M]. 北京: 中国金融出版社.

周开庆. 1967. 民国经济史[M]. 台北: 台湾华文书局.

朱洪启. 2004. 近代华北农家经济与农具配置[J]. 古今农业,（1）: 28-37.

朱炜, 王新志. 2010. 山东省农户金融需求现状及对策分析——基于山东省 17 个县市的抽样调查[J]. 山东财政学院学报,（2）: 23-28.

朱校林. 2009. 40 亿到 130 亿 2009 年农机具购置补贴猛增 90 亿元! [J]. 当代农机,（3）: 23.

朱振达. 2005-01-13. 日本农户类型划分的利弊分析及启示[EB/OL]. http://www. sannong. gov. cn.

邹新阳. 2011. 碳金融本土化与农村金融创新研究——基于金融产业的视角[J]. 中国软科学,（8）: 21-25.

邹新阳. 2015. 农地金融制度构建研究[M]. 北京: 科学出版社.

Abel A B. 1983. Optimal investment under uncertainty[J]. American Economic Review, 73（1）: 228-233.

Bauer M, Chytilovák J, Morduh J. 2008. Behavioral foundations of microcredit: experimental and survey evidence from rural India[R]. Working Paper, Charles University in Prague.

Becker G S. 1964. Human Capital: A Theoretical and Empirical Analysis, with Special Reference to Education[M]. Chicago: University of Chicago Press.

Chenery H B. 1952. Overcapacity and the acceleration principle[J]. Econometrica, 20（1）: 1-28.

Clark J M. 1917. Business acceleration and the law of demand: a technical factor in economic cycles[J]. The Journal of Political Economy, (3): 217-235.

Goldsmith R W. 1969. Financial Structure and Development[M]. New Haven: Yale University Press.

Jorgenson D W. 1963. Capital theory and investment behavior[J].The American Economic Review, 53 (2): 247-259.

Keynes J M. 1936. The General Theory of Employment, Interest and Money[M]. London: Macmillan and Co.

Komicha H H. 2007. Farm household economic behaviour in imperfect financial markets[D]. Doctoral Thesis of Swedish University of Agricultural Sciences.

Koyck L M. 1954. Distributed Lags and Investment Analysis[M]. Amsterdam: North-Holland Publishing Company.

Marshall A. 1920. Principles of Economics[M]. 8th ed. London: Macmillan and Co.

McKinnon R I. 1973. Money and Capital in Economic Development[M]. Washington: Brookings Institution Press.

Popkin S L. 1979. The Rational Peasant: The Political Economy of Rural Society in Vietnam[M]. Berkeley: University of California Press.

Schultz T W. 1964. Transforming Traditional Agriculture[M]. New Haven: Yale University Press.

Shaw E S. 1973. Financial Deepening in Economic Development[M]. New York: Oxford University Press.

Woo W T. 2005. China's rural enterprises in crisis: the role of inadequate financial intermediation[A]// Huang Y S, Saich T, Steinfeld E. Financial Sector Reform in China[C]. Cambridge: Harvard University Asia Center.

后　记

　　最后一个标点写完之后，心中忽生感慨。作为一名高校教师，我还不敢妄称学者，总觉得真正的应用科学最后必须经得起实践检验，要能够服务于社会。回头想想，从硕士研究生第二年开始尝试学术研究，算起来也已经过去十七个年头了，这个时间，一个婴儿已经长大成人，而我真真是进步不大，蹉跎了岁月。期间，经历了踌躇满志、踟蹰不前和郁郁寡欢。开始阶段觉得自己选择的研究方向非常有意义，"三农"问题始终是中国必须面对和解决的，过去是、现在是，在可以预见的未来，也是。而农村资金供给问题又恰恰是制约农村经济发展、农业生产维继和农民生活改善的关键因素。于是乎一腔热情地投入学习和研究，随着调研次数的增加，我对农村金融、农村经济发展有了越来越深的认识，也开始不断反思自己和其他学者、专家的研究，心里的不安越来越多。我们现有的研究更多的还是从政府的角度、从经济全局发展的角度切入，我们的制度安排中关注农村最主要的生产主体——农户诉求的部分显得相对少了。农村金融研究需要学者除了具有金融研究的基本素养外，必须非常熟悉农村社会，特别是在各地农村发展水平和文化结构存在明显的差异的中国。拙作做了一定的尝试，考虑了农户的区域差异和生产差异，但还远远不够。研究中，我常常感到自身愚钝和能力不足，越发谨小慎微甚至失望到放弃。但看到经过学者们多年的努力，中国农村金融虽然依然存在这样或者那样的问题，还是在不断地成长，又觉得应该为自己钟爱的专业尽绵薄之力。工作在矛盾中走走停停，心情也是时好时坏。

　　写到这里，有很多感谢的话涌上心头。三十八年的路，走过人生的一半，期间碰到太多的领路人，心中无限感慨。感谢每一位师者，我从他们那里学到了很多。最要感谢的是父母，他们把我养大，也为我建立了最初的人生观和价值判断。当我浑浑噩噩地看着太阳东升西落时，是父亲把我的教材和专著留作纪念，让我羞愧难当，才有了迈开脚步的力量。不知在哪里看到过这么一句话，日子要充实和少有遗憾，要么人在路上，要么心在路上，回首过往的岁月，我有太多的时候是人和心都停在原处。年近古稀的父母对生活积极的态度让我汗颜，我向很多人表达过感谢，唯独没有对父母说过，或许是古人所说大恩不言谢，或许是表达感谢的对象被先入为主地设定为父母以外，特此谨将本书献给我的父亲邹伟良先生和母亲郭文杰女士。我还想对走进我生命的弟弟、女儿和爱人说一句，谢谢，是你们给了我完整的人生经历。

邹新阳

2016 年 7 月 25 日于泰国孔敬